westermann

AF905607

Günter Dannoritzer, Jürgen Gratzke, Richard Wegers, Dominik Weng

Herausgeber: Jürgen Gratzke

IT-Berufe

Fachstufe II
Fachinformatiker/-in Fachrichtung Systemintegration
Fachinformatiker/-in Fachrichtung Digitale Vernetzung
Lernfelder 10–12

Arbeitsbuch Lernsituationen

1. Auflage

Bestellnummer 220116

Die in diesem Produkt gemachten Angaben zu Unternehmen (Namen, Internet- und E-Mail-Adressen, Handelsregistereintragungen, Bankverbindungen, Steuer-, Telefon- und Faxnummern und alle weiteren Angaben) sind i. d. R. fiktiv, d. h., sie stehen in keinem Zusammenhang mit einem real existierenden Unternehmen in der dargestellten oder einer ähnlichen Form. Dies gilt auch für alle Kunden, Lieferanten und sonstigen Geschäftspartner der Unternehmen wie z. B. Kreditinstitute, Versicherungsunternehmen und andere Dienstleistungsunternehmen. Ausschließlich zum Zwecke der Authentizität werden die Namen real existierender Unternehmen und z. B. im Fall von Kreditinstituten auch deren IBANs und BICs verwendet.

Zu diesem Produkt sind digitale Zusatzmaterialien kostenlos online für Sie erhältlich. Sie können diese ganz einfach über die Eingabe des nachfolgenden Codes im Suchfeld unter www.westermann.de abrufen.

BVE-220116-001

Sollten Sie zu diesem Produkt bereits eine BiBox mit Material erworben haben, so sind die Zusatzmaterialien selbstverständlich dort bereits integriert.

Die Seiten dieses Arbeitshefts bestehen zu 100 % aus Altpapier.

Damit tragen wir dazu bei, dass Wald geschützt wird, Ressourcen geschont werden und der Einsatz von Chemikalien reduziert wird. Die Produktion eines Klassensatzes unserer Arbeitshefte aus reinem Altpapier spart durchschnittlich 12 Kilogramm Holz und 178 Liter Wasser, sie vermeidet 7 Kilogramm Abfall und reduziert den Ausstoß von Kohlendioxid im Vergleich zu einem Klassensatz aus Frischfaserpapier. Unser Recyclingpapier ist nach den Richtlinien des Blauen Engels zertifiziert.

Druck und Bindung: Westermann Druck GmbH, Georg-Westermann-Allee 66, 38104 Braunschweig

ISBN 978-3-14-**220116**-0

Vorwort

Die Autoren dieser Buchreihe haben sich zum Ziel gesetzt, auf der Basis der neuen IT-Ausbildungsordnung und des entsprechenden Rahmenlehrplans handlungs- und kompetenzorientierte Unterrichtsmedien zur Verfügung zu stellen. Im vorliegenden Arbeitsbuch wurden auf die Lernfelder und das zugehörige Schülerbuch abgestimmte Lernsituationen konzipiert. Daher werden Hinweise zu passenden Kapiteln im Schülerbuch gegeben und mit Zusatzmaterialien ergänzt. Die Lernsituationen des Arbeitsbuches sind aus der Sicht des Ausbildungsbetriebes, der Ausbilderin bzw. Ausbilders erstellt. Das Arbeitsbuch mit den Lernsituationen im Modellunternehmen soll die Kooperation bzw. Ausbildungskoordination zwischen den Bildungspartnern unterstützen.

Die Autoren haben unter der gegebenen Themenvielfalt eine möglichst breit gefächerte Auswahl an Einstiegssituationen, Zusatzmaterialien, Hinweisen und Aufgabenstellungen vorgenommen. Den Lehrkräften stehen damit für die weitere Ausgestaltung der drei Lernfelder in der Fachstufe 2 23 Lernsituationen mit über einhundert Teilaufgaben zur Verfügung.

Alle Bände der Reihe stellen ihre Inhalte handlungsorientiert im Rahmen des Modellunternehmens JIKU IT-Solutions GmbH dar, eines innovativen Systemhauses der IT-Branche. Damit sollen zugleich ein stärkerer Praxisbezug und ein größerer Handlungsbezug erreicht werden. Informationen zum Modellunternehmen werden gleich zu Anfang sowohl im Schülerbuch als auch im Arbeitsbuch gegeben. Im Downloadbereich zur Buchreihe auf der Verlagswebseite können zahlreiche Dateien zum Modellunternehmen heruntergeladen werden. Wir bitten um Verständnis, dass in der gesamten Reihe genderneutral formuliert bzw. die männliche Form geschlechtsneutral verwendet wurde. Die Aufgaben im Lernfeld 12 sind teilweise von den Themen der Projekte losgelöst und decken noch nicht behandelte Themenbereiche ab. Sie können gut zur Vorbereitung auf die Abschlussprüfung (AP Teil 2) verwendet werden.

Eine Methodensammlung und Vorlagen im Downloadbereich der Buchreihe sollen die didaktische Jahresplanung und die kompetenzorientierte Lernarbeit unterstützen.

Zur leichteren Orientierung wurden folgende Symbole ergänzt:

S	Situationsbeschreibung
	Arbeitsaufträge
	Material (Quellen, auch Auszüge, für handlungsorientiertes Lernen)
	Verweis auf Kapitel im Schülerbuch
	Check (Schwerpunkt auf Kontrolle und Reflexion)
	Offene, freie und individuelle Lösungsvorschläge
	Verweis auf kostenlosen Downloadbereich
L	Verweis auf Löser-Download
	Gruppenaufgaben
	Projektaufgaben

Sie können die kostenlosen Zusatzmaterialien im Downloadbereich ganz einfach über die Eingabe des Codes BVE-220116-001 im Suchfeld unter www.westermann.de abrufen. Für Lehrkräfte ist zusätzlich ein Löser-Download unter https://www.westermann.de/artikel/WEB-14-220120/IT-Berufe-Lernsituationen-Fachstufe-II-Fachinformatikerin-Systemintegration-Fachinformatikerin-Digitale-Vernetzung-Lernfelder-10-12 erhältlich. Er enthält Lösungen, Lösungsvorschläge, komplette Lösungsdateien sowie Dateien für die Unterrichtsplanung. Das Schülerbuch ist unter https://www.westermann.de/artikel/978-3-14-220108-5/IT-Berufe-Fachstufe-II-Fachinformatikerin-Systemintegration-Fachinformatikerin-Digitale-Vernetzung-Lernfelder-10-12 erhältlich. Auch hierzu werden freie Downloads sowie ein Löser-Download für Lehrkräfte angeboten. Gerne nehmen wir Anregungen oder Kritik unter service@westermann.de entgegen.

Frühjahr 2024 — Herausgeber und Autoren

Inhaltsverzeichnis

Das Modellunternehmen JIKU IT-Solutions GmbH

Unternehmensbeschreibung

Als IT-Systemhaus sind wir eine Brücke zwischen Endkunden und Hersteller. Kunden unseres Systemhauses sind überwiegend mittelständische Unternehmen (Bereich „Business“), aber auch Behörden und Organisationen (Bereich „Public“) und Privatkunden (Bereich „Consumer“ beziehungsweise „Verbraucher“).

Das Systemhaus berät die Kunden, entwickelt IT-Lösungen, beschafft die erforderlichen Produkte und richtet diese beim Kunden ein. Danach kümmert es sich meist weiterhin um die Wartung der Systeme der Kunden und sorgt dafür, dass deren Funktionalität gesichert ist. Wir arbeiten gerne per Fernwartung sowie vor Ort beim Kunden. Die Fernwartung macht es möglich, dass die Techniker sich im Falle einer Fehlermeldung direkt auf die Systeme des Kunden aufschalten und so schnell wie möglich mit der Problemlösung beginnen können. Vor-Ort-Termine sind wichtig für persönliche Beratungsgespräche, wenn sich ein Problem nicht per Fernwartung lösen lässt, sowie für die Implementierung neuer Komponenten. Es ist durchaus möglich, dass der Kunde eine eigene IT-Abteilung beschäftigt und nur Teile seiner IT-Aufgaben an das Systemhaus abgibt. Dies ist oft bei großen Unternehmen der Fall. Oder aber, er wünscht eine Auslagerung oder Outsourcing der IT-Infrastruktur und -Dienste, und der IT-Dienstleister kümmert sich um die komplette IT-Infrastruktur. Immer häufiger nimmt das Systemhaus heute auch die Rolle des Beraters zur IT-Neuorganisation, in IT-Ausstattungsfragen und zur IT-Sicherheit ein.

Durch unseren Systemhauszusammenschluss mit zehn Systemhäusern an 16 Standorten können wir dem Kunden gebündelt besten und vielfältigen Service auf neuestem Stand anbieten und können auf gemeinsame personelle und technische Ressourcen zugreifen.

Daten und Fakten

- Verbund von zehn Systemhäusern und 16 Standorten, insgesamt 96 Auszubildende
- Insgesamt 480 Mitarbeiter, am Standort Hamburg 32 Mitarbeiter, davon acht Auszubildende
- Eigene Rechenzentren
- Anspruch: Exzellenz in IT-Solutions

Überblick über das Leistungsportfolio
(siehe auch Jahrgangsband 1, insbesondere Lernfeld 1 Kapitel 1.3.1 und Lernfeld 2 Kapitel 2.4.14)

<table>
<tr><th>IT-Service</th><th>Server und Storage</th><th>IT-Solutions</th></tr>
<tr><td>1 IT-Service vor Ort
2 IT-Betreuung für Unternehmen
3 IT-Management
4 IT-Outsourcing
5 IT-Vertrieb und IT-Beschaffung
6 Helpdesk und IT-Support</td><td>• Optimierte Serversysteme und IT-Konzepte
• Virtualisierte Server/Storage
• Virtual Desktop Infrastructure
• Hyperkonvergente Server-Systeme, Edge-Systeme</td><td rowspan="5">• Business IT-Solutions
• Public IT-Solutions
• Industrial 4.0 IT-Solutions (Smart Factory)
• Digital Workplace Solution
• DevOps Solutions
• Communication und Collaboration Solutions
• Financial Solutions
• Remarketing Solutions</td></tr>
<tr><th>IT-Infrastrukturen</th><th>Cloud-Hosting</th></tr>
<tr><td>1 Server- und Storage-Systeme
2 Standortvernetzung (VPN)
3 Telefonanlagen und IP-Telefonie
4 Virtualisierung</td><td rowspan="3">• Cloud-Migration als Service
• Business-Hosting/Server-Hosting
• Managed Hosting
• Office-Apps für Unternehmen
• Rechenzentrum Server-Housing
• Cloud-Backup-Speicher für Ihr Unternehmen</td></tr>
<tr><th>IT-Beratung</th></tr>
<tr><td>1 IT-Beratung Mittelstand
2 IT-Security Beratung
3 IT-Innovationsberatung</td></tr>
</table>

Auszüge AGB
(siehe Zusatzmaterialien zum Download)

Organigramm
(siehe auch Jahrgangsband 1, Lernfeld 1, Kapitel 1.3.4)

Geschäftsleitung
Geschäftsführer: Christian Berg MA Informatik, Andrea Anders BA Wirtschaftsinformatik

Ausbilder
Holger Lübberstedt

Auszubildende

Auszubildende JIKU IT-Solutions GmbH				JIKU IT-Solutions
Name	**Alter**	**Jahrgang**	**Vorbildung**	**Berufsausbildung**
Leyla Bilgin	19	1	Hochschulreife	Kauffrau für IT-Systemmanagement
Alexander Kusnezow	19	1	Erweiterter Sek 1 (Realschulabschluss)	Fachinformatiker Fachrichtung Systemintegration
Paul Hermann	18	1	Fachhochschulreife Schwerpunkt Informationstechnik	Fachinformatiker Fachrichtung Digitale Vernetzung
Malik Mansour	18	2	Erweiterter Sek 1 (Realschulabschluss), Berufsfachschule Technik	Fachinformatiker Fachrichtung Digitale Vernetzung
Stefan Köhler	18	2	Erweiterter Sek 1 (Realschulabschluss)	Fachinformatiker Fachrichtung Systemintegration
John Steinbach	21	2	Erweiterter Sek 1 (Realschulabschluss), Berufsfachschule Technik	IT-Systemelektroniker
Julian Markus	19	3	Erweiterter Sek 1 (Realschulabschluss)	Kaufmann für IT-System-management
Laura Meier	18	3	Erweiterter Sek 1 (Realschulabschluss)	Kauffrau für Digitalisierungs-management
Malia Zahrah	24	3	Hochschulreife	Fachinformatikerin Fachrichtung Systemintegration
Jürgen Pollina	21	3	Erweiterter Sek 1 (Realschulabschluss), Berufsfachschule Technik	Fachinformatiker Fachrichtung Systemintegration
Levi Kramer	22	3	Hochschulreife, Studienabbruch Ingenieurwissenschaften	Fachinformatiker Fachrichtung Digitale Vernetzung
Nico Reimers	22	3	Erweiterter Sek 1 (Realschulabschluss)	Fachinformatiker Fachrichtung Systemintegration
Lisa Fuchs	20	3	Hochschulreife, abgebrochenes Informatikstudium	Fachinformatikerin Fachrichtung Anwendungs-entwicklung

(siehe im Jahrgangsband 1, Lernfeld 1, Kapitel 1.3)

Im Downloadbereich finden Sie eine Exceldatei mit dem Stellenplan der Mitarbeiterinnen und Mitarbeiter von JIKU.

Handlungsorientiert und mit digitalen Tools in Teamarbeit die Lernfelder bearbeiten

Der Rahmenlehrplan fordert einen Unterricht nach Lernfeldern und Lernsituationen bzw. Lernarrangements. Lernsituationen gehen von einer Einstiegssituation aus und fordern Sie als Schülerinnen und Schüler mit Aufgaben oder Arbeitsanweisungen auf, selbstständig durch Handlungsprodukte nachgewiesene Ergebnisvorschläge zu erstellen, zu präsentieren und zu reflektieren. Ein Handlungsprodukt kann auch ein Vortrag oder eine Präsentation sein. Wenn möglich sollte Teamarbeit geplant werden. Da diese Vorgehensweise zeitintensiv ist, muss in der Zeitplanung auch der Arbeitseinsatz außerhalb des Berufsschulunterrichts berücksichtigt und reflektiert werden. Sie sollen als Schülerinnen und Schüler in den Lernsituationen den vollständigen Kreis der Handlung IPERKA (Informieren, Planen, Entscheiden, Realisieren/Durchführen, Kontrollieren, Auswerten/Reflektieren) selbstständig durchlaufen (siehe auch Arbeitsbuch Band 1, Kap. 1.5.1 und Anhang hier im Arbeitsbuch, im Downloadbereich die Methodensammlung). Aufgrund der Forderung nach einer spiralcurricularen Vorgehensweise werden Inhalte und Methoden mehrfach in verschiedenen Lernfeldern berücksichtigt und nicht wie klassisch nur an einer Stelle. Lernpsychologisch sollen damit Wissen und Erkenntnisse besser im Gehirn verknüpft werden und nachhaltiger verbleiben. Auch fordert der Rahmenlehrplan, überwiegend ergebnisoffene Aufgaben zu stellen, um den Schülerinnen flexibel Lernergebnisse zu ermöglichen. Die Lehrkraft sollte sich, soweit es der Zeitrahmen zulässt, auf ihre Rolle als Moderator, Unterstützer und Bewerter der Handlungsergebnisse konzentrieren.

Teamarbeit ist in der Praxis der IT-Berufe und damit auch in der Ausbildung wichtig. In der Buchreihe werden in verschiedenen Kapiteln Hinweise zur Team- und Projektarbeit gegeben (vgl. z. B. Jahrgangsband 1, Kapitel 1.5, 2.5.3, 5.3.2, Jahrgangsband 2 in den Kapiteln 2.4.2, 3.1.2, 3.8.3 und 4.1.2). Darüber hinaus werden Hinweise zur richtigen Kommunikation mit dem Kunden gegeben (z. B. Jahrgangsband 2, 1.4, 4.1.1).

Da bei IT-Berufen von einem möglichst breiten Einsatz an digitalen Apps bzw. Anwendungsprogrammen in allen Phasen der vollständigen Handlung sowie in der Team- bzw. Projektarbeit, der Kollaboration und der Kommunikation auszugehen ist, sollen Arbeitsergebnisse möglichst auch digital erstellt oder präsentiert sein. Es ist daher notwendig, dass die Schülerinnen und Schüler jeweils einen Ordner mit Handlungsergebnissen anlegen. Dieses Arbeitsbuch will dies unterstützen.

Die Kompetenzchecks des Schülerbuches wurden im Arbeitsbuch durch umfangreichere Aufgaben ergänzt, die an die Rahmenbedingungen der Schulen und die gestreckten Prüfungen angepasst sind.

Aufgaben:

1. Prüfen Sie, welche Zusatzmaterialien digital derzeit im Downloadbereich zur Verfügung stehen.
2. Rufen Sie die Methodensammlung auf, recherchieren und präsentieren Sie arbeitsteilig wichtige Methoden und Hilfsmittel für Ihre Teamarbeit in den Lernfeldern.
3. Klären Sie, wie Sie zukünftig Teamarbeit organisieren, kontrollieren und reflektieren wollen, erstellen Sie dazu ein Ergebnisprotokoll (siehe Protokollvorlagen im Downloadbereich).

Lernfeld 10b: Serverdienste bereitstellen und Administrationsaufgaben automatisieren

Lernsituation 1: Wir informieren uns über Serverdienste und Plattformen

S **Die JIKU IT-Solutions GmbH soll die IT-Abteilung der Stadt Wolkenlos (Amt für Kommunikationstechnik und IT-Infrastruktur) bei der Anpassung der städtischen IT-Infrastruktur unterstützen.**

Die Stadtverwaltung der Stadt Wolkenlos ist in mehrere Ämter aufgeteilt.

Das Amt für Vermessung (Katasteramt) betreibt eine kleine, noch unabhängige IT-Struktur. In der gewachsenen Infrastruktur werden verschiedene Serverdienste und verschiedene Serverplattformen betrieben.

Die verantwortliche Abteilungsleiterin der städtischen IT-Abteilung, Frau Thiel-Sommer, bittet die JIKU IT-Solutions GmbH, zunächst eine Dokumentation der verschiedenen Dienste und Plattformen vorzunehmen. Herr Armin Freitag, als zuständiger IT-Leiter des Katasteramts, ist ebenfalls beteiligt.

Holger Lübberstedt: Wir haben die Stadtverwaltung der Stadt Wolkenlos als neuen Kunden für uns gewinnen können. Da wir für diesen Kunden noch nicht tätig waren, müssen wir uns zunächst einen Überblick über die vorhandene Infrastruktur verschaffen. Wir haben hierzu ein Kickoff-Meeting mit der Abteilungsleiterin Frau Thiel-Sommer und Herrn Freitag vom Katasteramt geplant.

Malia Zahrah: Ich schlage vor, wir bereiten uns auf das Projekt entsprechend vor und informieren uns noch mal über mögliche netznahe und Serverdienste, die bei der Stadt eingesetzt werden. Die netznahen Dienste wären ein guter Einstieg für Paul Hermann. Und für uns im 3. Ausbildungsjahr ist es eine gute Wiederholung als Vorbereitung auf die Prüfung. Stefan Köhler könnte sich um die Serverdienste kümmern.

Holger Lübberstedt: Einen großen Teil nehmen DHCP-, DNS- und Webserver ein. Soweit ich weiß, werden in der Stadtverwaltung bereits VoIP und WebRTC eingesetzt.

Malia Zahrah: Wahrscheinlich wird auch eine NTP-Lösung für Zertifikate und Ähnliches eingesetzt. Wissen Sie, ob die Stadtverwaltung Windows-Server oder Linux-Server betreibt?

Holger Lübberstedt: In den ersten Gesprächen wurden beide Systeme genannt. Wobei Windows als Basis für die Benutzerverwaltung genutzt wird. Ein E-Mail-System ist selbstverständlich ebenfalls vorhanden.

Stefan Köhler: Das sind die Serverdienste. Darum werde ich mich kümmern.

Paul Hermann: Wir haben in der Fachoberschule einiges über Router und Switche behandelt. Aber alles eher oberflächlich. Ein vertiefender Blick wird für mich sicherlich sehr hilfreich sein.

Malia Zahrah: Dann werde ich mir den Bereich der Virtualisierungsplattformen und Cloud-Dienste genauer ansehen.

Holger Lübberstedt: Im Anschluss steht die Dokumentation der aktuellen Infrastruktur an. Frau Thiel-Sommer und Herr Freitag haben mir dabei volle Unterstützung zugesagt. Wir werden von ihnen alle notwendigen Unterlagen bekommen.

Einstiegstest: Überprüfen Sie Ihr Grundlagenwissen aus dem Lernfeld 9 „Netzwerke und Dienste bereitstellen" (siehe auch Jahrgangsband 2).

1 Bearbeiten Sie die folgenden Teilaufgaben (max. 13 Punkte).

a) Bringen Sie die folgenden Prozessschritte in eine sachlogische Reihenfolge (max. 5 Punkte).

Prozessschritt	Nummer
Ziele, Migrationsstrategie	
Konzeptionierung	
Ist-Analyse	
Betrieb	
Umsetzung	

b) Beschreiben Sie die folgenden Aspekte des Projektmanagements in eigenen Worten (max. 4 Punkte).

Aufwandsabschätzung:

____

____

Abnahme:

____

____

Projektstrukturplan:

____

____

Stakeholder-Analyse:

____

____

c) Geben Sie je zwei Aspekte an, die in einem Lasten- bzw. Pflichtenheft enthalten sind (max. 4 Punkte).

____

____

____

____

Erreichte Punktzahl:	

2 Entscheiden Sie, ob die folgenden Aussagen richtig oder falsch sind (max. 4 Punkte).

a) DevOps steht für Entwicklung und Betrieb eines Unternehmensbereichs.
b) Unter CI versteht man kontinuierliche Identifikation von neuen Anforderungen an einen Unternehmensbereich.

c) Der Bereich DevOps kann als Schnittmenge der Bereiche Entwicklung, Betrieb und Buchhaltung betrachtet werden.
d) Der Bereich CD umfasst das Paketieren, Freigeben, Konfigurieren und Überwachen einer Anwendungssoftware für die Kunden.

Erreichte Punktzahl:	

3 Bearbeiten Sie die folgenden Teilaufgaben (max. 28 Punkte).

a) Ordnen Sie der Ethernet-Leitung die entsprechenden Bereiche 1–5 zu. Geben Sie weiterhin die Leitungsart (Kurzschreibweise) an (max. 6 Punkte).

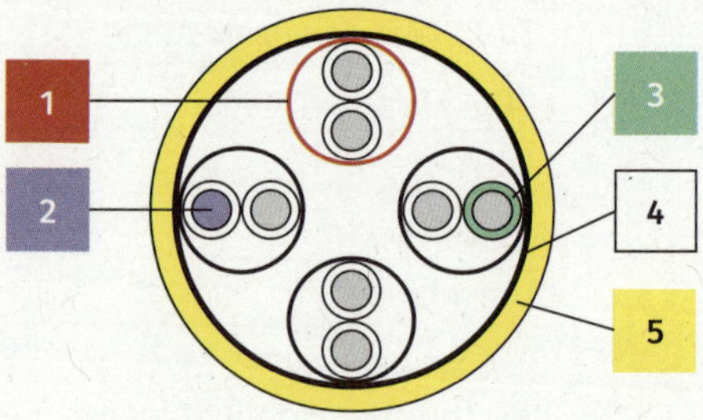

Nr.	Bereich
	Folienschirm
	Geflechtschirm
	Isolator
	Ader

Leitungsart: ______________________

b) Es sollen die unterschiedlichen Adressierungsarten in einem Netzwerk betrachtet werden. Ergänzen Sie die folgende Tabelle zu den häufigsten Adressarten (max. 11 Punkte).

OSI-Schicht	Adressen-name	Länge in Bit	Aufgabe
4			*Identifikation der Anwendung bzw. des Dienstes*
	MAC		
3			
		32 Bit	

c) Geben Sie für den folgenden Netzplan die statischen Routen für Router R1 an, sodass dieser alle Netze erreichen kann (max. 5 Punkte).

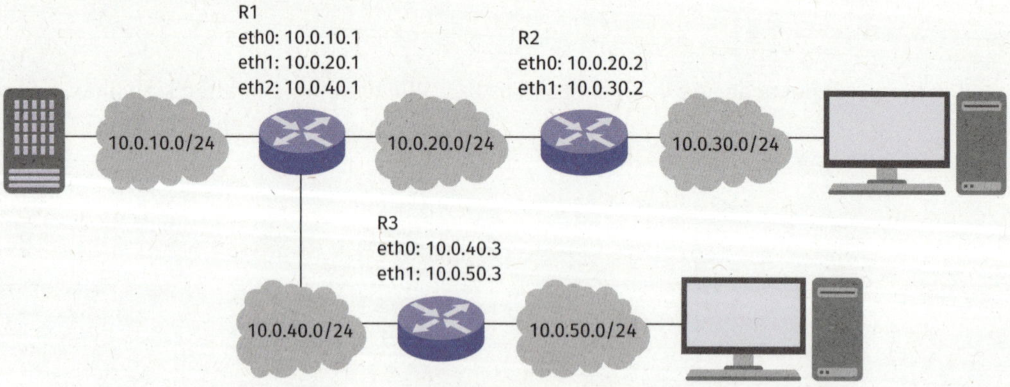

Ziel	Next Hop	Schnittstelle
10.0.10.0/24		
10.0.20.0/24		
10.0.30.0/24		
10.0.40.0/24		
10.0.50.0/24		

d) Geben Sie für die folgenden Protokolle jeweils kurz deren Aufgaben innerhalb eines Netzes an (max. 6 Punkte).

- DNS: ______________________________
- DHCP: ______________________________
- SSH: ______________________________
- SMB: ______________________________
- IMAP: ______________________________
- SNMP: ______________________________

Erreichte Punktzahl:	

4 Bearbeiten Sie die folgenden Teilaufgaben (max. 18 Punkte).

a) Geben Sie jeweils mindestens drei technische Anforderungen an eine Firewall, einen Server und ein NAS an (max. 9 Punkte).

____

____

____

b) Entscheiden Sie, welche der folgenden Funktionen in einem SOHO-Router vorzufinden sind (max. 9 Punkte).

Funktion	ja	nein
1. DSL-Modem	☐	☐
2. Analog-Modem	☐	☐
3. LWL-Modem	☐	☐
4. Webserver	☐	☐
5. Telefonanlage	☐	☐
6. TFTP-Server	☐	☐
7. WLAN-Accesspoint	☐	☐
8. Repeater	☐	☐
9. Firewall	☐	☐

Erreichte Punktzahl:	

5 Berechnen Sie den Bezugspreis für einen Server mithilfe der gegebenen Werte (max. 5 Punkte).

Listenpreis: 5 000,00 €

Lieferrabatt: 3 %

Skonto: 2 %

Transportkosten: 5 000,00 € pro 100 Stück

Erreichte Punktzahl:	

6 Geben Sie die Aufgabengebiete der folgenden Programme an (max. 6 Punkte).

Programm	Aufgabengebiet
ip (Linux)	*Konfiguration und Anzeige der IP-Adressen und Routen*
bmon	
netstat	
ipconfig	
nslookup	
arp	
tracert/traceroute	

Erreichte Punktzahl:	

7 Erklären Sie kurz die Unterschiede zwischen Docker, VirtualBox und Proxmox (max. 3 Punkte).

Erreichte Punktzahl:	

Notenschlüssel						
Note	sehr gut	gut	befriedigend	ausreichend	mangelhaft	ungenügend
Punkte	ab 71 P.	ab 62 P.	ab 52 P.	ab 39 P.	ab 23 P.	darunter
					Eigene Punktzahl	

1.1 Unterschiede von Serverdiensten sowie Plattformen beschreiben

S **Die Auszubildenden der JIKU IT-Solutions informieren sich über die Serverdienste und Plattformen in der Stadtverwaltung.**

Malia Zahrah: Wir werden uns die grundlegenden Netzdienste ausführlich ansehen. Hier sehe ich DHCP, DNS und NTP als netznahe Dienste.

Paul Hermann: Soweit ich Herrn Lübberstedt verstanden habe, werden auch weitere Serverdienste bei der Stadtverwaltung eingesetzt.

Malia Zahrah: Ja, das sind meist Verzeichnisdienste, Webserver und E-Mail-Server.

Holger Lübberstedt: Bei der Stadt kommen zusätzliche Echtzeitdienste wie WebRTC und VoIP zum Einsatz.

Malia Zahrah: Dann bleibt noch die Frage nach den eingesetzten Plattformen.

Aufgabe 1: Erarbeiten Sie sich die Details von netznahen Diensten.

SB 1.1.1

1. Im Katasteramt werden verschiedene Server eingesetzt. Sie erhalten eine Skizze des Netzwerks mit der Aufgabe, eine Übersicht mit den vorhandenen Diensten zu erstellen.

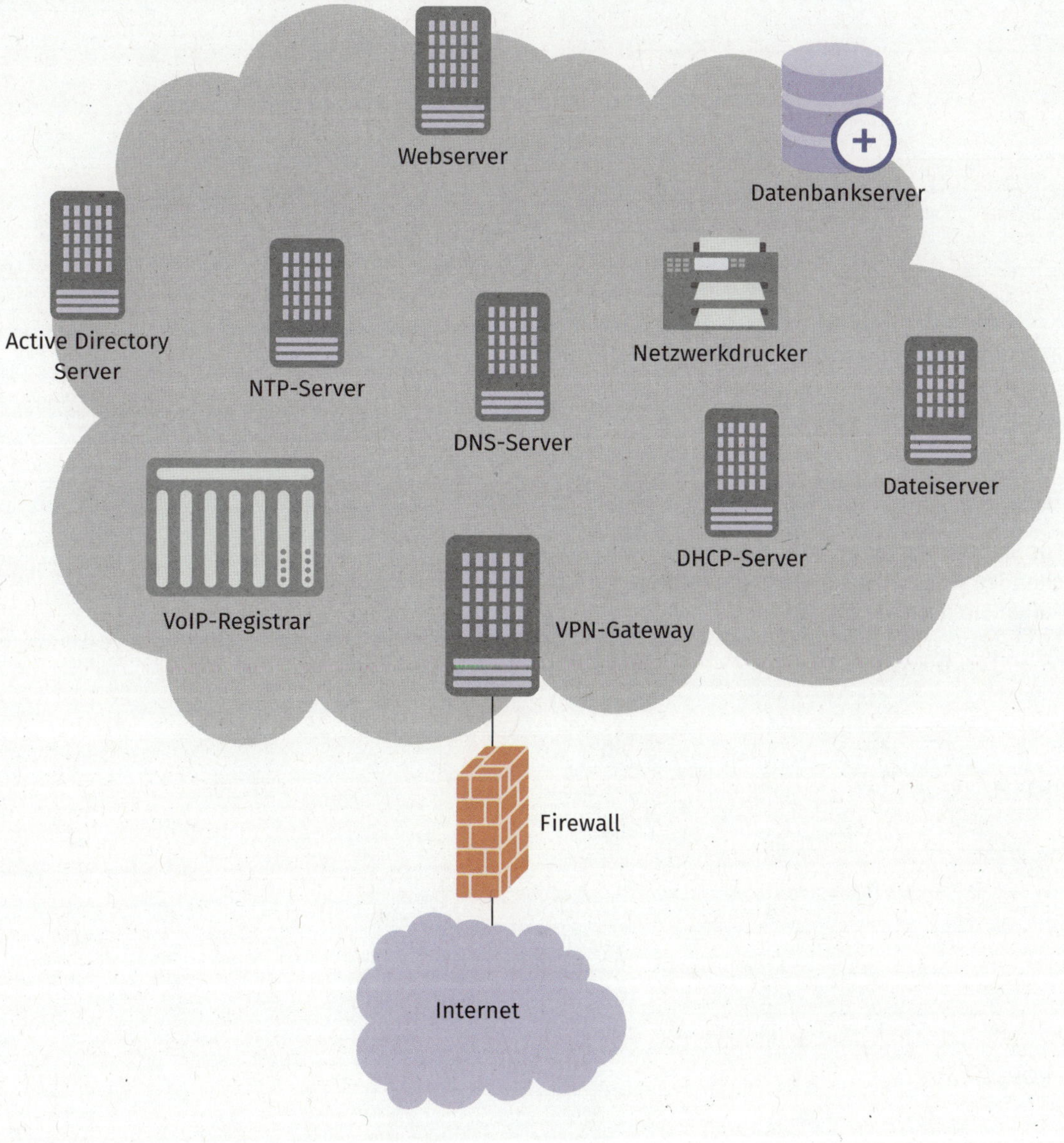

a) Erstellen Sie eine Übersicht mit den in der Skizze vorhandenen Diensten (z. B. in einer Tabelle). Beschreiben Sie die grundlegende Funktion der Dienste und notieren Sie ggf. einige technische Parameter (z. B. Port) der Dienste.

Dienst	Funktion	technische Parameter
DHCP – dynamic host configuration protocol	*verteilt Netzwerkparameter (z. B. IPv4-Adresse und Subnetzmaske) an Clients*	*Port: 67, DORA-Prinzip*

b) Für spätere Aufgaben, z. B. die Konfiguration der Firewall, müssen für bestimmte Dienste die entsprechenden OSI-Schicht-4-Ports gesammelt werden. Ordnen Sie Dienste bestimmten Well-Known-Ports zu. Füllen Sie dazu die Tabelle aus.

Dienst	Port
	123
	80
HTTPS	
	53
IMAP	
FTP	
	22
	161
	993
POP3S	

c) Bei der Kommunikation zwischen Client und Server werden IP-Adressen und Ports verwendet. Die Kombination wird „Socket" genannt. Gegeben ist die nachfolgende Netzwerkskizze, in der PC A eine SSH-Verbindung mit dem Server S1 aufbaut. Ergänzen Sie die Tabelle um die fehlenden Angaben.

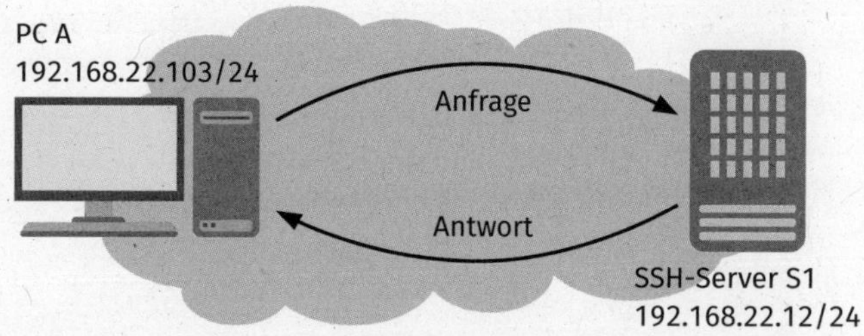

Verbindung	Quell-IP-Adresse	Quell-Port	Ziel-IP-Adresse	Ziel-Port
Anfrage	192.168.22.103	35644		
Antwort				

2 a) Beschreiben Sie den Nachrichtenverlauf bei DHCP.

b) Geben Sie drei Informationen an, welche bei einer DHCP-Offer-Nachricht vom DHCP-Server an den Client gesendet werden.

c) Die DHCP-Request-Nachricht wird als Broadcast-Nachricht an alle Teilnehmer im Netzwerk gesendet. Begründen Sie dieses Vorgehen.

d) Eine DHCP-Request-Nachricht ist in einen Ethernet-Rahmen geschachtelt. Es folgt der Mitschnitt eines Ethernet-Rahmens. Benennen Sie die Ziel- und die Quell-MAC-Adresse.

Ziel-MAC-Adresse (6 Byte)	Quell-MAC-Adresse (6 Byte)	Type (2 Byte)	Daten (46–1 500 Byte)	Frame Check Sequence (4 Byte)

```
ff ff ff ff ff ff 08 00 27 e2 ed 6e 08 00 45 00
01 67 00 01 00 00 80 11 39 86 00 00 00 00 00ff
....
```

Ziel-MAC-Adresse: ____________________

Quell-MAC-Adresse: ____________________

e) Diskutieren Sie in Partnerarbeit die Aufgabe eines DHCP-Relays bei DHCP.

f) Kreuzen Sie an, welche Informationen mittels DHCP verteilt werden können.

Information	richtig	falsch
1. IPv4-Adresse	☐	☐
2. Subnetzmaske	☐	☐
3. Systemzeit	☐	☐
4. DNS-Server	☐	☐
5. Lease-Zeit	☐	☐
6. ARP-Tabelle des Systems	☐	☐

g) Ein Client hat die nachfolgend dargestellte IP-Adressenkonfiguration.

```
Ethernet adapter Local Area Connection:

        Connection-specific DNS Suffix  . :
        Autoconfiguration IP Address. . . : 169.254.60.187
        Subnet Mask . . . . . . . . . . . : 255.255.0.0
        Default Gateway . . . . . . . . . :
```

Beschreiben Sie, aus welchem IP-Adressbereich die abgebildete Adresse stammt und in welcher Situation ein Client diese Adresse bekommt.

h) Grenzen Sie die Begriffe „Lease-Time“, „Renewal-Time“ und „Rebind-Time“ voneinander ab.

i) Beschreiben Sie ein Anwendungsbeispiel für die automatische Zuordnung bei DHCP.

3 Sie sollen die Funktionsweise des DNS-Protokolls genauer betrachten. Ohne eine funktionierende Namensauflösung sind viele Anwendungen nicht nutzbar.

a) Beschreiben Sie, was mit einem DNS-Forward-Lookup erreicht wird und geben Sie den Ablauf an.

b) Entscheiden Sie, ob die folgenden Aussagen zum DNS richtig oder falsch sind.

Aussage	richtig	falsch
1. Die Datei **„hosts"** wurde historisch für die Namensauflösung verwendet und kommt heute nicht mehr zum Einsatz.	☐	☐
2. Eine **Zone** legt fest, für welchen Bereich in der DNS-Hierarchie ein Server autoritativ ist.	☐	☐
3. Die **DNS-Root-Server** sind in der Hierarchie die obersten Server und werden von Resolvern als erstes angefragt. Sie kennen jedoch nur die IP-Adressen von DNS-Servern der Top-Level-Domänen.	☐	☐
4. Aus Sicherheitsgründen gibt es die 13 DNS Root-Server mehrfach. Über IP-Multicast wird der geografisch am nächsten gelegene Server ausgewählt.	☐	☐
5. **Root-Hint** ist eine Textdatei, die von der IANA-Webseite heruntergeladen werden kann. Sie enthält die 13 IPv4- und IPv6-Adressen der DNS-Root-Server. Sofern kein **Forwarder** eingetragen ist, benötigt jeder Resolver diese Datei, um eine Abfrage in der DNS-Hierarchie starten zu können.	☐	☐
6. **DNS over TLS (DoT)** und **DNS over HTTPS (DoH)** zielen darauf ab, die Verbindung vom DNS-Client zum DNS-Resolver abzusichern.	☐	☐
7. **DNSSEC** zielt darauf ab, die Abfrage eines DNS-Clients zum DNS-Resolver abzusichern.	☐	☐

c) Erklären Sie den Unterschied zwischen einem Fully Qualified Domain Name (FQDN) und einem Uniform Resource Locator (URL).

d) Eine Angriffsart auf das DNS-System ist ein sogenanntes „DNS-Cache-Poisoning". Beschreiben Sie den Ablauf dieses Angriffs und erläutern Sie eine Möglichkeit, sich davor zu schützen.

4 a) Für das geplante Projekt in der Kommunalverwaltung steht als Anforderung die Planung einer zentralen Zeitverteilung. Um Ihr Vorwissen zu testen, gibt Ihnen Ihre Projektbetreuerin folgende Fragen. Entscheiden Sie, ob die folgenden Aussagen zu Network Timing Protocol (NTP) richtig oder falsch sind.

Aussage	richtig	falsch
1. Mit dem Begriff „Stratum" wird beim NTP die Ebene des Servers zu einer hochgenauen Hardwareuhr bezeichnet. Ein Stratum-1-Server ist mit einer Hardwareuhr verbunden. Stratum-2-Server erhalten ihre Uhrzeit von Stratum-1- oder anderen Stratum-2-Servern.	☐	☐
2. Mit dem NTP kann ein Client Zeitsignale von einem Server abfragen. Dazu wird die Netzwerklaufzeit zwischen Client und Server berechnet, um die Uhrzeit entsprechend anzupassen.	☐	☐
3. Mit dem NTP wird ein Zeitüberlauf im Jahr 2038 stattfinden.	☐	☐

b) Ein Auszubildender bittet Sie, ihm zu erklären, was ein Überlauf bei einem Zeitzähler bedeutet. Sie entscheiden sich, dies anhand eines vereinfachten Datentyps zu erklären. Dazu wird ein vorzeichenloser Integer-Wert verwendet. Zur einfachen Veranschaulichung sollen nur 3 Bit für die Darstellung von Zahlen verwenden werden. Mit den 3 Bit können Werte dargestellt werden. Als vorzeichenlose Zahl können die Werte 0, 1, 2, 3, 4, 5, 6 und 7 dargestellt werden.
Jede Sekunde soll der Zähler um eins erhöht werden.
Erklären Sie anhand des Zählers den Überlauf, der nach der 7-ten Sekunde stattfindet.

c) Der zuvor verwendete Zähler soll mit dem Wert 0 das Datum und die Uhrzeit 01.01.2025 0:00 und 0 Sekunden darstellen.
Erklären Sie mit dem zuvor beschriebenen Überlauf die Darstellung der Uhrzeit, die in der 8. Sekunden erfolgt.

d) Erklären Sie die Anwendung des Epoch-Wertes, mit dem bei NTP der Überlauf verhindert wird.

e) Der Amtsleiter der Kommunalverwaltung erinnert sich an ein Zeitproblem bei Computern, das beim Datumswechsel von 1999 auf 2000 auftrat. Ihn beunruhigt, ob so etwas zukünftig zu erwarten ist.
Recherchieren Sie zu dem Jahr-2000-Datumsproblem, das auch als Millennium-Bug oder Y2K-Bug bezeichnet wurde.
Erklären Sie das technische Problem, das sich dahinter verbarg. Recherchieren Sie nach dem Aufwand, der betrieben wurde, um einen großflächigen Ausfall von Computersystemen zu vermeiden.

f) Recherchieren Sie, welche zukünftigen Überläufe von Zeitsystemen zu erwarten sind und notieren Sie wann sie stattfinden werden.

Aufgabe 2: **Sie informieren sich über Anwendungsdienste wie Verzeichnisdienst, E-Mail und Webserver.**

SB 1.1.1

1 a) In einem Verzeichnisdienst sind die Daten in einer hierarchischen Struktur angeordnet und nicht in Tabellen, wie es von relationalen Datenbanken bekannt ist.
Beschreiben Sie den Vorteil einer hierarchischen Anordnung von Daten. Geben Sie die Grundvoraussetzung an, die für einen sinnvollen Einsatz in dieser Form gegeben sein muss.

b) Die Daten eines Verzeichnisdienstes werden als **Directory Information Base** bezeichnet. Die Knoten in dem Verzeichnisbaum sind sogenannte **Object Entries**, die Attribute enthalten. Nennen Sie drei typische Attributtypen, die in einem Verzeichnisdienst verwendet werden.

c) Das **Active Directory** ist die Umsetzung eines Verzeichnisdienstes von Microsoft, der mit dem Windows-Server-Betriebssystem zur Verfügung gestellt wird. Über den Verzeichnisdienst können **Gruppenrichtlinien** verteilt werden.
Beschreiben Sie Aspekte, die mit Gruppenrichtlinien umsetzbar sind. Geben Sie Einsatzgebiete für Gruppenrichtlinien und die Art der Verknüpfung mit Gruppenrichtlinienobjekten (GPO) an.

d) Eine Gruppenrichtlinie hat als Funktion: **Letzten Benutzernamen nicht anzeigen**. Durch diese Funktion wird nach dem Start des Computers kein Benutzername angezeigt, der sich zuvor angemeldet hatte. Dadurch müssen die Benutzer ihren Benutzernamen für die Anmeldung selber eingeben. Folgende OU-Struktur besteht:

```
+ OU-Standort-Wolkenlos
      |
      + OU-Clients
            |
            + OU-Notebooks
```

- Dem OU-Standort-Wolkenlos ist ein GPO zugeordnet, in der die Gruppenrichtlinie **deaktiviert** ist.
- Den OU-Clients ist eine GPO zugeordnet, in der die Gruppenrichtlinie **nicht konfiguriert** ist.
- Den OU-Notebooks ist ein GPO zugeordnet, in der die Gruppenrichtlinie **aktiviert** ist.

Beschreiben Sie, ob bei Computern, die der OU „Clients" bzw. der OU „Notebooks" zugeordnet sind, bei der Anmeldung der Benutzername selbst eingegeben werden muss oder per Mausklick ausgewählt werden kann.

e) Im Active Directory wurde eine GPO erstellt und eine Gruppenrichtlinie konfiguriert. Die GPO wurde einer OU zugeordnet und darin ist ein Computer enthalten. Wenn Sie den Computer starten, sehen Sie aber nicht die Einstellung der Gruppenrichtlinie im Computer.
Beschreiben Sie eine Vorgehensweise, um den Fehler zu finden.

2 a) Für interne Vorgänge soll im Katasteramt ein Webserver eingesetzt werden. Dieser soll nur von internen Systemen aufgerufen werden. Zusammen mit einer Kollegin sind Sie für dessen Umsetzung verantwortlich. Erstellen Sie in Partnerarbeit eine Marktübersicht über aktuelle Webserver. Recherchieren Sie zu fünf Webservern jeweils einen Vor- und Nachteil.

Webserver	Vorteil	Nachteil

b) Nach der Entscheidung für einen Webserver soll überlegt werden, ob der Einsatz von HTTPS sinnvoll ist. Beurteilen Sie, ob bei einem nur intern verwendeten Webserver der Einsatz des HTTPS-Protokolls sinnvoll ist.

c) Vergleichen Sie die beiden Protokolle HTTP und HTTPS, indem Sie die Aussagen den Protokollen zuordnen.

Aussage	**HTTP**	**HTTPS**
transportiert die Daten einer Webseite	☐	☐
kann die Authentizität einer Webseite sicherstellen	☐	☐
verbraucht weniger Ressourcen	☐	☐
kann Datenverkehr verschlüsseln	☐	☐
verwendet Zertifikate	☐	☐

d) Sie sollen die HTTPS-Technik in Verbindung mit TLS bei einem Meeting erläutern. Mit einem Programmablaufplan (PAP) lassen sich Abläufe grafisch darstellen. Durch die grafische Darstellung wird der Ablauf einfacher nachvollziehbar.
Erstellen Sie aus den gegebenen Ablaufschritten einen Programmablaufplan.

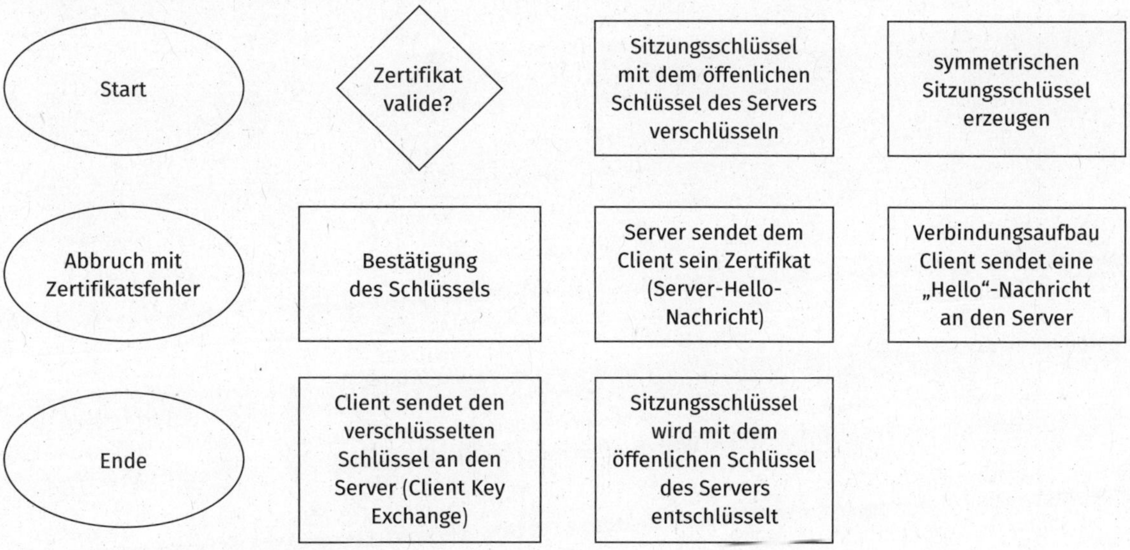

Start
Ende

e) Eine Seite des internen Webservers soll den Essensplan einer Kantine abbilden. Sie sollen je ein kurzes Konzept für die Umsetzung als statische Internetseite sowie als dynamische Internetseite erstellen.

Umsetzung statische Webseite:

____

____

____

____

Umsetzung dynamische Webseite:

____

____

____

____

f) Der interne Webserver soll Zertifikate verwenden. Kreuzen Sie an, welche Einsatzszenarien durch die Verwendung eines Zertifikats umgesetzt werden können.

Szenario durch Zertifikat abgedeckt	**richtig**	**falsch**
Eine Verbindung kann durch Verschlüsselung abgesichert werden.	☐	☐
Ein Load Balancing zwischen Servern kann einfach ausgeführt werden.	☐	☐
Eine Server kann seine Identität nachweisen.	☐	☐
Webseiten, die ein Zertifikat anbieten, werden besser von Suchmaschinen bewertet	☐	☐

g) Ein Mitarbeiter des Katasteramts möchte wissen, wie ein Zertifikat funktioniert. Er zeigt Ihnen ein Zertifikat einer besuchten Webseite.

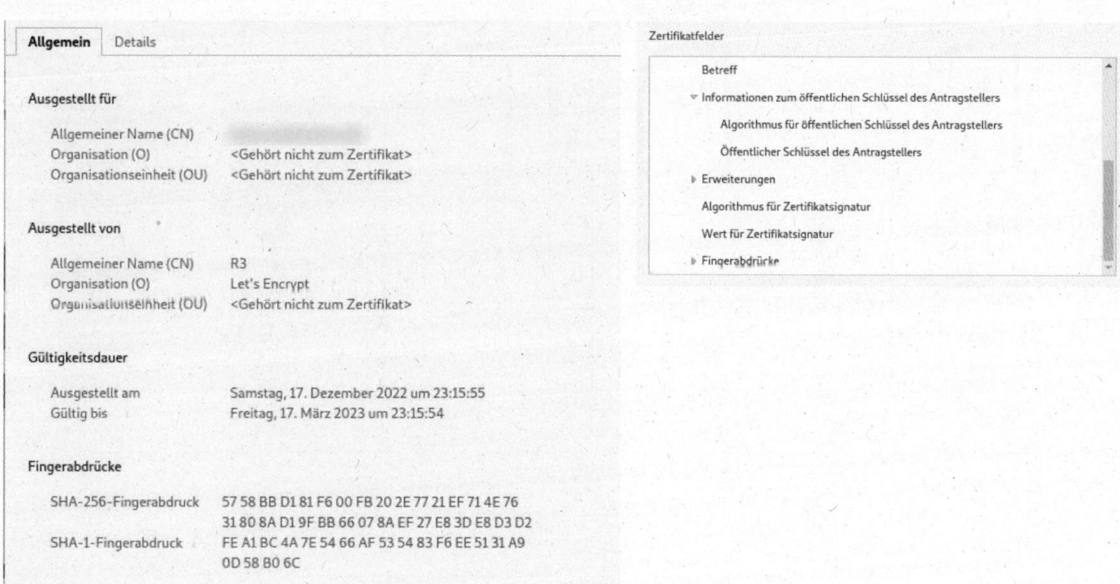

Erläutern Sie dem Mitarbeiter die Aufgabe des öffentlichen Schlüssels und der „Fingerabdrücke".

Öffentliche Schlüssel des Antragstellers:

Fingerabdrücke:

h) Bei der Kommunikation zwischen Server und Client werden sowohl die symmetrische als auch die asymmetrische Verschlüsselung eingesetzt. Geben Sie die grundlegenden Funktionsweisen an und nennen Sie Vor- und Nachteile der beiden Verschlüsselungsarten.

Vergleichstabelle Verschlüsselungsarten			
Verschlüsselungsart	**Funktionsweise**	**Vorteile**	**Nachteile**
symmetrische Verschlüsselung	*ein Schlüssel zur Ver- und Entschlüsselung*		*aufwendiger Schlüsselaustausch*
asymmetrische Verschlüsselung			

i) Ein wichtiger Ablauf bei der Arbeit mit Zertifikaten ist die digitale Signatur. Beschreiben Sie den Ablauf der digitalen Signatur, indem Sie die Abschnitte in der Grafik erläutern.

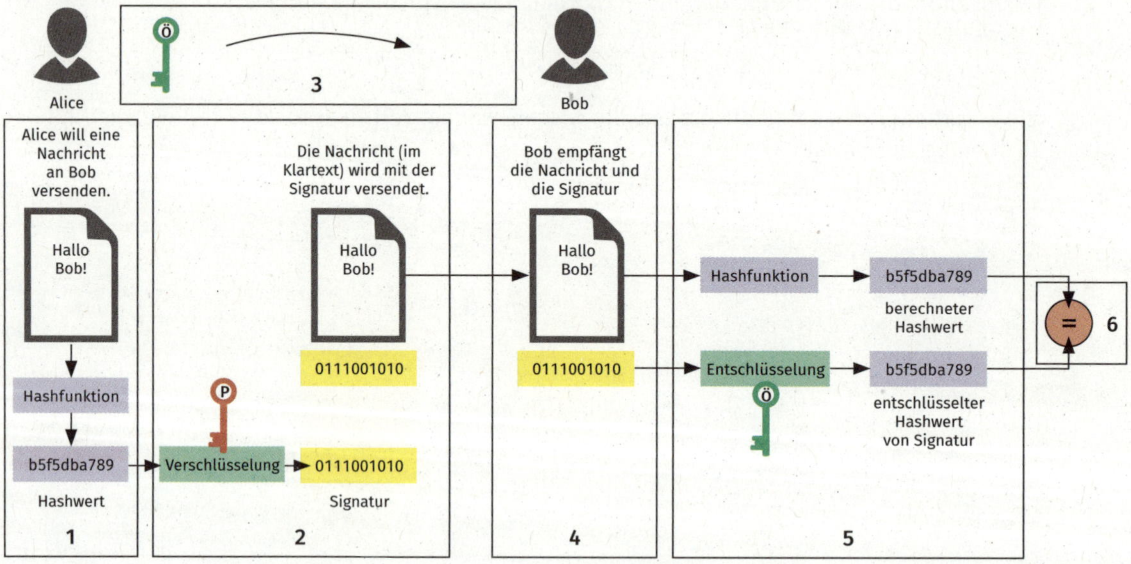

3 a) Zum Abrufen von E-Mails beim Katasteramt werden u.a. die Protokolle IMAP und POP3 eingesetzt. Beschreiben Sie die Unterschiede der beiden Protokolltypen.

b) Als E-Mail-Client lässt sich eine Vielzahl von Produkten einsetzen. Recherchieren Sie drei Produkte, die einen Mail User Agent (MUA) anbieten.

c) Ordnen Sie einzelne Geräte und Protokolle ihren Aufgaben beim E-Mail-Versand und -Empfang zu.

1. Mail Transfer Agent
2. SMTP
3. Domain Name Service
4. IMAP
5. Mail Delivery Agent
6. Mail User Agent

Beschreibung	Nummer
Programm zum Versenden und Empfangen von E-Mails	
Auflösen des Domain-Anteils einer E-Mail-Adresse in eine IP-Adresse	
Protokoll zum Abrufen von E-Mails	
Protokoll zum Senden von E-Mails	
Software, die E-Mails auf Postfächer verteilt	
leitet E-Mails in die Richtung des Ziels weiter	

d) Die Stadt Wolkenlos verwendet E-Mail-Adressen nach dem Muster „Vorname.Nachname@Amt.stadt-wolkenlos.de". Gegeben ist die E-Mail-Adresse „monika.musterfrau@katasteramt.stadt-wolkenlos.de". Zerlegen Sie die Adresse in die einzelnen Bestandteile (FQDN) und tragen Sie die Teile in die Tabelle ein.

monika.musterfrau	@	katasteramt	stadt-wolkenlos	de

e) Sie sollen einem neuen Auszubildenden die Wichtigkeit des DNS-Systems erklären. In einem ersten Beispiel haben Sie über die Namensauflösung beim Surfen im Internet gesprochen. Der Auszubildende möchte aber noch einen weiteren Anwendungszweck kennenlernen. Beschreiben Sie die Rolle des DNS beim Versenden einer E-Mail an eine externe E-Mail-Adresse.

f) Ein Mitarbeiter berichtet, dass der E-Mail-Server des Katasteramts einmal auf einer „Blocklist" eines bekannten Internet-Service-Providers stand. Zwei Tage lang wurden viele E-Mails des Katasteramts als Spam-E-Mails von diesem Provider abgelehnt. Der Mitarbeiter fragt Sie nach einem möglichen Grund. Diskutieren Sie in Partnerarbeit die Gefahren eines „offenen SMTP-Relays". Beschreiben Sie einen allgemeinen Lösungsansatz.

g) Der Mitarbeiter erklärt Ihnen, dass er bei E-Mails, die ihm seltsam vorkommen, den E-Mail-Header untersucht. Oftmals würde sich der Absender im E-Mail-Header vom dargestellten Absender unterscheiden. Erklären Sie am folgenden Beispiel, warum es sich hierbei wahrscheinlich um eine Spam-E-Mail handelt.

Auszug E-Mail-Header:

```
Return-Path: <>
Authentication-Results: gmx.net; dkim=none
Received: from atlportal.ssdis.com ([146.0.40.20]) by mx.katasteramt.stadt-wolkenlos.de
(mxx014 [212.227.15.9]) with ESMTP (Nemesis) id 1MmjfY-1os0pU0Kko-00js6i for
<peter.peterson@katasteramt.stadt-wolkenlos.de>; Mon, 23 Jan 2023 10:37:50 +0100
From: Post-Tracking <0eevcu7t4wb2ml2@kiseet.fluctima.us.com.de>
To: peter.peterson@katasteramt.stadt-wolkenlos.de
Subject: Paketverfolgung online
MIME-Version: 1.0
Content-Type: text/html; charset="UTF-8"
Content-Transfer-Encoding: 7bit
List-Unsubscribe: <mailto:leave-ig@atlportal.ssdis.com>
Message-Id: <LYRIS-a.b-__Date@atlportal.ssdis.com>
Envelope-To: <peter.peterson@katasteramt.stadt-wolkenlos.de>
```

Aufgabe 3: Betrachten Sie die Besonderheiten von Echtzeitdiensten wie WebRTC und VoIP.

SB 1.1.1

1 Recherchieren Sie in der Gruppe, ob weitere Videokonferenzsysteme verfügbar sind. Berücksichtigen Sie dabei folgende Aspekte:

Aspekt	Angebot
Anbieter/Dienstname	
Softwarevoraussetzung	

Aspekt	Angebot
Hardwarevoraussetzung	
Serverstandort	
Datensicherung	
Weitere Features (außer Audio-/Videoübertragung)	

2 a) Nennen Sie drei Vorteile von VoIP gegenüber klassischer Festnetztelefonie (ISDN, analog).

____

____

____

b) Geben Sie für die folgenden Protokolle die jeweilige Funktion innerhalb einer VoIP-Übertragung an.

Protokoll	Funktion/Aufgabe
SIP	
SIPS	
RTP	
SDP	
MGCP	

c) Nennen Sie je zwei Audio- und Video-Codecs. Geben Sie für die Audio-Codecs an, ob diese komprimierend arbeiten.

Audio: ____

____

____

Video: ____

____

____

Aufgabe 4: Sie sollen verschiedene Hardware- und Software-Plattformen unterscheiden.

SB 1.1.2

1 In der Berufsschule wurde das Thema Plattformen behandelt. Eine Plattform ist ein Unterbau, der der übergeordneten Software eine einheitliche Schnittstelle zur Verfügung stellt.
Ordnen Sie die unterschiedlichen Plattformarten den Beispielen zu.
Plattformarten: Hardware-Plattform, Betriebssystem als Plattform, Integrierte Plattform, Integrated Development Environment (IDE), Cloud-Plattform

Zuordnungstabelle Plattformen	
Beispiel	**Plattformart**
Ein Root-Server mit dem Debian-Betriebssystem wird bei einem Anbieter für 12 Monate gemietet.	
Die Software „Visual Studio“ wird ausgerollt.	
Für die Abteilung werden 30 gleichartige Workstations eingekauft.	
Bei einem Anbieter können Ressourcen, wie z. B. Arbeitsspeicher oder zusätzliche Netzwerkknoten, dynamisch angefordert werden.	
Alle betrieblichen Mobilfunkgeräte werden durch eine zentrale Software administriert.	

2 Für eine kleine Abteilung (5 Personen) sollen neue gleichartige PC-Systeme angeschafft werden.
Es existieren die nachfolgenden Anforderungen:
- NIC mit 1Gbit/s
- 16 GiB Arbeitsspeicher
- 512 GiB SSD
- Grafikkarte für 2x 27-Zoll-Monitor (WQHD-Auflösung)
- guter Vor-Ort-Service

a) Holen Sie drei Angebote ein und erstellen eine Nutzwertanalyse. Verwenden Sie dazu die nachfolgende Tabelle.

Vorlage für die Nutzwertanalyse:

Angebot	Kosten		Arbeitsgeschwindigkeit		Servicebedingungen		
	Gewichtung	**Punkte**	**Gewichtung**	**Punkte**	**Gewichtung**	**Punkte**	**Gesamtpunkte**
Angebot 1	40		40		20		
Angebot 2	40		40		20		
Angebot 3	40		40		20		

b) Im Vorfeld zur Wahl der Hardware-Plattform wurde innerhalb der Abteilung der Unterschied zwischen RISC- und CISC-Prozessorarchitektur diskutiert.
Ordnen Sie die Aussagen den beiden Architekturtypen zu.

Aussage	CISC	RISC
größerer Befehlssatz	☐	☐
meist schneller	☐	☐
komplexe Befehle	☐	☐

Aussage	CISC	RISC
einfacherer Befehlssatz	☐	☐
einfachere Realisierung durch Schaltungen	☐	☐
Lösung komplexerer Aufgaben mit weniger Befehlen	☐	☐

3 Alle Linux-Systeme basieren zunächst auf demselben Kern. Sie unterscheiden sich aber in der Ausprägung und Spezialisierung. Dazu werden unterschiedliche Programme und Repository-Einträge mitgeliefert. Besonders deutlich wird der Unterschied zwischen Linux-Distributionen für Endanwender, wie z. B. Linux Mint und Distributionen für Server, wie z. B. Red Hat Enterprise Linux.
Für eine kleine Webanwendung soll ein Serversystem mit Linux als Betriebssystem eingesetzt werden. Der Dienst soll innerhalb einer virtuellen Maschine (VM) genutzt werden. Es wird von einer geringen Belastung des Dienste ausgegangen. Als Webserver soll die Software „lighttpd" eingesetzt werden.
Recherchieren Sie fünf Vergleichskriterien, die bei einem Vergleich verschiedener Linux-Distributionen für (Web-)Serversysteme angewendet werden können.

4 a) Die Vermessungstechniker des Katasteramts verwenden mobile Geräte, wie z. B. Diensthandys. Bisher wurden diese Geräte einzeln konfiguriert und manuell administriert. Langfristig soll aber eine Mobile-Device-Management-Lösung (MDM) eingesetzt werden. Nennen Sie die Vorteile einer solchen Lösung.

b) Sie werden gebeten, eine Testumgebung für eine einfache Webanwendung mit Datenbankanbindung zu erstellen. Sie entscheiden sich dafür, die integrative XAMPP-Entwicklungsumgebung zu verwenden. Informieren Sie sich über XAMPP und entscheiden Sie, ob die Aussagen richtig oder falsch sind.

Aussage	richtig	falsch
XAMPP ist unter Linux verfügbar.	☐	☐
XAMPP enthält eine Software, um Datenbanken zu administrieren.	☐	☐
XAMPP unterstützt Python ohne weitere Installation.	☐	☐
Zu XAMPP gehören der Webserver Apache, die Datenbank Maria DB und die Skriptsprachen PHP und Perl.	☐	☐
XAMPP kümmert sich auch um die Sicherheit des Webservers.	☐	☐

5 a) Eine Auszubildende im ersten Ausbildungsjahr berichtet davon, dass in der Schule ein Integrated Development Enviroment (IDE) beim Programmieren eingesetzt wird. Bei der Einführung dieser Umgebung wurden verschiedene Begriffe genannt. Die Auszubildende bittet Sie, ihr diese Begriffe zu erklären. Erläutern Sie die Begriffe „Debugger", „Compiler" und „Interpreter" mit jeweils einem Satz.

Debugger:

____

____

Compiler:

____

____

Interpreter:

____

____

b) Geben Sie die Editierfunktion an, die im Screenshot dargestellt ist.

Rechtschreibkorrektur	☐
Fehlersuche	☐
Autovervollständigung	☐
Syntax-Highlighting	☐

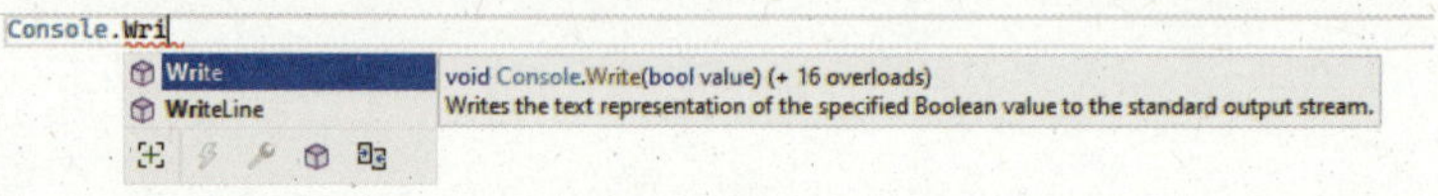

6 a) Gemäß National Institute of Standards and Technology (NIST) gibt es fünf Charakteristiken, um von Cloud-Computing zu sprechen. Drei Charakteristiken davon sind:
- On-demand Self-service
- Rapid Elasticity
- Measured Service

Beschreiben Sie die Funktion der Begriffe.

On-demand Self-service: ______________________________

Rapid Elasticity: ______________________________

Measured Service: ______________________________

b) Nach dem Service Model des NIST gibt es die drei Dienste **„Infrastructure as a Service (IaaS)“**, **„Platform as a Service (PaaS)“** und **„Software as a Service (SaaS)“**, die aufeinander aufbauen. Der Amazon Web Service (AWS) bietet z. B. auf der unteren Ebene (IaaS) den Dienst **„Elastic Compute Cloud 2 (EC2)“**, mit dem virtuelle Maschinen erstellt werden können. Im Bereich PaaS gibt es den Dienst **„Simple Storage Service (S3)“**, der einen objektbasierten Speicherdienst zur Verfügung stellt.
Recherchieren Sie zu den beiden genannten AWS-Diensten äquivalente Dienste, die Google und Microsoft anbieten.

____

____

c) In der Wirtschaft gibt es den Begriff **„Vendor Lock-in“**. Beschreiben Sie, was darunter in Bezug auf Cloud-Anbieter gemeint ist und nennen Sie einen Ansatz, um diesen zu vermeiden.

____

____

____

Lernsituation 2: Wir wählen Serverdienste und Plattformen gemäß Kundenanforderungen aus

S **Das bisher selbstständig administrierte Netzwerk des Katasteramts soll dauerhaft von der städtischen IT-Abteilung verwaltet werden. Dazu sollen verschiedene Dienste und Plattformen aus dem alten Netzwerk in das neue Netzwerk übernommen werden.**

In Lernsituation 1 haben Sie die vorhandenen Serverdienste und Plattformen dokumentiert.

Die JIKU IT-Solutions soll die IT-Abteilung der Stadt bei der Migration der Dienste und Plattformen unterstützen. Sie werden von Ihrem Ausbildungsleiter beauftragt, die Anforderungen des Amts für Vermessung in einem Gespräch zu analysieren.

Holger Lübberstedt: Das Amt für Vermessung verfügt über eine ganze Anzahl von Diensten. In einer ersten Analyse haben wir diese dokumentiert. Die Dienste arbeiten auf verschiedenen Plattformen. Es erscheint sinnvoll, dass wir die unterschiedlichen Dienste auch auf verschiedene Plattformen migrieren.

Armin Freitag: Da haben Sie recht. Das Katasteramt hat bisher ein eigenständiges Netzwerk. Die IT soll aber angegliedert werden und ebenfalls vom Amt für Kommunikationstechnik übernommen werden.

Stefan Köhler: Im Netzplan ist ein Windows Domain Controller mit verschiedenen Netzwerkfreigaben verzeichnet. Haben Sie diesbezüglich schon eine Idee für die Migration?

Marianne Thiel-Sommer: Die Windows-Domäne haben wir für Sicherheitseinstellungen, Zuordnung von Netzwerkfreigaben und Drucker sowie zur Softwareverteilung genutzt. Für einige Computer haben wir eine Spezialsoftware, die wir über das Active Directory verwaltet haben. Wenn unsere Domäne in die Domäne des Amts für Kommunikationstechnik übergeht, werden ja auch die IP-Vergabe und die Namensauflösung von dort übernommen. Wir planen im Moment einen Onlinedienst, der über ein Kubernetes-Cluster umgesetzt werden soll. Dafür benötigen wir eine eigene Subdomäne, die wir mit einem eigenen autoritativen DNS-Server verwalten. Vom DNS-Server der Windows-Domäne muss dann eine entsprechende Delegation erstellt werden.

Stefan Köhler: Über das Cluster und die Subdomäne müssen wir noch genauer sprechen. Jetzt würde ich erst noch einige allgemeine Anforderungen klären. Wie viele Mitarbeiterinnen und Mitarbeiter haben einen Account beim Katasteramt?

Armin Freitag: Beim Amt für Vermessung gibt es 65 Mitarbeiterinnen und Mitarbeiter.

Stefan Köhler: Welche Aufgaben haben die beiden Dateiserver?

Armin Freitag: Auf dem einen Server unter Windows werden die Home-Laufwerke der Benutzer vorgehalten. Auf dem anderen Server werden alle Projektdaten vorgehalten. Hier sind z. B. die Bebauungspläne, Grundbuchauszüge und Flurkarten digital hinterlegt. Die beiden Server müssen unbedingt verfügbar sein.

Holger Lübberstedt: Können Sie mir noch ein paar Anforderungen an die anderen Dienste nennen?

Armin Freitag: Der E-Mail-Server und der VoIP-Server werden nicht so häufig verwendet. Das Monitoring der Geräte zeigt, dass beide Systeme nie ausgelastet sind.

Malia Zahrah: Wie werden die E-Mails von den Benutzerinnen und Benutzern abgerufen?

Marianne Thiel-Sommer: Die E-Mail-Konten und die E-Mails werden auf dem Server verwaltet. Auch ein Zugriff von außen soll, z. B. mittels Webinterface, möglich sein.

Holger Lübberstedt: Wie viele Telefone werden im Amt verwendet?

Armin Freitag: Das Amt verfügt über einen Nummernblock von 50 Telefonnummern.

Holger Lübberstedt: Das habe ich notiert. Gibt es noch neue Dienste, die integriert werden sollen?

Armin Freitag: Ja, wir möchten unbedingt das Katasteramt für die Bürgerinnen und Bürger zugänglicher machen. Die Bebauungspläne und Grundbuchauszüge sollen von berechtigen Personen, z.B. Notare, digital eingesehen werden können.

Malia Zahrah: Gibt es noch weitere Aspekte, die bei der Übernahme beachtet werden sollen?

Marianne Thiel-Sommer: Bisher mussten sich die Mitarbeiterinnen und Mitarbeiter bei mehreren Systemen separat anmelden. Das soll unbedingt geändert werden. Sie sollen sich nur einmal am Netzwerk anmelden. Auch die Kunden des Amts für Vermessung, wie z.B. Architekten und Architektinnen, sollen sich nur einmal anmelden und alle Dienste, zu denen sie Zugang haben, nutzen können.

Stefan Köhler: Gibt es noch Dienste für die interne Zusammenarbeit?

Armin Freitag: Gut, dass Sie es ansprechen. Wir benötigen auch noch eine Groupware. Die Software soll idealerweise ein Open-Source-Produkt sein.

Holger Lübberstedt: Den Einsatz dafür müssen wir natürlich auch planen.

1.2 Serverdienste und Plattformen gemäß Kundenanforderungen auswählen

S **Die Auszubildenden der JIKU IT-Solutions wählen Serverdienste und Plattformen gemäß Kundenanforderungen aus.**

Holger Lübberstedt: Wir können jetzt ein umfangreiches Projekt mit einem neuen Kunden starten.

Stefan Köhler: Das wird sicher spannend. Ich werde mich umgehend darüber informieren, welche Einsatzmöglichkeiten und Alternativen für die Installation bestehen. Wenn ich Fragen habe, melde ich mich umgehend bei Ihnen.

Holger Lübberstedt: Okay. Halten Sie mich aber auf dem Laufenden.

Malia Zahrah: Ich werde Stefan helfen. Wir sollten unbedingt die unterschiedlichen Plattformen vergleichen.

Aufgabe 1: Planen Sie die physischen Server der städtischen Infrastruktur unter Berücksichtigung verschiedener Kundenziele.

SB 1.2.1

1 a) Die JIKU IT-Solutions hat bei einem Anbieter für „Hosted Server" zwei Testserver gemietet. Auf diesen Servern sollen die Auszubildenden verschiedene Szenarien nachstellen können. Auf der Webseite wirbt der Anbieter mit einer Verfügbarkeit von 99,95 %.
Ermitteln Sie die maximale Anzahl der Stunden, die ein Server bei diesem Anbieter pro Jahr ausfallen darf.

___

___

___

b) Sie entscheiden sich für eine On-Premise-Lösung, also das Betreiben und Administrieren des Servers im eigenen Netzwerk.
Der Serverdienst ist für das Katasteramt wichtig und ein Ausfall des Dienstes würde ein Weiterarbeiten der Mitarbeiter stark behindern. Sie möchten die Verfügbarkeit des Serversystems sicherstellen. Dazu gehört der Betrieb einer unterbrechungsfreien Stromversorgung (USV).

Nennen Sie die jeweils dargestellte USV-Art.

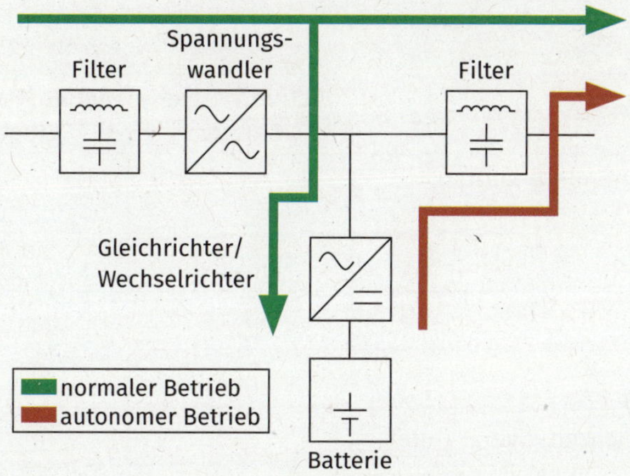

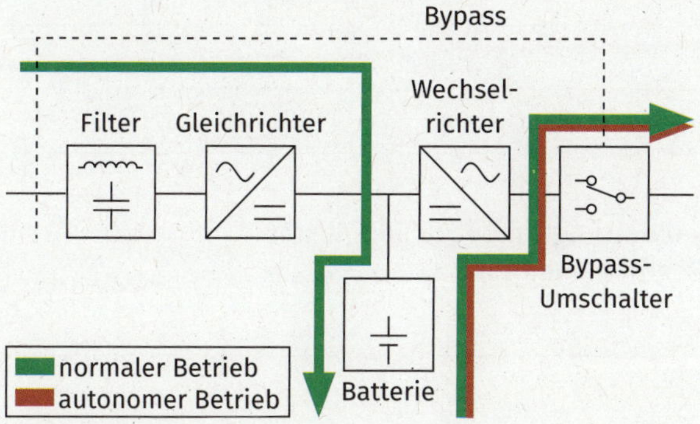

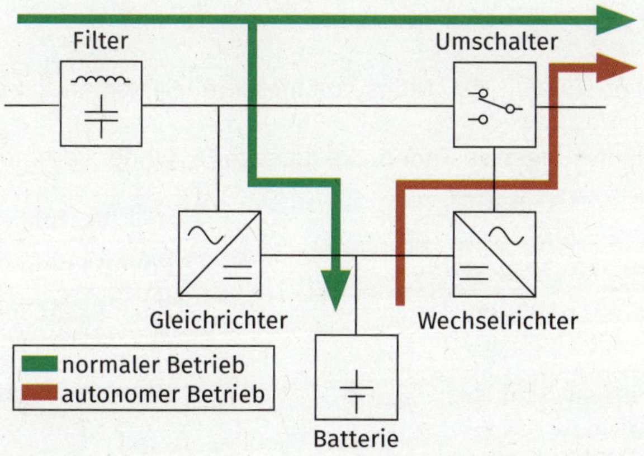

c) Nach der Wahl der USV entscheiden Sie sich, das System mit einem redundanten Netzteil auszustatten. Bei der Recherche über redundante Netzteile lesen Sie den Begriff **„Hot Swapping"**. Sie haben diesen Begriff auch schon im Zusammenhang mit Speichermedien gehört.
Erläutern Sie den Begriff.

d) Sie überlegen, ob es sinnvoll ist, dass der Dienst des Amtes auf mehreren Netzwerkknoten läuft und als Cluster-Dienst betrieben werden kann.

Zusammen mit einem Kollegen gehen Sie die Vorteile von Active/Active-Clustern und Active/Passive-Clustern durch.
Ordnen Sie die Aussagen zu und kreuzen Sie die Cluster-Variante an.

Aussage	**Active/Active-Cluster**	**Active/Passive-Cluster**
Beim Ausfall eines Knoten wird die Last auf andere Knoten verteilt.	☐	☐
Sorgt für eine Erhöhung der Verfügbarkeit.	☐	☐
Nur ein Knoten verarbeitet Anfragen.	☐	☐
nicht so gut skalierbar	☐	☐
Anfragen werden von mehreren Knoten gleichzeitig verarbeitet.	☐	☐
Beim Ausfall eines Knotens übernimmt der andere Knoten die Verarbeitung von Anfragen.	☐	☐
gut skalierbar	☐	☐
bessere Ausnutzung von Systemressourcen	☐	☐

e) Ihr Kollege fragt Sie nach dem Begriff **„shared nothing“** in Bezug auf Cluster.
Erläutern Sie Ihrem Kollegen, was mit dem Begriff gemeint ist.

f) Um eine hohe Verfügbarkeit zu erreichen, ist es sinnvoll, den Dienst auf mehreren Systemen zu betreiben und eine Lastverteilung vorzunehmen.
Ordnen Sie die Verteilungsverfahren den Erläuterungen zu, indem Sie diese miteinander verbinden.

Erläuterung
Der Server mit den wenigsten Verbindungen wird ausgewählt.
Aus der Liste der verfügbaren Server wird einer per Zufall ausgewählt.
Aus Parametern des anfragenden Clients wird ein Schlüssel gebildet. Anfragen dieses Clients werden immer zum gleichen Server gesendet.
Aus der Liste der vorhandenen Server wird der Reihenfolge nach ausgewählt.
Der Server mit der kürzesten Antwortzeit wird ausgewählt.

Verfahren
Round Robin
Hash Based
Least Connections
Least Response Time
Random Based

2 Eine Anforderung an den zu installierenden Dienst ist die Skalierbarkeit. Bei der Skalierbarkeit unterscheidet man zwischen **horizontaler** und **vertikaler** Skalierung. Beim wöchentlichen Meeting fragt ein Mitarbeiter des Vermessungsamts nach dem Unterschied. Erläutern Sie den Unterschied kurz.

b) Im Meeting werden weitere Aussagen zum Thema Skalierung getätigt. Ordnen Sie die Aussagen der Skalierungsart zu.

Aussage	vertikale Skalierung	horizontale Skalierung
Einem Cluster werden zusätzliche Knoten hinzugefügt.	☐	☐
Ein Load Balancer wird verwendet.	☐	☐
Das Serversystem wird mit 64 GiB RAM erweitert.	☐	☐
Die Lizenzkosten für die Skalierung sind niedriger.	☐	☐
Die Festplatten des Serversystems werden durch SSDs ersetzt.	☐	☐
Es wird mehr Platz benötigt.	☐	☐

c) Der Dienst soll auf einer virtuellen Maschine (VM) installiert werden. Prüfen Sie diese Lösung auf die Skalierbarkeit und erläutern Sie die Möglichkeiten der Skalierung.

3 a) Für den Einsatz eines Servers sollen Sie die Administrierbarkeit der Rolle „DHCP-Server" des Windows-Servers anhand der angegebenen Kriterien überprüfen

konfigurierbar:

Dokumentation:

Überwachung:

regelmäßige Sicherheitsupdates:

unterschiedliche Berechtigungen:

b) Sammeln Sie in Partnerarbeit weitere Aspekte, die die Administrierbarkeit eines Servers erhöhen.

____

____

____

4 a) Es soll die Wirtschaftlichkeit von Serverdiensten betrachtet werden. Der Serverdienst soll mit einem Programm erweitert werden. Für die Erweiterung gibt es zwei Möglichkeiten.
Die Erweiterung kann intern erstellt werden. Dazu wird mit 300 Arbeitsstunden für die Entwicklung gerechnet. Außerdem muss die Erweiterung gewartet werden. Für diese Wartung werden jährlich 24 Arbeitsstunden kalkuliert. Eine Arbeitsstunde wird intern mit 70,00 € verrechnet.
Für eine Fremdentwicklung des Programms liegt ein Angebot von 15 000,00 € vor. Für die jährliche Wartung des Programms (Sicherheits-Patches) werden 3 000,00 € im Angebot veranschlagt.
Berechnen Sie, ab welchem Jahr sich die Eigenentwicklung lohnt. Runden Sie auf volle Jahre auf.

b) Ein kleineres Unternehmen möchte wissen, ob sich die automatische Installation von Endsystemen lohnt. Im Jahr werden bei diesem Kunden durchschnittlich 20 Endsysteme neu installiert. Eine Installation (von Betriebssystem sowie Basissoftware) und die grundlegende Konfiguration werden pro System mit 5 Arbeitsstunden angesetzt.
Sie kalkulieren für die Installation und Konfiguration einer Software zum Verteilen von Betriebssystem und Software mit 5 000,00 €. Für die Installation der Endsysteme und die Paketierung neuer Softwarepakete kalkulieren Sie 40 Stunden pro Jahr durch Mitarbeitende des Kunden.
Auf Nachfrage stellt sich heraus, dass interne Arbeitsstunden im Kundenunternehmen mit 80,00 € pro Stunde verrechnet werden.
Ermitteln Sie, ob und ab welchem Einsatzmonat sich eine automatische Installation und Softwareverteilung für das Unternehmen lohnt.

5 a) Neben der Wirtschaftlichkeit ist vor allem die Sicherheit von großer Bedeutung. Das Katasteramt plant den Aufbau eines weiteren Servers. Im Leitfaden des BSI steht, dass das Betriebssystem gehärtet werden muss. Sie sollen den Auszubildenden aus dem ersten Ausbildungsjahr erläutern, was unter diesem Begriff verstanden wird.
Beschreiben Sie den Begriff Härtung eines Betriebssystems und geben Sie ein Beispiel dafür an.

____

____

____

____

b) Nachdem Sie das Thema „Härtung“ mit den Auszubildenden des ersten Lehrjahres besprochen haben, werden verschiedene Nachfragen gestellt. Ein Auszubildender berichtet davon, dass er von Programmen gehört hat, die „nach Hause telefonieren“ und Benutzerdaten an den Hersteller senden. Er meint, dass dieses Verhalten sicherlich im Zuge einer „Härtung“ abgeschaltet werden muss.
Recherchieren Sie im BSI-Leitfaden „Konfigurationsempfehlungen zur Härtung von Windows mit Bordmitteln“ zum Thema „Telemetrie“. Erläutern Sie die Empfehlungen, die der Leitfaden gibt.

____

____

____

____

____

c) Nicht nur einzelne Systeme müssen besonders geschützt sein, sondern auch ganze Abschnitte von Netzwerken. Es ist sinnvoll, ein Netzwerk in abgrenzte Bereiche einzuteilen, in denen unterschiedliche Sicherheitsniveaus gelten.

Gegeben ist das nachfolgende Netzwerk. Bilden Sie sinnvolle Zonen und zeichnen Sie diese ein.

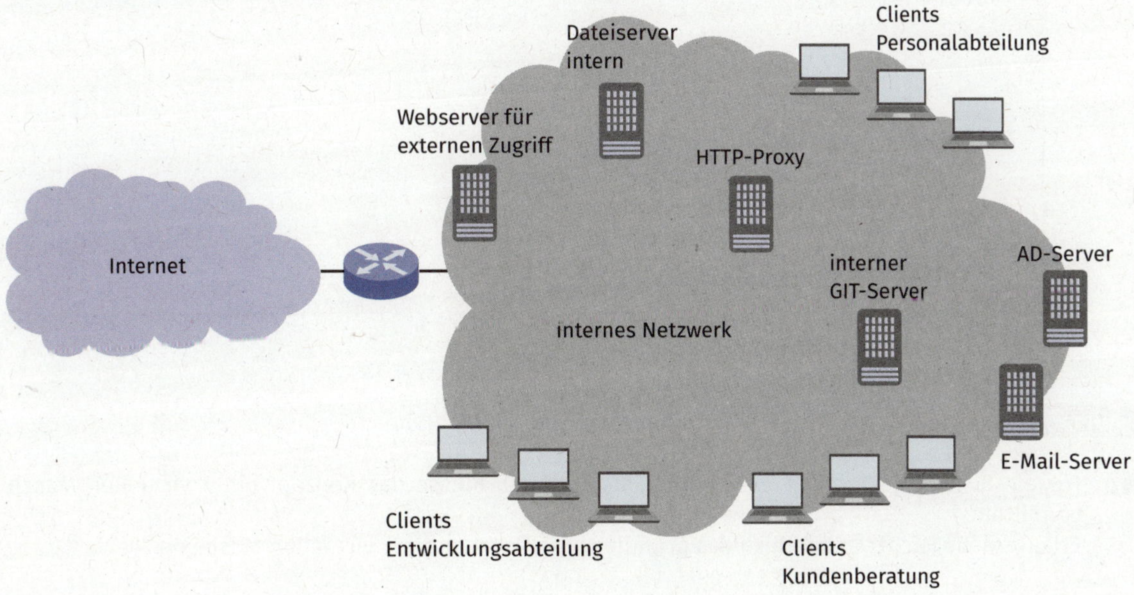

d) Ein Kunde möchte sich über das Zero-Trust-Prinzip informieren. Sie werden gebeten, zwei Präsentationsfolien zu erstellen, die das Konzept beschreiben. Berücksichtigen Sie dabei die Regelung des Zugriffs, sowie mögliche Ansätze zur Umsetzung.

Skizzieren Sie die Folien.

Aufgabe 2: Sie sollen den Einsatz virtueller Maschinen (VM) planen.

SB 1.2.2

1 Für ein Schulprojekt sollen Sie in einer fachfremden Klasse das Konzept einer virtuellen Maschine (VM) vermitteln.
Erläutern Sie leicht verständlich das grundlegende Konzept einer virtuellen Maschine.

2 Eine Kollegin fragt Sie, warum der Trend zur Virtualisierung ungebrochen ist. Es sei doch viel schneller und sicherer, einen wichtigen Dienst ohne virtuelle Maschine anbieten zu können.
Erläutern Sie drei Vorteile, die durch den Einsatz von virtuellen Maschinen entstehen.

3 Varianten der Virtualisierung
Das Katasteramt möchte verschiedene Serversysteme auf virtuelle Maschinen (VM) umziehen. Grundsätzlich lassen sich virtuelle Maschinen auf Typ-1- und Typ-2-Hypervisors betreiben. Sie werden gebeten, die beiden Hypervisor-Typen gegenüberzustellen. Ordnen Sie die Aussagen den Typen zu.

Aussage	Typ 1	Typ 2
Ein Betriebssystem kann einfach ausprobiert werden.	☐	☐
meist performanter	☐	☐
wird auch „baremetal“ genannt	☐	☐
gute Managementwerkzeuge zur Wartung und Überwachung von VMs	☐	☐
spezialisiert auf den Einsatz mit VMs	☐	☐
auch „hosted Hypervisor“ genannt	☐	☐
auf vielen Betriebssystemen verfügbar	☐	☐
Parallel laufende Programme können zum Absturz des Hypervisors führen.	☐	☐

4 a) Es gibt unterschiedliche Migrationsmethoden, um physische Server in eine VM zu überführen. Ein Kollege hat einen bestehenden Server eines Kunden auf eine VirtualBox VM migriert. Er zeigt Ihnen die entstandenen Dateien. Die Datei Dienstserver.vbox enthält den nachfolgenden Konfigurationsabschnitt.

```
<Network>
   <Adapter slot="0" enabled="true" MACAddress="080027BB76FD" type="82540EM">
     <DisabledModes>
       <InternalNetwork name="Test"/>
       <NATNetwork name="NatNetwork"/>
     </DisabledModes>
     <BridgedInterface name="enp4s0"/>
   </Adapter>
</Network>
```

Bestimmen Sie das Modell der virtuellen Netzwerkkarte, die MAC-Adresse der VM und die Bezeichnung der physischen Netzwerkschnittstelle. Erläutern Sie die Funktion des Parameters „BridgedInterface“.

b) Eine Auszubildende aus dem ersten Ausbildungsjahr bittet Sie um Hilfe. Im Testlabor hat sie mehrere VMs aus derselben Vorlage erstellt. Die VMs sind im „Bridge Mode“ („Netzwerkbrücke“) konfiguriert und gestartet. Die VMs bekommen vom DHCP-Server eine IP-Adresse zugeteilt. Trotzdem kommt es bei der Netzwerkkommunikation zu unerwarteten Verzögerungen und Fehlern.

Sie untersuchen die Konfiguration der VMs und stellen fest, dass die MAC-Adressen nicht erneuert wurden. Erklären Sie der Auszubildenden aus dem ersten Ausbildungsjahr das Problem.

SB 1.2.2

Aufgabe 3: Zum Betrieb von IT-Systemen gehört auch eine sinnvolle Datensicherung. Für die angelegten virtuellen Maschinen soll ein Backup-Konzept erstellt werden. Ein Kollege erklärt, dass am besten regelmäßig Snapshots der VMs erstellt werden sollen.
Erklären Sie, warum das Verfahren für Serverdienste sinnvoll sein kann, beim Sichern von Nutzdaten aber Nachteile hat.

SB 1.2.3

Aufgabe 4: Sie sollen Cloud-Dienste und Container planen.

❶ Mit dem chroot-Kommando kann in Linux im Dateisystem ein begrenzter Bereich erzeugt werden, den ein Prozess nicht verlassen kann.

a) Beschreiben Sie mögliche Anwendungsfälle beim Einsatz von Containern.

b) Kreuzen Sie an, welche Aussagen zu Linux-Containern richtig sind.

1.	Das LinuX Container Project (LXC) ist eine Implementierung von Containern unter Linux.	☐
2.	LXC ist eine Weiterentwicklung von LXD. Bei LXC wurden zusätzliche Tools hinzugefügt, um die Handhabung zu vereinfachen.	☐
3.	Ein Container-Image enthält alle Dateien, die für die Ausführung des Containers notwendig sind.	☐
4.	Docker baute ursprünglich auf LXC auf, wurde dann aber weiterentwickelt und ist von LXC nicht mehr abhängig.	☐

❷ Entscheiden Sie, ob die folgenden Aussagen zu Containern wahr oder falsch sind.

Aussage	wahr	falsch
Ein **System-Container** wird z. B. mit Docker umgesetzt und kann eine oder mehrere Anwendungen ausführen.	☐	☐
Container sind **linux-basiert** und erfordern ein linux-basiertes Hostsystem, auf dem sie ausgeführt werden.	☐	☐
Da ein Container **auf dem Kernel des Hostsystems ausgeführt wird**, ist er schlanker als eine virtuelle Maschine, die ein eigenes Betriebssystem benötigt.	☐	☐
Container sind genauso vom Hostsystem isoliert wie virtuelle Maschinen.	☐	☐

3 a) Beschreiben Sie den Unterschied zwischen einer imperativen und einer deklarativen Konfiguration im Zusammenhang mit installierter Software.

b) Erläutern Sie, wie Container-Virtualisierung im Zusammenhang mit deklarativer Beschreibung dabei hilft, für installierte Software einen definierten Zustand zur Verfügung zu stellen.

4 a) Beschreiben Sie das Entwicklungsziel von Docker.

b) Beschreiben Sie die Aufgabe eines „Image“ im Zusammenhang mit Container-Virtualisierung.

c) Erklären Sie den Schichtenaufbau einer Image-Datei bei einer Container-Virtualisierung.

d) Erstellen Sie ein einfaches Dockerfile, mit dem ein Image beschrieben wird, das

- auf Alpine aufbaut,

- beim Start des Containers den Text „Container-Virtualisierung ist spannend“ ausgibt.

e) Beschreiben Sie den Paradigmenwechsel bei der Speicherung von Daten, der mit der Container-Virtualisierung erfolgt ist.

Lernsituation 3: Wir planen Serverdienste und Plattformen

S **Die zukünftige Struktur der Stadtverwaltung soll von den Auszubildenden der JIKU IT-Solutions geplant werden. Sie werden gebeten, die Stadtverwaltung bei der Planung von netznahen Diensten und Serverdiensten zu unterstützen.**

Holger Lübberstedt: Wir haben in den vorangegangenen Meetings mit Frau Thiel-Sommer und Herrn Freitag die letzten Details für das Soll-Konzept geklärt. Einige Entscheidungen bzgl. des Einsatzes von virtuellen Maschinen stehen noch aus. Aber wir können mit der Planung der Dienste beginnen.

Malia Zahrah: Ich finde es spannend, bei der Planung der Migration mitzuarbeiten.

Paul Hermann: Ja, man bekommt einen guten Überblick über die vielen Aspekte und Dienste, die in einem Firmennetzwerk eine Rolle spielen. Dabei können wir viele neue Techniken und deren Umsetzung kennenlernen.

Stefan Köhler: Die Techniken sind auch für die Prüfung wichtig. Ich bin mir sicher, Themen wie Virtualisierung oder DNS werden in der Prüfung drankommen.

Holger Lübberstedt: Da haben Sie recht. Über viele der Techniken gab es in der Vergangenheit schon Prüfungsaufgaben.

Malia Zahrah: Das ist spitze! Dann ist die Mitarbeit in diesem Projekt auch gleichzeitig eine Prüfungsvorbereitung!

1.3 Serverdienste und Plattformen planen

S **Die Auszubildenden der JIKU IT-Solutions planen netznahe Dienste sowie die notwendigen Serverdienste und erstellen Konzepte für die Umsetzung.**

Holger Lübberstedt: Nachdem nun die Ausgangslage analysiert wurde und das Soll-Konzept abgestimmt ist, geht es an die Planung der eigentlichen Umsetzung.

Malia Zahrah: Bei den netznahen Diensten werden wir uns wieder um DHCP, DNS und NTP kümmern. Vielleicht kann mich hier Paul Hermann unterstützen.

Paul Hermann: Das wird ein guter Einstieg für mich. Wenn ich Fragen habe, werde ich Herrn Lübberstedt oder Malia ansprechen.

Stefan Köhler: Die Serverdienste übernehme ich. In diesem Bereich habe ich bereits in anderen Projekten mitgearbeitet.

Holger Lübberstedt: Der Cloud-Dienste und des Single-Sign-Ons werden wir uns gemeinsam annehmen. Hier benötigen alle noch etwas Vertiefung.

Malia Zahrah: Ich werde die entsprechenden Unterlagen für diesen Bereich vorbereiten.

Aufgabe 1: Planen Sie die netznahen Dienste für die städtische IT-Infrastruktur.

SB 1.3.1

1. Die Mitarbeiter des Katasteramts nutzen Arbeitsplatzrechner mit Windows-Betriebssystem. Die Arbeitsplatzrechner bekommen IP-Adressen (Range in dieser Aufgabe 192.168.45.0/25) per DHCP zugewiesen. Die Adresse soll 7 Tage zugewiesen bleiben. Weitere Parameter, die über den DHCP-Server zugewiesen werden, sind:

- DNS-Server
- Gateway
- Zeitserver

Der RFC 2132 beschreibt die durch DHCP konfigurierbaren Parameter, die durch einen Zahlenwert repräsentiert werden.

a) Suchen Sie in dem RFC die entsprechenden Parameter heraus (siehe auch Arbeitsbuch 2; Lernfeld 9, Kapitel 4.3). Geben Sie den Namen und die Nummer der Option an.

b) Nennen Sie die Option, die für die IP-Vergabe nötig ist.

c) Bestimmen Sie die jeweilige Zeit, nach der ein Renewal stattfindet bzw. nach der eine erneute Discover-Nachricht gesendet wird.

d) Die Server sollen feste IP-Adressen zugeteilt bekommen. Nennen Sie die nötigen Einstellungen.

2 Die Abbildung zeigt einen Teil der DNS-Struktur der Stadtverwaltung.

a) Benennen Sie die drei Verbindungen 1–3

1: ______

2: ______

3: ______

b) Beschreiben Sie die Funktionen, die **Forwarder** und **Delegation** im DNS ausführen.

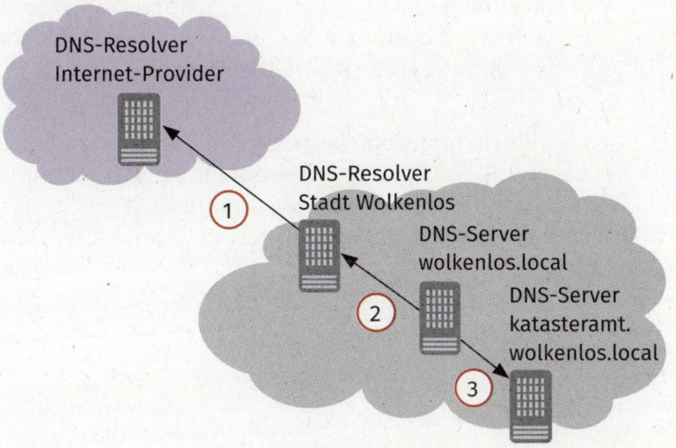

3 a) Für die Server der Kommunalverwaltung muss eine Zeitquelle geplant werden. Der Amtsleiter möchte, dass die IT-Systeme lokal auch arbeitsfähig sind, wenn die Internetverbindung nicht vorhanden ist. Stellen Sie dem Amtsleiter eine Möglichkeit vor, eine entsprechende Zeitsynchronisation umzusetzen.

b) Ein Kollege hat ein ähnliches Projekt und bittet Sie um einen Rat.
In der Verkehrsleitzentrale von Hessen Mobil überwachen Mitarbeitende den Straßenverkehr und passen Geschwindigkeitsbegrenzungen entsprechend der Verkehrslage an.

Für die dafür nötigen Server und Clients ist eine einheitliche Zeitquelle nötig.
Empfehlen Sie eine Stratum-Ebene für die Nutzung und begründen Sie Ihre Empfehlung.

Englischer Text über einen GPS-basierten und DCF77-basierten Zeitserver
The Global Positioning System (GPS) is a satellite based navigation system developed by the U.S. department of defense that dates back to 1973, when the first development started. In 1978 the first prototype was started and in 1993 already 24 orbiting satellites were deployed. The used orbit of about 20 000 km is below the geosynchronous orbit of TV satellites in 36 000 km. In geosynchronous orbit, a satellite surrounds the earth in exactly 24 hours, making it appear fixed over a spot on earth and allowing satellite dishes for reception to be mounted fixed. As the orbit of GPS satellites is lower, they will surround the earth within 12 hours, appearing two times a day over a spot on earth. The core of the system are high accurate atomic clocks onboard each satellite. They synchronize each other by satellite to satellite and satellite to ground station links. A navigational receiver needs to receive the signal of at least four satellites. As each satellite sends the clock signal at the same time, the receiver can calculate its position based on the individual time, the signal travels to the receiver. In order to receive a satellite signal, the receiving antenna needs to have a so-called line of sight to the satellite. Line of sight means, that no buildings or trees should be in the direct line from the receiving antenna to the satellite. Therefore, the GPS reception in areas with high buildings or forest is very limited, inside buildings mostly not possible, as a minimum of four satellites need to be received. An alternative for clock synchronization with GPS is the reception of local time synchronization transmissions. In Germany, the Physikalisch Technische Bundesanstalt (PTB) in Braunschweig is responsible to determine the official time for Germany. It distributes the time signal via a long wave transmitter station, called DCF77, about 25 km south-east of Frankfurt at Main. The long wave signal has a reach over most of Europe and does not have any of the other limitations explained in connection with the very high frequency signal of the GPS satellites.

c) Ein Rechenzentrumsbetreiber im Frankfurter Bankenviertel möchte einen NTP-Stratum-1-Server mit einem GPS-Empfänger ausstatten. Erste Erkundungen des GPS-Signals haben ergeben, dass durch die Abschottung durch Hochhäuser nur drei GPS-Satelliten stabil empfangbar sind. Erklären Sie, ob ein GPS-Empfänger sinnvoll ist und welche Lösungsalternativen sich ergeben.

d) Man stellt fest, dass die Erreichbarkeit der Satelliten schwankt. Kurzzeitig sind vier Satelliten zwischen den Hochhäusern empfangbar und dann wieder nur drei. Erklären Sie die mögliche Ursache für diesen Wechsel.

e) Ein Rechenzentrumsbetreiber will in Lüneburg einen NTP-Stratum-1-Server installieren. Lüneburg befindet sich im niedersächsischen Flachland. Das Infrastrukturmanagement des Rechenzentrums ist beauftragt worden, eine GPS-Antenne außen am Gebäude zu installieren. Empfehlen Sie den Beschäftigten eine optimale Position am Gebäude.

f) Die Geschäftsleitung ist besorgt über die Verfügbarkeit des Zeitsignals für den NTP-Stratum-1-Server, der mit einem GPS-Empfänger verbunden ist. Beschreiben Sie eine alternative Empfangsmöglichkeit des Zeitsignals.

Aufgabe 2: Im Folgenden werden Sie Anwendungsdienste wie Verzeichnisdienst, E-Mail und Webserver planen.

SB 1.3.1

1 Die Modellierung einer Windows-Domäne basiert auf der Struktur der Organisation, für die sie eingesetzt wird. Da Gruppenrichtlinien nach Computern und Benutzern unterteilt sind, ist es sinnvoll, diese Struktur auch in der Modellierung der Domäne zu beachten. Dazu können zwei grundlegende Strukturen verwendet werden, wie in der Abbildung zu sehen ist. In der linken Struktur wird strikt nach Computer und Benutzer unterschieden. In der rechten Struktur wird zunächst die Organisation abgebildet und die Unterteilung nach Computer und Benutzer erst auf der unteren Ebene der Ämter vorgenommen.

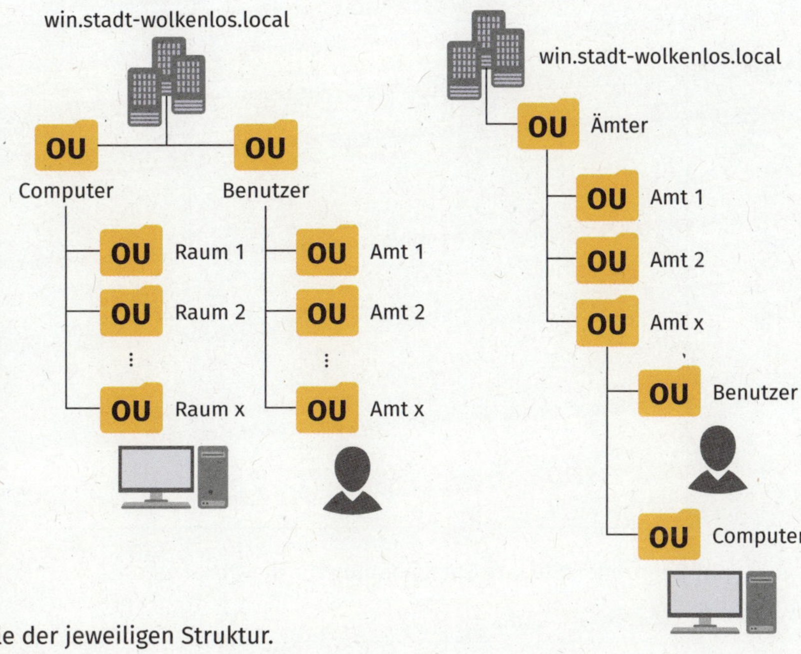

Diskutieren Sie Vor- und Nachteile der jeweiligen Struktur.

2 Für das Katasteramt soll die Einbindung in die Windows-Domäne des Amts für Kommunikationstechnik geplant werden. Dazu wird von der Windows-Domäne eine Organisationseinheit (OU) für das Katasteramt vorgegeben. Darunter kann eine weitere Modellierung erfolgen.

Die Abbildung zeigt die Domänenstruktur des Amtes für Kommunikationstechnik. Ihre Aufgabe ist es, die Struktur unter der OU „Katasteramt" zu entwickeln und nach den folgenden Vorgaben sinnvolle Gruppenrichtlinienobjekte zu entwickeln.

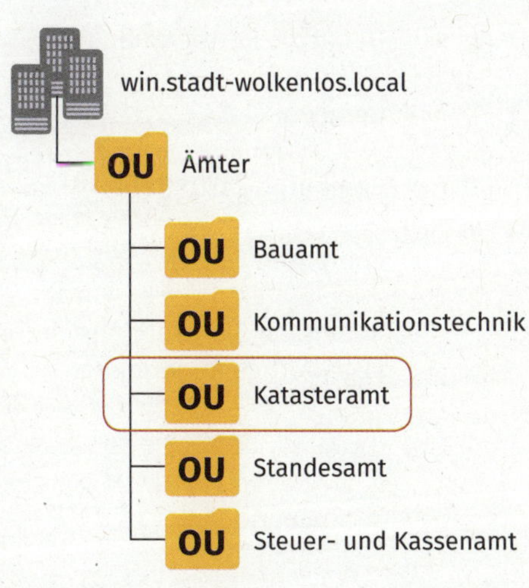

Folgende Gegebenheiten sind dazu zu beachten.

Das Katasteramt ist auf die Räume 210 bis 230 in der Stadtverwaltung verteilt. Neben der Standardsoftware, die von allen Beschäftigten der Stadtverwaltung verwendet wird, benötigen alle Mitarbeiter des Katasteramtes eine Installation der Software „Katasterpro" auf ihren Arbeitsplatzrechnern. Eine Gruppe von 10 Personen muss zusätzlich mit einer besonderen Kartografierungssoftware „Kartografix" arbeiten. Diese Software wird aufgrund der Lizenzbedingung nur auf vier Rechnern in den Räumen 220 und 221 installiert.

Als Netzwerkfreigaben erhalten alle Beschäftigten des Katasteramtes die Netzwerkfreigabe K:\Kataster-amt eingebunden. Die zehn Mitarbeiter für die Kartografie noch zusätzlich die Netzwerkfreigabe L:\Kartografie.

Aufgaben:

a) Skizzieren Sie Ihre Modellierung unter der OU „Katasteramt".

b) Begründen Sie Ihre Entscheidung für die OU-Struktur.

c) Ordnen Sie die Computer und Benutzer den OUs zu.

Benutzer-Kartografie:

Benutzer:

Computer-Kartografie:

Computer:

d) Benennen Sie Gruppenrichtlinienobjekte (GPO) für die geforderten Funktionen. Nutzen Sie eine aussagekräftige Benennung.

e) Begründen Sie Ihre Entscheidung für die erstellten GPOs.

f) Ordnen Sie die OUs den GPOs zu und begründen Sie dies.

OU „Benutzer-Kartografie“:

OU „Benutzer“:

OU „Computer-Kartografie“:

OU „Computer“:

Begründung:

3 a) Bei einer Planungssitzung wird über zukünftige Anwendungen des Katasteramts gesprochen. Durch den Webserver sollen zusätzliche Anwendungen im Internet zur Verfügung gestellt werden. Es ist noch keine Entscheidung für den Standort des Webservers gefallen. Sie werden beauftragt, in einer Vergleichstabelle die Vorteile von „On-Premise“ und „externem Hosting“ zu erstellen.

On-Premise	externes Hosting

b) Ein bestehender Webserver soll vom Hoster AX zum Hoster BX umgezogen werden. Recherchieren Sie die dafür notwendigen Schritte.

c) Die Anwendung von Zertifikaten bei Webservern ist heutzutage obligatorisch, auch beim umgezogenen Webserver soll ein Zertifikat zum Einsatz kommen. Eine bekannte Zertifizierungsstelle ist der Anbieter „Let's Encrypt". Informieren Sie sich, wie dieser Anbieter sicherstellt, dass die Berechtigung zur Anforderung eines Zertifikats besteht.

4 a) Beim Betrieb eines eigenen E-Mail-Servers ist Spam ein wichtiges Thema. Ein Kunde möchte wissen, welche Vorkehrungen er treffen kann, damit die von ihm versendeten E-Mails nicht als Spam klassifiziert werden.
Beschreiben Sie die Arbeitsweise eines SPF-Records.

b) Ein anderer Kunde ruft in Ihrem Unternehmen an. Die E-Mails, die über seinen E-Mail-Server versendet werden, akzeptieren viele Empfänger nicht mehr. Sie vermuten, dass der Kunde unbeabsichtigt ein Open-Relay betreibt. Erläutern Sie dem Kunden Ihre Vermutung.

Aufgabe 3: Zu einer modernen IT-Infrastruktur gehören auch Echtzeitdienste wie WebRTC und VoIP. Diese werden Sie nun planen.

SB 1.3.1

1 a) Der folgende Netzplan enthält Teile des Netzes einer Zweigstelle. Planen Sie die Teilbereiche, in denen Quality of Service (QoS) eingeplant werden sollte. Markieren Sie dabei Bereiche und Verbindungen, auf denen QoS sichergestellt werden muss. Begründen Sie Ihre Wahl.

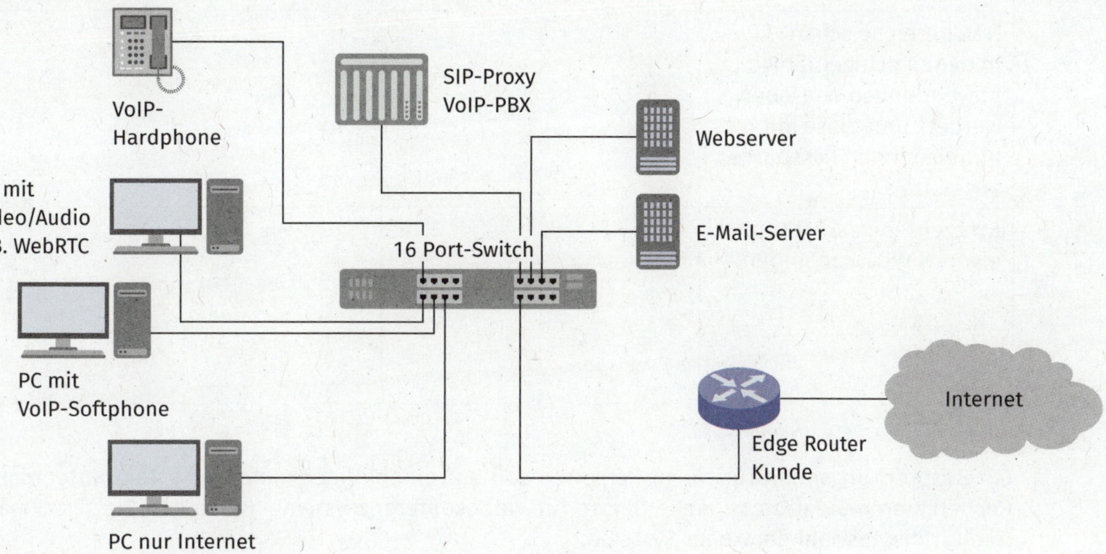

Begründung: ____

____

____

____

____

____

b) Entscheiden Sie, welche Maßnahmen zur Sicherstellung der QoS für Echtzeitdienste (VoIP/Videokonferenzsysteme) zielführend und wirtschaftlich sind. Begründen Sie kurz Ihre Entscheidung.

Maßnahme	geeignet	ungeeignet	Begründung
Echtzeitfähige Geräte ausschließlich über eigene Router, Switches und Firewall betreiben.		*X*	*zu teuer*
Bereits am Endpunkt echtzeitfähige Anwendungen von einfachem Internetverkehr trennen.			
Echtzeitfähige Geräte über eigenes VLAN anbinden.			

Maßnahme	geeignet	ungeeignet	Begründung
Ausschließlich proprietäre Hard-/Softwarelösungen verwenden.			
Netzbereiche schaffen, in denen echtzeitfähige Anwendungen betrieben werden, und diese mit hinreichenden Ressourcen ausstatten.			
Echtzeitfähige Geräte über eigenes WLAN anbinden.			

c) Ein Besprechungsraum für ca. 15 Personen soll mit einem Videokonferenzsystem ausgerüstet werden. Recherchieren Sie professionelle Geräte für Videokonferenzsysteme. Benennen Sie zweckmäßige Kriterien für die Auswahl derartiger Systeme.

2 Eine Zweigstelle soll von klassischer Telefonie auf VoIP migriert werden. Aktuell existieren 80 Nebenstellen in der Zweigstelle. Im Mittel werden von 20 % der Nebenstellen Telefonate geführt. Zu Stoßzeiten können dies bis zu 60 % sein. Berechnen Sie den Übertragungsratenbedarf für die Grundlast sowie die Spitzenlast. Berücksichtigen Sie dabei zusätzliche Reserven, damit es zu keinem Engpass kommt (Aufrunden auf Mbit/s). Gehen Sie von höchster Sprachqualität (G.722) aus.

Aufgabe 4: Sie planen die automatische Client-Installation mit PXE.

SB 1.3.1

Im Katasteramt werden alle Client-Systeme manuell in Betrieb genommen. Dazu installiert ein Mitarbeiter der IT-Abteilung mittels USB-Stick das Betriebssystem und führt anschließend die Installationsdateien der Anwendungssoftware manuell aus.
Zukünftig sollen alle Systeme mit einem vorgefertigten Image eingerichtet werden, das sowohl das Betriebssystem als auch die grundlegende Anwendungssoftware enthält. Die Installation soll über das Netzwerk erfolgen. Sie werden beauftragt, diese Installation zu planen. Die nötigen Server sollen Sie in einer Testumgebung auf einer virtuellen Maschine einrichten.

1. Erstellen Sie eine Liste der Geräte, die für eine PXE-Testumgebung nötig sind.

2. Beschreiben Sie die Aufgaben des DHCP-Servers und des TFTP-Servers bei PXE.

DHCP-Server:

TFTP-Server:

3. In der Testumgebung funktioniert die Installation eines Betriebssystems mittels PXE. Dazu wählt ein Benutzer beim Start der PCs das Boot-Menü (je nach Hersteller z. B. mit F12) aus und bootet den PC über die Netzwerkkarte. Dieser Vorgang soll jedoch nicht von jedem Benutzer durchgeführt werden können.
Beschreiben Sie eine einfache Methode, damit nur berechtige Benutzer das Boot-Menü öffnen können.

Aufgabe 5: Um eine IT-Infrastruktur sicher betreiben zu können, müssen die Systeme aktuell gehalten werden. Hierzu planen Sie die Update-Server für die Clients.

SB 1.3.1

1. Für die Kommunalverwaltung sollen lokale Update-Server eingeplant werden. Sie wurden beauftragt, die Planung vorzunehmen und entsprechende Vorbereitungen zu treffen.
Geben Sie je zwei Vor- und Nachteile eines lokalen Update-Servers an.

2. Für die Umsetzung der Update-Server soll zunächst eine Wirtschaftlichkeitsbetrachtung durchgeführt werden. Dabei sollen die Kosten für einen lokalen Update-Server im ersten Jahr sowie den folgenden Jahren den erhöhten Kosten auf der Netzanbindung gegenübergestellt werden.

Verwenden Sie für die Berechnung folgende Werte. Sie können diese mit Informationen aus dem Internet ergänzen.

Position	Kosten
Server-Hardware	3000,00 € einmalig
Server-Lizenzen	600,00 € einmalig
Server-Support inkl. Administration	200,00 € jährlich
Internet-Anbindung	160,00 € monatlich

3 Beschreiben Sie den Unterschied zwischen den unterschiedlichen WSUS-Bereitstellungsszenarien:
- Einfache WSUS-Bereitstellung
- Mehrere WSUS-Server
- Nicht verbundene WSUS-Server

Hinweis: Recherchieren Sie im Internet.

Aufgabe 6: Neben der generellen Datensicherung in Form von Backups muss auch der Datenschutz betrachtet werden. Dieser wird im Folgenden von Ihnen geplant.

SB 1.3.1

1 Im Katasteramt soll ein neuer Dateiserver installiert werden. Auf dem Server werden Daten von Mitarbeitenden abgespeichert. Da u. a. auch grundbuchspezifische Dokumente mit persönlichen Daten von Bürgerinnen und Bürgern bearbeitet und abgespeichert werden, ist es nötig, ein datenschutzkonformes Backup-Konzept zu entwickeln.

a) Die Datenträger des alten Dateiservers müssen gelöscht und entsorgt werden. Sie werden gebeten, dabei wichtige Punkte bzgl. der Datensicherheit stichwortartig herauszuarbeiten.

b) Zum Schutz der Backup-Daten werden diese Daten verschlüsselt abgespeichert. Oftmals wird in Firmen ein Vier-Augen-Prinzip zur Einsicht von Backups und Archiven verwendet.
Recherchieren Sie Gründe für den Einsatz dieses Verfahrens.

c) Die Backups enthalten personenbezogene Daten. Diese Daten müssen entsprechend der Datenschutzgrundverordnung (DSGVO) nach einer bestimmten Zeit gelöscht werden. Sie werden angewiesen, ein Löschkonzept zu planen. Beschreiben Sie den Begriff Löschklassen. Recherchieren Sie zusätzlich ein Beispiel für eine Löschklasse.

2 Viele Daten des Katasteramts müssen dauerhaft archiviert werden, um z.B. die Aufbewahrungsfristen einzuhalten. Diese Archivierung muss revisionssicher sein und den GoBD (Grundsätze zur ordnungsmäßigen Führung und Aufbewahrung von Büchern, Aufzeichnungen und Unterlagen in elektronischer Form sowie zum Datenzugriff) genügen.
Das Katasteramt bittet Ihr Unternehmen, ein entsprechendes Konzept zu erstellen.

a) Eine Möglichkeit für die revisionssichere Speicherung ist das Abspeichern auf einem WORM-System.
Recherchieren Sie die Funktionsweise eines WORM-Systems.

b) Die folgenden Arten von Daten müssen archiviert werden.
Entscheiden Sie, welche Daten revisionssicher gespeichert werden müssen.

Art der Daten	revisionssichere Speicherung
Verträge	☐
Handelsbriefe	☐
Werbeprospekte	☐
Webseiten-Abzüge	☐
Allgemeine Briefe	☐
Bilanzen	☐

Aufgabe 7: Für die Softwareentwicklung sind Microservices, Kubernetes und Single-Sign-On (SSO) zu planen.

SB 1.3.2

1 a) Beschreiben Sie den Unterschied zwischen einer monolithischen Struktur und einer Microservice-Struktur. Nennen Sie Vorteile, die die Microservice-Struktur gegenüber dem Monolith hat.

____

____

____

____

b) Für den Onlinedienst des Katasteramtes hat die Softwareentwicklung einen ersten Entwurf erstellt und diskutiert mit Ihnen die Aufteilung der Dienste.
Die Abbildung zeigt den Entwurf. Neben den Katasterdaten soll es eine Datenbank für Kartenprojekte geben. Für die Kartenprojekte können relevante Katasterdaten abgerufen werden. Ein Integrated Access Management (IAM) ist für die Zugangskontrolle nötig.
Schlagen Sie eine Aufteilung in Microservice-Einheiten vor, die bei Notwendigkeit entsprechend skaliert werden können. Skizzieren Sie Ihre Einteilung in nebenstehende Abbildung.

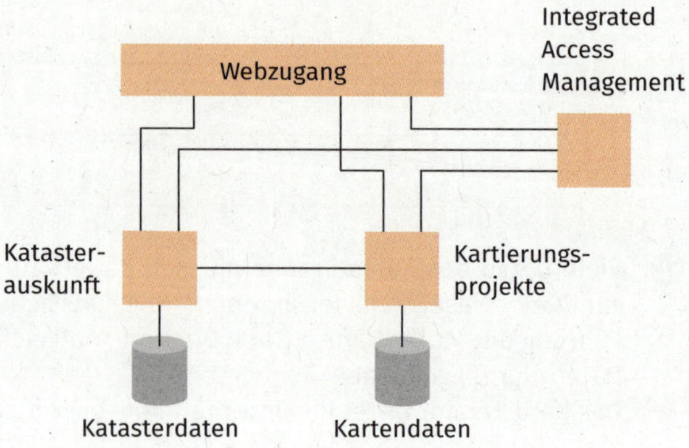

Vorschlag: ______________________________

____

____

____

____

____

2 Nennen Sie drei Begriffe, mit denen die Funktion von Kubernetes beschrieben werden kann und beschreiben Sie die Begriffe.

____

____

____

3 Die neue Onlineplattform des Katasteramtes ermöglicht externen Benutzern, auf Dienstleistungen des Katasteramtes zuzugreifen. So können Notariate Katasterauszüge, Vermessungsbüros Flurkarten und Vermessungsaufträge abrufen, die von ihnen im Auftrag des Katasteramtes durchgeführt wurden. Weiterhin können externe Benutzer die erstellten Daten hochladen.
Für die Benutzerverwaltung des Onlinedienstes wurde ein Identitätsmanagement mithilfe eines Keycloak-Servers implementiert. Die Mitarbeiter des Katasteramtes sollen auf die Onlineplattform mit ihren Windows-Benutzerkonten zugreifen.
Als weitere Funktion sollen sich externe Benutzer mit vorhandenen Konten, wie z. B. bei Apple, Google oder Microsoft, beim Onlinedienst des Katasteramtes anmelden können.
Der folgende Text beschreibt eine Lösung zur Anforderung. Nutzen Sie den Text und bearbeiten Sie die Aufgaben.

Single Sign On with Keycloak and Windows Active Directory
A typical use case is, that a user logs on to a Windows Computer in a Windows Domain and then uses a web browser to log on to an online service. If the online service is provided by the Windows Domain provider, the credentials of the Windows Desktop Computer could be used to log on to the online service, without the user needing to enter the credentials again in a webpage of the browser. This is a typical single sign on scenario with desktop and online service. In order for this single sign on to work, the web browser needs to have access to a Kerberos ticket that got created by the log on to the Windows Domain. This happens through the Simple and Protected GSS-API Negotiation Mechanism (SPNEGO) protocol. The Keycloak server supports this protocol and allows in connection with the Active Directory to implement this single sign on. Various browsers like Google Chrome, Microsoft Edge or Mozilla Firefox have this feature and can be configured by using group policies. These group policies are not necessarily implemented in a Vanilla installation and configuration of a Domain Controller. The term Vanilla refers to a standard installation of a software without customization. To use these group policies, ADMX templates for the respective browser have to be installed in the Active Directory of the Domain Controller. The browser can then be configured to support the SPNEGO protocol.

a) Entscheiden Sie, ob die folgenden Aussagen in Bezug auf den vorherigen Text richtig oder falsch sind.

Aussage	richtig	falsch
Eine Anmeldung an Onlinediensten erfordert immer eine Eingabe von Zugangsdaten auf der Webseite des Dienstes.	☐	☐
Ein Webbrowser auf einem Windows-Computer in einer Windows-Domäne kann sich über den Zugriff auf das Kerberos-Ticket mithilfe des SPNEGO-Protokolls (Simple and Protected GSS-API Negotiation Mechanism) automatisch bei einem Onlinedienst anmelden.	☐	☐
Mithilfe von Gruppenrichtlinien können Webbrowser konfiguriert werden, um auf ein Kerberos-Ticket zuzugreifen und mithilfe des SPNEGO-Protokolls bei einem Onlinedienst anzumelden.	☐	☐
Ein Windows Domain Controller hat nach der Grundinstallation alle nötigen Gruppenrichtlinien installiert. Eine nachträgliche Installation ist nicht möglich.	☐	☐
ADMX-Templates werden verwendet, um eine sogenannte Vanilla-Konfiguration eines Domain Controllers zu erhalten.	☐	☐

b) Der IT-Verantwortliche des Katasteramtes würde gern für externe Nutzer der Onlineplattform ermöglichen, dass sie sich mit bestehenden Konten bei Apple, Google oder Microsoft bei dem Onlinedienst anmelden. Er würde gern verstehen, wie solch eine Anmeldung abläuft, welche Vorabkonfiguration nötig ist und welcher Austausch an Daten stattfindet.
Beantworten Sie ihm anhand des OAUTH2-Flows in Jahrgangsbuch 3, Lernfeld 10b, Kapitel 1.3.2 die folgenden Fragen.

ba) Wie läuft eine Anmeldung mit einem der genannten Konten ab?

____

____

____

bb) Welche Daten werden zwischen den Diensten Apple, Google oder Microsoft und dem Onlinedienst des Katasteramtes ausgetauscht?

____

____

____

Lernsituation 4: Wir implementieren und testen Serverdienste

S **Nachdem die Serverdienste für das Katasteramt geplant wurden, werden diese nun in einer Testumgebung implementiert und dort getestet. Weiterhin wird das Monitoring für die Dienste umgesetzt.**

Holger Lübberstedt: Wir haben jetzt den Einsatz verschiedener Techniken geplant. Das hat auch gut geklappt. Jetzt müssen wir zur nächsten Phase übergehen und die Techniken implementieren.

Paul Hermann: Es ist aber nicht sinnvoll, die Techniken gleich im produktiven Netzwerk einzusetzen. Zum Glück haben wir bei der JIKU IT-Solutions ein eigenes Testlabor.

Holger Lübberstedt: Das stimmt! Nach einer erfolgreichen Implementierung in der Testumgebung müssen wir die Systeme ausgiebig testen. Ein direkter Einsatz im Unternehmensnetzwerk eines Kunden könnte zu unvorhersehbaren Problemen und im schlimmsten Fall zu einem Ausfall führen. Das darf nicht passieren.

Stefan Köhler: Ich weiß, es will keiner hören, aber wir müssen die Installations- und Konfigurationsschritte auch dokumentieren. Sonst ist das für andere Kolleginnen und Kollegen nicht nachvollziehbar.

Malia Zahrah: Da hast Du wohl recht. Am besten man dokumentiert kontinuierlich während der Implementierung. Dann vergisst man keine Details.

1.4 Serverdienste implementieren, testen, überwachen und kritische Zustände beheben

S **Die Auszubildenden der JIKU IT-Solutions implementieren, testen und überwachen Serverdienste.**

Jürgen Pollina: Die Testumgebung steht bereit. Ich habe unser Testlabor für das Projekt reserviert. Sie können direkt loslegen.

Stefan Köhler: Ich bin gespannt, ob die Installation des VoIP-Systems so abläuft, wie ich es geplant habe. Das wäre wirklich super.

Paul Hermann: Selbst wenn nicht, kannst Du aus dem Unterschied zwischen Planung und Umsetzung viel lernen. Ich glaube, es ist gut, dass wir uns so umfangreich vorbereitet haben. Ich kann aufgrund der Planung sofort loslegen und möchte mit einem DHCP-Dienst beginnen.

Malia Zahrah: Wenn Du das System fertig konfiguriert hast, helfe ich Dir gerne, es zu testen.

Aufgabe 1: **Planen Sie die bereits analysierten netznahen Dienste DHCP, DNS und NTP.**

SB 1.4.1

1. Ein Auszubildender aus dem ersten Ausbildungsjahr hat in einer Testumgebung einen DHCP-Server installiert. Er bittet Sie, die Konfiguration zu erklären.
Auszug aus der Konfiguration:

```
...
  "subnet4": [{
      "subnet": "192.168.1.0/24",
      "pools": [{ "pool": "192.168.1.100 - 192.168.1.200" }]
 }],

 "reservations": [
     {
```

```
08          "hw-address": "bc:5f:f4:2c:04:36",
09          "ip-address": "192.168.1.5"
10        }
11    ],
...
```

a) Erläutern Sie die Zeilen 02, 03, 08 und 09 des Auszugs der Konfiguration.

Zeile 02:

Zeile 03:

Zeile 08:

Zeile 09:

b) Erläutern Sie, warum bestimmten Systemen immer die gleiche IP-Adresse zugewiesen werden soll. Nennen Sie Beispiele für solche Systeme.

2 Entscheiden Sie, ob die folgenden Aussagen zum DNS richtig oder falsch sind.

Aussage	**richtig**	**falsch**
Eine **Zone** wird in einer Zonen-Datei konfiguriert. Sie beschreibt, für welchen Bereich des DNS-Baums dieser Server autoritativ ist. Der Domänenname wird mit dem Record **Start of Authority (SOA)** beschrieben.	☐	☐
Ein **Time To Live (TTL)**-Wert beschreibt, über wie viele Router eine DNS-Abfrage erfolgen darf, bevor die Antwort verworfen wird.	☐	☐
Ein **A-Record** beschreibt eine IPv6-Adresse.	☐	☐
Ein **NS-Record** beschreibt, welcher Namensserver für den mit dem NS-Record angegebenen Fully Qualified Domain Name zuständig ist.	☐	☐
Ein **sekundärer DNS-Server** ist für die Auflösung von DNS-Anfragen zuständig, während ein **primärer DNS-Server** Informationen über Domänennamen bereitstellt.	☐	☐
Eine **Delegation** wird mithilfe eines **NS-Records** konfiguriert. Damit werden Anfragen einer Unterdomäne vom autoritativen Server der Domäne an den autoritativen Server für die Unterdomäne weitergeleitet.	☐	☐

3 Für das Katasteramt soll ein NTP-Server mit einer DCF77-Uhr verwendet werden. Bevor ein eigenes System dafür beschafft wird, wollen Sie testweise einen eigenen Server mit einem kostengünstigen USB-basierten DCF77-Empfänger aufsetzen.
In der NTP-Dokumentation haben Sie zur Erreichbarkeit von Zeitempfängern folgende Information gefunden:

```
Reference Clock Commands and Options
Reference Clock Addresses
Reference clocks are addressed by a pseudo IP address of the form 127.127.t.u.
 * t - clock type
 * u - unit number
Commands and Options
server 127.127.t.u [prefer] [mode int]
 * prefer - sets the clock as the preferred clock
 * mode - integer value, which is based on the specific hardware device
```

Aus der Dokumentation der verwendeten Hardwareuhr entnehmen Sie, dass die Parameter type = 7, unit = 2 und mode = 9 genommen werden.
Beschreiben Sie, wie die Konfigurationsdatei „/etc/ntp.conf“ in Bezug auf die verwendete Hardwareuhr aussieht.

____

____

Aufgabe 2: Sie sollen die Anwendungsdienste wie Verzeichnisdienst, E-Mail und Webserver implementieren.

SB 1.4.1

1 In einer Testumgebung üben Sie den Umgang mit Webservern. Sie installieren das Betriebssystem Debian und den Webserver „Apache2“ in einer VM. Der Webserver ist nach der Installation auf Port 80 konfiguriert.

a) Recherchieren Sie die notwendigen Parameter, damit der Befehl „netstat“ die geöffneten Ports anzeigt. Verwenden Sie die befehlseigene Hilfe. Notieren Sie den vollständigen Befehl.

____

____

____

b) Sie wollen den Webserver über einen anderen Port erreichbar machen.
Recherchieren Sie, wie beim Webserver „apache2“ der Listen-Port von 80 auf den Port 8080 umgestellt wird. Beschreiben Sie das Vorgehen.

____

____

____

____

c) Der Webserver soll mit HTTPS betrieben werden.
Beschreiben Sie die Vorteile, die durch die Verwendung von HTTPS entstehen.

____

____

d) Zur Aktivierung von HTTPS werden zwei Zertifikatsdateien benötigt.
Erläutern Sie die Funktion dieser beiden Dateien.

xyz.cert:

____

____

xyz.key:

____

____

2 Das Katasteramt hat bisher einen E-Mail-Server bei einem externen Anbieter gemietet. Der Zugriff war nur über eine Webseite möglich. Durch schlechte Skalierung der Systeme kam es zu längeren Wartezeiten beim Senden und Empfangen von E-Mails.
Um die Kommunikation mit den Bürgerinnen und Bürgern zu gewährleisten, soll ein eigener E-Mail-Server On-Premise betrieben werden. Das Amt möchte eine Open-Source-Lösung einsetzen.
Nach einer Marktanalyse soll zum Versenden und Empfangen von E-Mails die Software „postfix" eingesetzt werden. Für das Abrufen der E-Mails soll der MDA (Mail Delivery Agent) „dovecat" verwendet werden.
Vor der Überführung in die produktive Umgebung erstellen Sie ein Testsystem in VirtualBox.

a) Für die Installation wird ein Zertifikat erstellt. Dazu wird zunächst ein Certificate Signing Request (CSR) erzeugt. Erläutern Sie, warum der CSR mit dem privaten Schlüssel signiert werden muss.

____

____

____

b) In der Beschreibung der E-Mail-Umgebung ist von den Begriffen „MTA (Mail Transfer Agent)" und „MDA (Mail Delivery Agent)" die Rede. Erklären Sie die Aufgaben der beiden Systeme.

MTA:

____

____

MDA:

____

____

c) Für eine ordnungsgemäße Konfiguration müssen ggf. Firewall-Regeln konfiguriert werden. Dazu ist es wichtig, die möglichen beteiligten Protokolle zu identifizieren.
Vervollständigen Sie die Tabelle.

Protokoll	Port	Aufgabe
SMTP		*Protokoll zum Versenden von E-Mails*
IMAP	*143*	
POP3		
IMAPS		
POP3S		

Aufgabe 3: Echtzeitdienste wie WebRTC und VoIP werden exemplarisch für die Kommunalverwaltung implementiert.

SB 1.4.1

1 Für das Katasteramt soll ein eigenes Videokonferenzsystem eingerichtet werden. Dieser Vorgang ist für das BigBlueButton-System im Jahrgangsband 3, Lernfeld 10, Kapitel 1.4.1 unter Verwendung eines Installationsskripts beschrieben. Neben dieser Möglichkeit kann ein BigBlueButton-System auch per Docker-Container installiert werden. Für die Installation wird vom BigBlueButton-Projekt ein eigenes git-Repository für Docker (https://github.com/bigbluebutton/docker) gepflegt.

a) Machen Sie sich zunächst mit der Funktionsweise eines WebRTC-basierten Videokonferenzsystems vertraut. Hierzu finden Sie unter https://webrtc.github.io/samples/ Demo-Anwendungen für Videocalls und Videoräume. Erstellen Sie ein solches Szenario in einer Partnerarbeit. Untersuchen Sie mit Wireshark die eingesetzten Protokolle und Ports. Notieren Sie die Ports und recherchieren Sie die entsprechenden Protokolle.

b) Installieren Sie, zum Beispiel in einer virtuellen Maschine, ein BigBlueButton-System per Docker oder Paketverwaltung.
Hinweis: Bei den Installationsarten werden große Datenmengen heruntergeladen. Dies kann je nach Internetanbindung einige Zeit in Anspruch nehmen. Die Installation selbst benötigt an einigen Stellen ebenfalls etwas Zeit.

2 a) SIP-Proxy-Installationen können über Programme wie „fail2ban“ gegenüber missbräuchlicher Nutzung abgesichert werden. Diskutieren Sie mögliche Angriffsszenarien und Gegenmaßnahmen, um eine VoIP-Telefonanlage gegen derartige Angriffe zu sichern.

b) In der Kommunalverwaltung sind bereits einige VoIP-Hardphones installiert. Diese müssen nun auf den aktuellen Firmware-Stand gebracht werden. Beschreiben Sie die Vorgehensweise beim Einsatz eines PXE-Servers.

____

____

____

____

c) Zu Testzwecken soll eine Anwendung mit einem kleinen SIP-Proxy aufgebaut werden. Das Java-basierte Softwarepaket mjSIP ermöglicht Ihnen eine einfache Inbetriebnahme. Setzen Sie den folgenden Netzplan als VoIP-Testumgebung um.

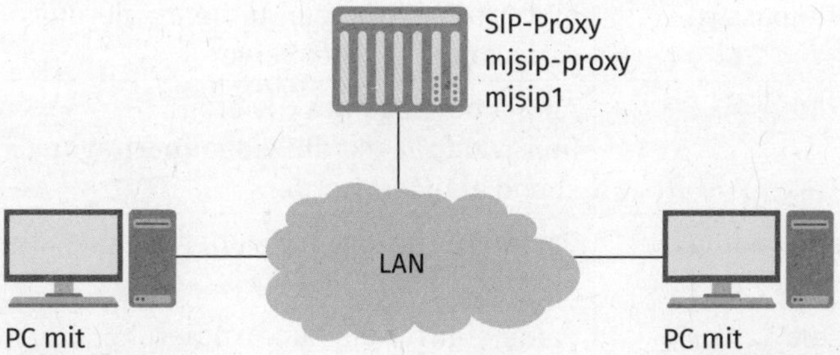

mjsip Proxy-Konfiguration
Die vollständige Liste aller Parameter mit entsprechender Beschreibung befindet sich in der Datei „mjsip.cfg.txt" im Abschnitt „Section 4: Server configuration". Die folgende Tabelle enthält die wesentlichen Parameter.

Parameter	Bedeutung	Beispiel
default_port	Standard-Port, falls kein host_port konfiguriert wird	default_port=5060
host_port	Standard-Port, auf dem der SIP-Proxy Anfragen entgegennimmt	host_port=5060
expires	Zeit, bis Client ein Reregister schicken muss (in Sekunden); Standardwert: 3600; kann zu Testzwecken kürzer sein	expires=60
domain_names	Domain, für die der Proxy zuständig ist, kann auch eine IP-Adresse sein	domain_names=test.org oder domain_names=10.0.0.1
is_registrar	definiert, ob der Proxy auch als Registrar arbeitet	is_registrar=yes
is_open_proxy	definiert, ob der Proxy auch nicht lokal bekannte Benutzer zulässt	is_open_proxy=yes
location_service	gibt die Art der Benutzerdatenbank an; z.B. ldap, radius, mysql oder eine lokale Datei	location_service=local
location_db	gibt die lokale Benutzerdatenbank an	location_db=config/users.db
on_route	bestimmt, ob die Signalisierung ausschließlich über den Server verläuft	on_route=yes

mjsip User Agent-Konfiguration
Die vollständige Liste aller Parameter mit entsprechender Beschreibung befindet sich in der Datei „mjsip.cfg.txt" im Abschnitt „Section 5: UA configuration". Die folgende Tabelle enthält die wesentlichen Parameter.

Parameter	Bedeutung	Beispiel
host_port	Standard-Port, auf dem der SIP-User Agent Anfragen entgegennimmt	host_port=5070
display_name	wird zur Bildung der „FROM-URL" genutzt	display_name=Alice-Anzeigename

Parameter	Bedeutung	Beispiel
user	wird ebenfalls zur Bildung der „FROM-URL“ genutzt	user=alice
proxy	URL bzw. IP-Adresse des Proxy; s. „domain_names“ bei Servern	proxy=example.org oder proxy=10.0.0.1
do_register	definiert, ob der User Agent sich anmelden soll („REGISTER“)	do_register=yes
auth_user	gibt den Benutzernamen für die Authentifizierung an; s. „location_db“ bei Server	auth_user=alice_auth
auth_realm	gibt die Domain/IP-Adresse für die Authentifizierung an	auth_realm=example.org oder auth_realm=10.0.0.1
auth_passwd	gibt das Passwort zur Authentifizierung an; s. „location_db“ bei Server	auth_passwd=<PASSWORT>
audio	Audioübertragung aktivieren (mit „video“ kann die Videoübertragung entsprechend aktiviert werden)	audio=yes
media=audio	Parameter für die Audioübertragung; <Port> <Mediaprotokoll>	media=audio 3000 rtp/avp
media_ spec=audio	Parameter für die Audiokodierung (mit TYPE „video“ können die Parameter für Videokodierung angegeben werden); <TYPE> <MEDIA_FORMAT> <CODEC> <RATE> <FRAME_SIZE> TYPE: audio MEDIA_FORMAT: 0 entspricht audio CODEC: PCM-A-Law RATE: 8000 Hz FRAME_SIZE: Anzahl Bytes pro Paket	media_spec=audio 0 PCMA 8000 160

Aufgabe 4: **Für den reibungslosen Betrieb sind gut getestete Systeme eine Voraussetzung. Sie testen Systeme und analysieren Fehler.**

SB 1.4.2

1 Die eingesetzten Systeme sollen nun getestet und bei Fehlerverhalten mit geeigneten Mitteln untersucht werden.

a) Bei der Einrichtung eines DHCP-Clients traten Fehler auf. Die Clients erhielten IP-Adressen aus einem fremden Netzbereich. Sie werden gebeten, mithilfe eines Wireshark-Mitschnitts des Netzverkehrs das Problem zu untersuchen. Es liegt Ihnen der folgende Auszug vor.

```
No.  Time      Source         Destination      Protocol   Source Port  Info
1    0.000000  0.0.0.0        255.255.255.255  DHCP       bootpc (68)  DHCP Discover -
                                                                       Transaction ID 0x3d1d

Ethernet II, Src: RealtekS_01:fc:42 (00:e0:4c:01:fc:42), Dst: Broadcast (ff:ff:ff:ff:ff:ff)
Internet Protocol Version 4, Src: 0.0.0.0, Dst: 255.255.255.255
User Datagram Protocol, Src Port: bootpc (68), Dst Port: bootps (67)
Dynamic Host Configuration Protocol (Discover)
```

```
No.  Time      Source         Destination      Protocol   Source Port  Info
2    0.000001  192.168.178.1  192.168.178.10   DHCP       bootps (67)  DHCP Offer -
                                                                       Transaction ID 0x3d1d

Ethernet II, Src: AVM_dc:e2:7a (9c:c7:a6:dc:e2:7a), Dst: RealtekS_01:fc:42 (00:e0:4c:01:fc:42)
Internet Protocol Version 4, Src: 192.168.178.1, Dst: 192.168.178.10
User Datagram Protocol, Src Port: bootps (67), Dst Port: bootpc (68)
Dynamic Host Configuration Protocol (Offer)
```

```
No.  Time      Source        Destination      Protocol  Source Port  Info
3    0.000002  172.16.0.1    172.16.0.16      DHCP      bootps (67)  DHCP Offer -
                                                                     Transaction ID 0x3d1d

Ethernet II, Src: Dell_ad:f1:9b (00:08:74:ad:f1:9b), Dst: RealtekS_01:fc:42 (00:e0:4c:01:fc:42)
Internet Protocol Version 4, Src: 172.16.0.1, Dst: 172.16.0.16
User Datagram Protocol, Src Port: bootps (67), Dst Port: bootpc (68)
Dynamic Host Configuration Protocol (Offer)
```

```
No.  Time      Source        Destination      Protocol  Source Port  Info
4    0.000003  0.0.0.0       255.255.255.255  DHCP      bootpc (68)  DHCP Request -
                                                                     Transaction ID 0x3d1e

Ethernet II, Src: RealtekS_01:fc:42 (00:e0:4c:01:fc:42), Dst: Broadcast (ff:ff:ff:ff:ff:ff)
Internet Protocol Version 4, Src: 0.0.0.0, Dst: 255.255.255.255
User Datagram Protocol, Src Port: bootpc (68), Dst Port: bootps (67)
Dynamic Host Configuration Protocol (Request)
```

```
No.  Time      Source        Destination      Protocol  Source Port  Info
5    0.000004  192.168.178.1 192.168.178.10   DHCP      bootps (67)  DHCP ACK -
                                                                     Transaction ID 0x3d1e

Ethernet II, Src: AVM_dc:e2:7a (9c:c7:a6:dc:e2:7a), Dst: RealtekS_01:fc:42 (00:e0:4c:01:fc:42)
Internet Protocol Version 4, Src: 192.168.178.1, Dst: 192.168.178.10
User Datagram Protocol, Src Port: bootps (67), Dst Port: bootpc (68)
Dynamic Host Configuration Protocol (ACK)
```

Untersuchen Sie den Mitschnitt und erklären Sie, warum die DHCP-Adressvergabe nicht wie gewünscht funktioniert. Geben Sie an, wie es zu diesem Fehler gekommen sein kann.

b) Bei einem anderen Client wurde ebenfalls ein Problem mit der IP-Adressvergabe festgestellt. Der Client wurde korrekt mit dem Switch verbunden. Auch der DHCP-Server ist funktionsfähig und korrekt angeschlossen. Untersuchen Sie den Wireshark-Mitschnitt.

No.	Time	Source	Destination	Protocol	Source Port	Info
1	0.000000	0.0.0.0	255.255.255.255	DHCP	bootpc (68)	DHCP Discover - Transaction ID 0x3d1d
2	0.000001	0.0.0.0	255.255.255.255	DHCP	bootpc (68)	DHCP Discover - Transaction ID 0x3d1d
3	0.000002	0.0.0.0	255.255.255.255	DHCP	bootpc (68)	DHCP Discover - Transaction ID 0x3d1d
4	0.000003	0.0.0.0	255.255.255.255	DHCP	bootpc (68)	DHCP Discover - Transaction ID 0x3d1d
5	0.000004	0.0.0.0	255.255.255.255	DHCP	bootpc (68)	DHCP Discover - Transaction ID 0x3d1d

Nennen Sie Gründe für das Problem. Geben Sie mögliche Lösungen an.

2 Für die Nutzung von VoIP an den Arbeitsplätzen soll die Leistungsfähigkeit des Netzwerks überprüft werden. Sie wurden beauftragt Lasttests durchzuführen.
Nutzen Sie für die Lasttests die Anwendung „iperf". Erstellen Sie ein Skript, mit dem der Test einmal pro Stunde durchgeführt werden kann. Die Ergebnisse sind als Datei im csv-Format (Comma Separated Value) zu speichern. Die Ausgabe kann mit den Optionen „--reportstyle C" für Version 2 so formatiert werden, dass sie später ausgewertet werden kann.
Die Werte bei der Ausgabe der csv-Datei haben folgende Reihenfolge: timestamp (als UNIX epoch), source_address, source_port, destination_address, destination_port, iperf process number, interval, transferred_bytes, bits_per_second
Beispiel: 19700101010000,192.168.0.25,52118,192.168.0.49,5001,1,0.0-10.0,5535563836,4421572870
Notieren Sie den nötigen Befehl für den „iperf" Client und Server.

Aufgabe 5: Im laufenden Betrieb müssen die Serverdienste hinsichtlich ihrer einwandfreien Funktionsfähigkeit überwacht werden. Sie führen diese Überwachung mit entsprechenden Werkzeugen durch.

SB 1.4.3

1 Das Netzwerk des Katasteramts soll überwacht werden. Die Netzwerkkomponenten und Serversysteme müssen erreichbar sein. Neben der Erreichbarkeit sollen auch weitere Kriterien, wie beispielsweise die Auslastung, kontrolliert werden.
Sie werden beauftragt, ein Konzept dafür zu entwickeln.
Nach einer Recherche fällt Ihre Wahl auf den Einsatz des Protokolls SNMP.

a) In einer SNMP-Umgebung gibt es verschiedene Rollen. Vervollständigen Sie die Skizze, die zeigt, wie diese Rollen („SNMP-Manager", „TRAP-Receiver", „Master-Agent", „Agent1", „Agent2") zusammenarbeiten, und geben Sie die getauschten Nachrichten (SNMP-GET-Request, SNMP-GET-Response, Trap) an.

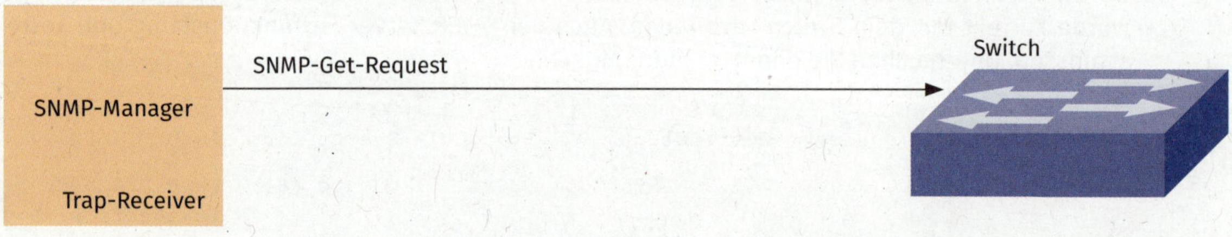

b) Zu Testzwecken wollen Sie in einer Testumgebung zunächst einen Switch überwachen. Folgende Daten liegen für eine Abfrage der Management Information Base (MIB) des Switches vor.

Parameter	Wert
IP-Adresse	192.168.100.70/24
SNMP-Version	2c
Community-String	public
abzufragende OID	1.3.6.1.4.1.11.2.14.11.5.1.9.6.1.0

Sie wollen den Befehl „snmp-get“ verwenden. Folgende Hilfe wird Ihnen zu diesem Befehl angezeigt:

```
USAGE: snmpget [OPTIONS] AGENT OID [OID]...
OPTIONS:
  -v 1|2c|3     specifies SNMP version to use
  -c COMMUNITY      set the community string
```

Erzeugen Sie den vollständigen SNMP-Befehl.

____

c) Neben dem Befehl „snmpget“ steht Ihnen der Befehl „snmpwalk“ zur Verfügung.
Die Hilfe zu diesem Befehl zeigt Folgendes an:

```
snmpwalk - retrieve a subtree of management values using SNMP GETNEXT requests
```

Informieren Sie sich über den Anwendungszweck dieses Befehls.

____

____

2 Monitoring von Servern

a) Sie haben in der Testumgebung eine Monitoring-Lösung installiert. Bei dieser Software werden Warnungen mit der Farbe Gelb darstellt, Fehler hingegen rot markiert.
Unterscheiden Sie eine Warnung bei SNMP von einem Fehler.

____

____

____

b) Ein Auszubildender aus dem ersten Ausbildungsjahr sieht auf dem Dashboard der Monitoring-Software grüne, gelbe und rote Meldungen. Er bittet Sie um ein Beispiel für eine Warnung und einen Fehler. Erklären Sie ihm die beiden Begriffe anhand der Auslastung des Datenspeichers eines Dateiservers.

____

____

____

____

c) Für weitere Erklärungen schneiden Sie einen SNMP-Get-Request mit der Software Wireshark mit.

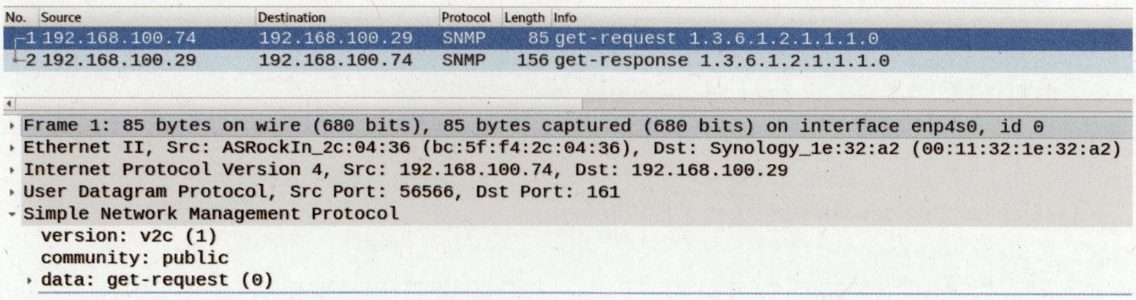

Der Auszubildende aus dem ersten Ausbildungsjahr soll diesen Mitschnitt auswerten. Erstellen Sie dazu eine Musterlösung.

Community-String: ______________________________

IP-Adresse Manager: ______________________________

Transportprotokoll: ______________________________

SNMP-Version: ______________________________

IP-Adresse Agent: ______________________________

angefragte OID: ______________________________

3 Monitoring von Clustern

a) Nennen Sie zwei Softwaresysteme, die für eine Clusterüberwachung verwendet werden können.

____

____

b) Beschreiben Sie die zu überwachenden clusterspezifischen Parameter.

____

____

Aufgabe 6: Die Dokumentation der Planung, der Inbetriebnahme und der ständigen Betriebsparameter wird für reibungslose Abläufe benötigt. Erweiterungen oder Anpassungen des System werden hierdurch vereinfacht. Auch in einem möglichen Fehlerfall ist eine aktuelle und vollständige Dokumentation notwendig. Sie unterstützen bei der Erstellung der Dokumentation.

SB 1.4.4

1 Die Infrastruktur des Katasteramtes soll in das bestehende IT-Service-Management der Stadtverwaltung integriert werden. Ihr Ausbilder empfiehlt Ihnen, sich mit einigen Fachbegriffen vertraut zu machen, bevor Sie sich mit der Mitarbeiterin des Amts für Kommunikationstechnik der Stadtverwaltung zusammensetzen, um die zu importierenden Informationen festzulegen.

a) Erklären Sie die nachfolgenden Begriffe mit einem Satz:

Configuration Management Data Base:

____

Configuration Item:

____

Physical and Logical Entities:

____

CI Relationship:

____

b) Beschreiben Sie, welche Informationen im Dokumentationssystem hinterlegt werden und in welcher Reihenfolge die Dokumentation am sinnvollsten ist.

____

____

c) Erklären Sie, welche Anknüpfungspunkte es vom IT-Service-Management zum Informations-Sicherheits-Management-System (ISMS) gibt.

____

____

Lernsituation 5: Wir automatisieren Administrationsaufgaben

S **Die nun konfigurierten Server und Rechner sollen im Regelbetrieb möglichst einfach administriert werden. Frau Thiel-Sommer möchte Änderungen an bestehenden Systemen automatisiert und nachvollziehbar umsetzen können.**

Häufig anfallende Arbeiten sollen vereinfacht und unempfindlicher gegenüber Fehlern bei der Durchführung werden.

Weiterhin soll im Katasteramt eine große Anzahl von Maschinen administriert werden, ohne jeden Server händisch zu konfigurieren. Es soll ein zentrales Konfigurationsmanagement genutzt werden.

Da es sich um eine große Anzahl von Servern handelt, sollen auch automatisierte Tests durchgeführt werden, um die Betriebssicherheit zu erhöhen.

Holger Lübberstedt: Zum Abschluss werden wir uns noch um die zentrale Administration kümmern. Es wird eine Mischung aus einzelnen Skripten und einem zentralen Konfigurationsmanagement wie Ansible zum Einsatz kommen.

Malia Zahrah: Mit Ansible habe ich am alten Ausbildungsstandort bereits Erfahrungen gesammelt.

Stefan Köhler: Ich würde gerne meine Kompetenzen im Bereich Kommandozeile und Skripting vertiefen.

Holger Lübberstedt: Damit alle Änderungen nachvollziehbar werden, sollen alle Konfigurationsdateien und Skripte in einer Versionsverwaltung wie „git" dokumentiert werden.

Malia Zahrah: Das werden wir uns dann gemeinsam ansehen, da wir das ja alle benötigen.

Holger Lübberstedt: Sehr gut, dann können wir uns nun um die Details kümmern.

1.5 Automatisierungen von Administrationsprozessen gemäß kundenspezifischer Rahmenbedingungen

S **Die Auszubildenden der JIKU IT-Solutions vertiefen Kommandozeilenbefehle und Möglichkeiten zum Umgang mit Konfigurations- und Protokolldateien.**

Holger Lübberstedt: Ich schlage vor, Sie verschaffen sich zunächst einen Überblick über die vorhandenen Skriptsprachen.

Stefan Köhler: Die log-Dateien können guten Aufschluss über die Vorgänge auf den Systemen geben. Es ist sehr nützlich, diese nach bestimmten Informationen filtern zu können, da sie sehr viele Detailinformationen enthalten.

Holger Lübberstedt: Neben der reinen Analyse von Dateien ist es auch nützlich, Daten in bestehenden Dateien anzupassen.

Stefan Köhler: Meist wird aus der Personalabteilung eine Liste von neuen Mitarbeiterinnen und Mitarbeitern geliefert, die im Verzeichnisdienst angelegt werden sollen. Die Daten bereiten wir dann manuell auf. Das wäre ein gutes Anwendungsbeispiel für einfache Skripte.

Aufgabe 1: Sie sollen Administrationsabläufe mithilfe von Skripten automatisieren.

SB 1.5.1

1. Ordnen Sie in der folgenden Tabelle den einzelnen Programmiersprachen die jeweiligen Eigenschaften durch Ankreuzen zu. Markieren Sie weiterhin, ob die Programmiersprachen für Administrationszwecke geeignet sind und auf welchen Betriebssystemen (Windows, Linux, MacOS) diese eingesetzt werden können.

Programmiersprache	Type (Compiler, Interpreter, JIT-Compiler)	Für Administration geeignet	Betriebssystem-unterstützung
Powershell			
Perl			
Python			
C			
shell/bash			
Java			
Ruby			

2. a) In Ordnern für log-Dateien (z. B. „/var/log") werden häufig viele Dateien pro Tag erstellt. Ebenso wird auf einem Windows-System der Ordner „tmp" nicht automatisch bereinigt, sodass dieser längst veraltete Daten enthalten kann. Sie werden aufgefordert, diese geeignet zu filtern, um überflüssige Dateien für eine spätere Löschung zu identifizieren.
Erstellen Sie ein shell-Skript (Powershell oder shell/bash), das alle Dateien eines Ordners ausgibt, deren letzter Zugriff jünger als ein vorgegebenes Datum ist. Das Datum kann entweder aus einer Konfigurationsdatei oder als Parameter dem Skript übergeben werden.

b) Aus einer Apache2-log-Datei soll zur weiteren Auswertung eine Liste generiert werden, in der die IP-Adresse, das Datum des Zugriffs sowie der angefragte Inhalt aufgeführt werden sollen. Eine Kollegin empfiehlt Ihnen hierzu das Reportgeneratorprogramm „awk", welches auf Textdateien spezialisiert ist. Erstellen Sie ein Skript, das die gewünschten Werte als CSV-Datei speichert. Verwenden Sie als Separator in der CSV-Datei ein Semikolon.

Reportgenerator „awk" im Überblick
Es wird hier nur eine Auswahl von Befehlen aufgeführt. Die vollständige Dokumentation kann unter https://www.gnu.org/software/gawk/manual/gawk.html eingesehen werden. Ein awk-Skript basiert auf pattern und actions. Beispielsweise zeigt der Befehl „awk '/text/ {print}' input.txt" alle Zeilen der Datei „input.txt" an, in denen das Textmuster „text" vorkommt. Die eigentlichen pattern und actions werden demnach in Hochkommata '...' angegeben, wobei die actions in geschweiften Klammern {...} zusammengefasst werden. Im Anschluss wird die zu verarbeitende Datei „input.txt" übergeben. Kürzere Programme können direkt in die Kommandozeile geschrieben werden: „awk '<PROGRAMM>' <INPUT-FILE>". Bei umfangreicheren Programmen oder häufig verwendeten Programmen sollten diese in eigene Dateien verlagert werden.

Parameter/Befehl	Bemerkung	Beispiel
-F fs	Feldseparator fs setzen, um Felder in einer Zeile zu trennen. Bei Dateien vom Typ „csv" häufig „," oder „;"	awk -F „;" 'print' table.csv
$X	Mit $ wird ein Feld X referenziert; z. B. Feld 1 und Feld 4 für eine Ausgabe.	awk -F „;" 'print $1,$4' table.csv
BEGIN { <PROGRAMM> }	Das <PROGRAMM> wird vor dem Einlesen der Inputdatei ausgeführt; z. B. Einfügen von Überschriften für Reports.	awk 'BEGIN {print „Textausgabe VOR dem Einlesen"}'
END { <PROGRAMM> }	Das <PROGRAMM> wird nach dem Einlesen der Inputdatei ausgeführt; z. B. Zusammenfassungen oder gezähltes Auftreten von Wörtern.	awk 'END {print „Textausgabe NACH dem Einlesen"}'
for-Schleife mit Variable	for-Schleifen mit Laufvariable „i", Bedingung und Inkrement; z. B. Zahlen von 1–5 ausgeben	awk 'BEGIN { for (i=1; i<=5; i++) print i }'
Vergleichsoperatoren	Werte können mit Operatoren wie ==, <= oder >= verglichen werden; z. B. nur Zahlen größer 2 werden ausgegeben.	awk 'BEGIN { for (i=1; i<=5; i++) if (i > 2) print i }'
Entscheidungen	Mit „if... else" können Verzweigungen vorgenommen werden.	awk 'BEGIN { for (i=1; i<=5; i++) if (i > 2) print i }'

c) Erstellen Sie ein Skript mit der Software „sed", um in der Datei „1_5_datei.txt" (siehe Downloadbereich) den String „BAY" durch „Bayern" zu ersetzen und alle Umlaute korrekt darzustellen.
Hinweis: Verwenden Sie die Manuals zu „sed" („man sed").

sed pattern und hold space
Das Programm „sed" arbeitet standardmäßig in fünf Schritten. Zunächst wird eine Zeile des Inputs eingelesen. Danach wird der Zeilenvorschub (\n bzw. \r\n) entfernt. Im dritten Schritt wird die Zeile in den Arbeitspuffer (pattern space) geladen. Der vierte Schritt führt die eigentlichen Kommandos aus. Als fünfter und letzter Schritt wird der Arbeitspuffer im Standard Output (stdout) ausgegeben oder in eine Datei umgeleitet „> output.txt". Teile des Arbeitspuffers können im temporären Puffer (hold space) für eine spätere Weiterverarbeitung zwischengespeichert werden. Hierzu werden die Kommandos h H (pattern → hold space) sowie g G (hold → pattern space) verwendet.

d) Erklären Sie die Funktionsweise des folgenden Befehls:

```
sed -n -e 'h' -e 's/BAY/Bayern/' -e 'g' -e 's/ue/ü/' -e 'p' datei.txt
```

Was müsste geändert werden, damit der Befehl die in c) gewünschte Funktion erfüllt?

3 Sie werden gebeten, die Vorarbeiten für die Anlage von neuen Mitarbeitern im Active Directory vorzubereiten. Sie erhalten von der Personalabteilung eine Liste der Mitarbeiterinnen und Mitarbeiter. Diese enthält allerdings zusätzliche Informationen, die für das Active Directory nicht benötigt werden. Die Liste hat folgenden Aufbau.
Die Datei „1_5_admin-auto-teilaufgaben-ad.csv" finden Sie auch im Downloadbereich.

```
Buchhaltung:
Nachname,Vorname,Anrede,Straße,Hausnummer,PLZ,Ort,Geburtsdatum,Abteilung

Beispiel:
Musterfrau,Maxima,Frau,Am Alten Fluss,70,41470,Neuss,20.07.1995,Entwicklung
```

Erstellen Sie ein Skript bzw. einen Shell-Befehl, mit dem Sie folgende Informationen zum Anlegen der Mitarbeiterdaten im Active Directory erstellen.
Benutzername: maxima.musterfrau
Erst-Passwort: 20071995 (Geburtsdatum: TTMMJJJJ)
Gruppe: Entwicklung
Ausgabe pro Zeile: Benutzername,Passwort,Gruppe
Beispiel Ausgabe für das ActiveDirectory:
maxima.musterfrau,20071995,Entwicklung

4 Sie wurden beauftragt, in einer großen Textdatei (z. B. Download access.log) mit Benutzerdaten das Vorkommen vorgegebener Strings zu analysieren. Siehe „1_5_access.log" im Downloadbereich.

a) Erstellen Sie einen RegEx-Ausdruck, mit dem Sie nach dem String „<beliebiger Pfad>/index.html" innerhalb einer großen log-Datei suchen können. Geben Sie die Fundstellen selbst, die Anzahl der Fundstellen und den Inhalt der jeweiligen Zeile in einer Datei (z. B. „output.txt") aus.
Alternativ zum Skript können Sie einen Programmablaufplan oder ein Struktogramm erstellen.

b) Für die weitere Verarbeitung (z. B. Kopiervorgänge oder Umbenennung) benötigen Sie eine Liste von Dateinamen. Die Dateinamen haben eine feste Struktur mit unterschiedlichen Werten an den einzelnen Positionen. Beispiel: 2023-03-01_08-15-0021-SALE-Rigudo-Angebot.xlsx

Dateinamenbestandteil	Bedeutung und Beispiel
Datum-Uhrzeit	Die ersten beiden Positionen umfassen das Datum (YYYY-MM-DD_hh-mm) Beispiel: 01. März 2023 um 8:15 Uhr
Projektnummer	vierziffrige Projektnummer innerhalb eines Jahres Beispiel: Projekt 21 im Jahr 2023
Unternehmensbereich	SALE: Vertrieb, DEVEL: Entwicklung, PROJECT: Projektmanagement, ACCOUNT: Buchhaltung, PROCURE: Einkauf
Kunde/Auftraggeber	Kurzname des Kunden Beispiel: Rigudo
Dokumentenart	Angebot, Vertrag, Pflichtenheft, Lastenheft, Projektabschluss, Rechnung
Dateitype	Textdokument, Tabelle, Präsentation Beispiel: xlsx

Die Beispieldateien finden Sie im Downloadbereich. In der „1_5_docs-create.csv" sind Dateinamen nach dem obigen Schema abgelegt.
Erstellen Sie RegEx-Ausdrücke, um aus den Dateinamen Listen zu erstellen, die bestimmte Kriterien (mindestens alle Dateien der Entwicklung, alle Pflichtenhefte und alle Dateien aus dem Jahr 2021) erfüllen. Ähnliche Filterungen können beispielsweise auch bei automatisch erzeugten log-Dateien verwendet werden.

Aufgabe 2: **Die meisten Systeme sind nur über eine Netzwerkverbindung erreichbar. Um diese Systeme zu administrieren, sollen Sie sichere Remote-Verbindungen anlegen.**

SB 1.5.1

1 a) Beschreiben Sie mindestens drei Möglichkeiten von Remote-Verbindungen. Geben Sie zu jeder Remote-Verbindung Vor- und Nachteile an.

b) Zur Administration eines entfernten Systems soll eine SSH-Verbindung genutzt werden. Folgende Informationen über das Zielsystem liegen Ihnen vor.

Parameter	Wert
IP-Adresse	192.168.20.10/24
Remote-Benutzer	admin (mit sudo-Rechten)
Remote-Passwort	geheim

Geben Sie den SSH-Befehl an, mit dem Sie die Verbindung aufbauen und im Anschluss administrativen Zugriff auf dem entfernten System erhalten.

c) Beschreiben Sie die Vorgehensweise, um die SSH-Verbindung zum entfernten System mittels Private/Public Key einzurichten.

2 Es wird ein Skript benötigt, mit dem viele Protokollarchive eines Apache-Servers auf einem entfernten System mit der IP-Adresse 192.168.0.46 in den temporären Ordner kopiert werden und dort in ein Archiv gepackt werden. Dieses Archiv soll auf den lokalen Rechner kopiert werden und dort wieder entpackt werden. Die Protokollarchive werden vom Apache-Server standardmäßig im Ordner „/var/log/apache2" abgelegt. Beispiel: „/var/log/apache2/access.log.1.gz bzw. access.log"
Zum Packen bzw. Entpacken der Protokollarchive soll das Programm „tarball" verwendet werden. Dieses wird mit der folgenden Syntax aufgerufen:

```
tar <OPTION> <ARCHIV-OUT> <FILES-IN>
```

Wesentliche Operatoren und Optionen des Programms „tarball"	
Option/Operator	Beschreibung
-c bzw. --create	Operator; erstellt ein neues Archiv
-x bzw. --extract	Operator; entpackt ein Archiv
-f	Option; weist tarball an, eine Datei als Output zu nutzen
-z bzw. --gzip	Option; komprimiert das Archiv nach dem Packen
-v	Option; listet die verarbeiteten Dateien auf („verbose")

a) Bringen Sie die folgenden Befehlszeilen in die korrekte Reihenfolge, damit die Vorgaben umgesetzt werden. Tragen Sie in die Spalte „Position" die entsprechende Reihenfolge ein.

Position

```
1  cp access.log.*.gz /tmp/wm
2  cd /var/log/apache2
3  exit
4  mkdir /tmp/wm
5  <Passwort-Eingabe>
6  <Passwort-Eingabe>
7  scp devop46@192.168.0.46:/tmp/wm/access.tar.gz access.tar.gz
8  ssh devop46@192.168.0.46
9  sudo -s
10 tar cfz access.tar.gz access.log.*
11 tar xvf access.tar.gz
```

b) Erläutern Sie die Wirkung der Befehle in Zeile 7, 9 und 11.

Aufgabe 3: **Bei vielen administrativen Tätigkeiten sind Sie auf externe Informationsquellen angewiesen. Auch sollten die durchgeführten Arbeiten nachvollziehbar dokumentiert werden. Idealerweise werden die Konfigurationsdateien und Arbeitsschritte mittels eines Versionierungssystems festgehalten.**

SB 1.5.1

1 Sie wurden aufgefordert, sich über Informationsportale zu informieren.
Geben Sie für die folgenden Aussagen an, ob diese richtig oder falsch sind.

Aussage	richtig	falsch
a) Auf der Plattform „stackoverflow" findet man hauptsächlich Informationen zu Betriebssystemen.	☐	☐
b) Die Plattform „support.microsoft.com" stellt umfangreiche Informationen und Hilfsdokumente zu den wichtigsten Microsoft-Produkten bereit.	☐	☐
c) Fragen zur Programmierung können auf der Plattform „stackoverflow" recherchiert werden.	☐	☐
d) Die Plattform „ubuntuusers.de" ist die offizielle Quelle für die Ubuntu-Distribution.	☐	☐
e) Auf der Plattform „support.microsoft.com" befindet sich neben einem Wiki auch ein Forum.	☐	☐
f) Auf der Plattform „ubuntuusers.de" befindet sich neben einem Wiki auch ein Forum.	☐	☐
g) Die Plattform „stackoverflow" kann als Repository genutzt werden.	☐	☐
h) Die Plattform „support.microsoft.com" kann nur zur direkten Kommunikation mit dem Microsoft-Kundendienst genutzt werden.	☐	☐
i) Das Wiki der Plattform „ubuntuusers.de" dient zur Dokumentation von gefundenen Fehlern.	☐	☐
j) Die Plattformen „github.com" bzw. „gitlab.com" können als Repository eingebunden werden.	☐	☐

2 Zur Verwaltung von Konfigurationsdateien soll das Versionierungssystem „git" eingesetzt werden. Sie werden aufgefordert, ein entsprechendes Repository anzulegen und die Grundstruktur festzulegen.

a) Für die Nutzung des Repositorys sollen ein vorgegebener Benutzername und die dazugehörende E-Mail-Adresse genutzt werden. Die Konfiguration soll sich dabei nur auf das neu anzulegende Repository auswirken.
Überprüfen Sie im Anschluss, ob die Datei korrekt eingecheckt wurde.
Verwenden Sie folgende Daten.

Wert	Inhalt
Benutzername	maxima.muster
E-Mail-Adresse	maxima.muster@jiku-it-solutions.de
Neuer Ordner	projekte
Repository	webserver-konfig
Erstes Dokument	README.md
Commit-Kommentar README.md	Ablage der Webserver-Konfiguration

Geben Sie die notwendigen Befehle an, um ein neues Repository innerhalb eines neuen Ordners anzulegen und ein erstes Dokument mit einem vorgegebenen Kommentar einzuchecken.

b) Das neu erstellte Repository „webserver-konfig" soll auf den Webserver (nur HTTP) mit der IP-Adresse 192.168.0.46 gesichert werden (push). Das Repository wurde bereits mit dem Standardbranch „master" angelegt. Geben Sie den nötigen Befehl an und verwenden Sie dazu die Benutzerdaten aus Aufgabenteil a).

c) Erklären die den Unterschied zwischen den Status „untracked", „unstaged", „staged" und „commited" bei einer Versionsverwaltung mit „git".

Administration Orchestrierung

Holger Lübberstedt: Haben Sie sich die Konfigurationsmanagementsysteme bereits ansehen können, Frau Zahrah?

Malia Zahrah: Ja, es gibt hier einige Systeme, mit unterschiedlichen Ansätzen. Die Software „Ansible" hat mir dabei am meisten zugesagt.

Holger Lübberstedt: Dann schlage ich vor, dass Sie hierfür entsprechende Mustersysteme vorbereiten, die wir für zukünftige Systeme übernehmen und anpassen können.

Malia Zahrah: Ich werde das Thema so aufbereiten, dass auch die nachfolgenden Jahrgänge darauf aufbauen können.

Aufgabe 4: Die Auszubildende wird das Konfigurationsmanagement von IT-Systemen untersuchen und mit der Software „Ansible" beispielhafte Administrationen vornehmen.

SB 1.5.2

1 Für die Konfiguration der IT-Infrastruktur wurde ein deklarativer Ansatz mittels der Software „Ansible" für den Kunden ausgewählt.

a) Erläutern Sie die Grundidee einer deklarativen Administration.

b) Beschreiben Sie die Ansätze „imperativ" und „unveränderliche Infrastruktur" zur Administration von Infrastruktur. Erläutern Sie dabei die Vor- und Nachteile der unterschiedlichen Ansätze.

2 Sie wurden beauftragt, ein System in die Verwaltung der Software „Ansible" aufzunehmen. Zunächst sollen die Systeme inventarisiert werden. Hierzu soll mithilfe von „Ansible" überprüft werden, ob folgende Software bereits gestartet ist.

- mariadb
- nginx

Hinweis: Eine Installation der Software ist zu diesem Zeitpunkt noch nicht vorgesehen.

a) Recherchieren Sie zunächst den möglichen Ansible-Kommandozeilenparameter „--check" bzw. die Ansible-Playbook-Befehle „check_mode" und „state". Beschreiben Sie kurz deren Funktionsweise.

b) Erstellen Sie ein Ansible-Playbook, mit dem der Status der oben aufgelisteten Software überprüft werden kann. Geben Sie als Lösung die Befehle im Format „yaml" an.

3 Neben der im Einsatz befindlichen Umsetzung des Konfigurationsmanagements mit „Ansible“ wird vom Kunden eine Erweiterung auf andere Cloud-Dienste in Erwägung gezogen. Sie wurden beauftragt, die Möglichkeiten von kommerziellen Anbietern (z. B. „Azure“, „AWS“ und „Google Cloud“) zu untersuchen.

a) Recherchieren Sie in Gruppen mögliche Aspekte (z. B. Datenschutz) zur Auswahl eines Cloud-Dienstes. Erstellen Sie eine Liste von mindestens drei weiteren Aspekten.

b) Erstellen Sie für drei Cloud-Dienste je eine Folie, in der die wesentlichen Aspekte des Cloud-Dienstes aufgeführt werden.

4 Die neuen Auszubildenden des ersten Ausbildungsjahres sollen in die Thematik SAN und LUN eingeführt werden. Sie wurden von Herrn Lübberstedt beauftragt, die Informationen aufzubereiten.

a) Bewerten Sie, ob die folgenden Aussagen richtig oder falsch sind.
Hinweis: Mit einem lokalen Speicher ist der innerhalb eines Rechners verbaute Datenspeicher gemeint.

Aussage	richtig	falsch
Eine LUN kann wie eine Partition angebunden werden.	☐	☐
Das Dateisystem eines SAN wird durch den Speichercontroller angelegt und verwaltet.	☐	☐
Ein lokaler Speicher kann direkt durch eine weitere Compute Unit genutzt werden.	☐	☐
SAN und Compute Unit sind in getrennten Systemen untergebracht und kommunizieren über eine Netzinfrastruktur.	☐	☐
Eine Compute Unit kann auf LUNs zugreifen, die in verschiedenen Speichersystemen untergebracht sind.	☐	☐

b) Beschreiben Sie in eigenen Worten den Unterschied zwischen Hard- und Soft-Zoning.

c) Geben Sie für die beiden folgenden Abbildungen an, ob es sich um Hard- oder Soft-Zoning handelt. Begründen Sie Ihre Einschätzung kurz.

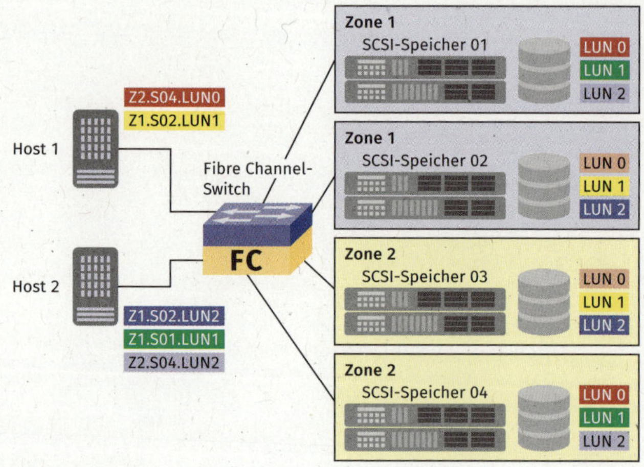

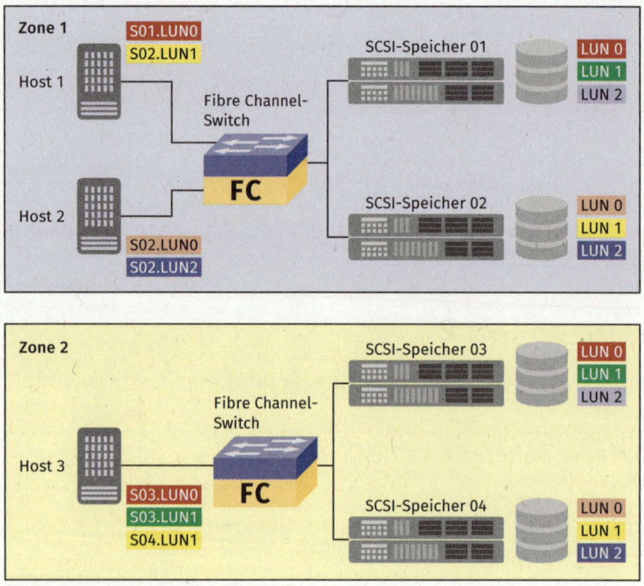

Lernsituation 6: Wir stellen Serverdienste und Plattformen vor

S **Die Auszubildenden der JIKU IT-Solutions sollen dem Kunden sowie der Geschäftsführung die erarbeiteten Lösungen vorstellen. Zur Vorbereitung auf das Gespräch wird das gelernte Fachwissen wiederholt.**

Holger Lübberstedt: Ich bin sehr zufrieden mit Ihren Ergebnissen. Jetzt müssen wir unsere Arbeitsergebnisse noch dem Kunden vorstellen. Herr Armin Freitag von der IT-Abteilung der Stadt wünscht sich ein gemeinsames Abschlussgespräch.

Malia Zahrah: Ich bin auch zufrieden. Besonders das Thema rund um die Automatisierung hat mir Spaß gemacht und ich habe viel gelernt. Ich konnte mit den RexEx auch schon in der Berufsschule glänzen. Die Einsparmöglichkeiten durch die Automatisierung sind einfach riesig.

Stefan Köhler: Über welche Inhalte möchte Herr Freitag mit uns sprechen?

Holger Lübberstedt: Er möchte über die Kosten und Nutzen sprechen. Da können Sie die genannten Einsparmöglichkeiten erklären. Außerdem hat er gemeint, dass er noch technische Fragen zu verschiedenen Diensten hat.

Jürgen Pollina: Die können wir hoffentlich beantworten.

Holger Lübberstedt: Da bin ich mir sicher. Sie haben sehr viel dazugelernt.

1.6 Reflexion der erzielten Umsetzung

S **Die Auszubildenden der JIKU IT-Solutions reflektieren die bisherige Vorgehensweise anhand eines Abschlusstests.**

Abschlusstest: **Überprüfen Sie Ihr Wissen aus dem Lernfeld 10b Serverdienste bereitstellen und Administrationsaufgaben automatisieren.**

1 Entscheiden Sie, ob ein Parameter mittels DHCP-Dienst verteilt werden kann (je 1, max. 9 Punkte).

Parameter	Verteilung durch DHCP möglich
IP-Adresse	☐
Zeit	☐
Subnetzmaske	☐
Datenrate des Interfaces	☐
DNS-Server	☐
Routenvorgaben	☐
Zeitserver	☐
maximale Verzögerung der Verbindung	☐
TFTP-Server	☐

Erreichte Punktzahl:	

2 Geben Sie die Teile der URL an (je 0,5, max. 4 Punkte).

https:	//www.	info.	stadt-wolkenlos.	de	.	/news/	index.php

Erreichte Punktzahl:	

3 Ordnen Sie die Protokolle SMTP, POP3S und IMAPS ihrer Funktion im E-Mail-System zu und geben Sie die verwendeten Ports an (max. 6 Punkte).

Funktion	Protokoll	Port
Abrufen von E-Mails. Die E-Mails verbleiben auf dem Server.		
Senden von E-Mails.		
Abrufen von E-Mails. Die E-Mails werden beim Herunterladen vom Server gelöscht.		

Erreichte Punktzahl:	

4 Berechnen Sie die Anzahl der Minuten, die ein System bei einer Vereinbarung über eine Verfügbarkeit von 99,95 % im Jahr ausfallen darf. Runden Sie die Minuten geeignet auf bzw. ab (max. 4 Punkte).

Erreichte Punktzahl:

5 Geben Sie die Art der Skalierung für die folgenden Aussagen an (max. 4 Punkte).

Aussage	Art der Skalierung
Im Server werden zwei zusätzliche 32 GiB RAM-Module eingebaut.	
Das Cluster wird mit zwanzig Knoten erweitert.	
Die Anzahl der internen Ziele eines Load Balancers wird um 4 erhöht.	
Für die schnellere Berechnung von Hash-Werten wird eine zusätzliche Grafikkarte verbaut.	

Erreichte Punktzahl:

6 Beschreiben Sie zwei Vorteile, die durch die Verwendung von virtuellen Maschinen (VM) entstehen (max. 4 Punkte).

Erreichte Punktzahl:

7 Erläutern Sie die Begriffe aus dem Themenbereich Network Time Protocol (NTP) (max. 6 Punkte).

Stratum-0:

Timestamp:

UTC:

Erreichte Punktzahl:

8 In einem Betrieb gibt es 50 Telefonanschlüsse. Im Mittel werden von 30 % der Nebenstellen Anrufe geführt. Die Anrufe werden mit dem Codec G.711 bei einer Datenrate von 128 kbit/s getätigt. Berechnen Sie die nötige Datenrate mit einer 20-%igen Reserve. Geben Sie das Ergebnis in Mbit/s an (max. 4 Punkte).

Erreichte Punktzahl:	

9 Sie sollen das eingesetzte DNS-System überprüfen. Sie wollen den Eintrag des Mailservers (MX-Record) abrufen und nutzen dafür den Befehl „nslookup“. Die Ausgabe zeigt den Eintrag des Mailservers aber nicht an (max. 8 Punkte).

Ausgabe:

```
JIKU >nslookup www.example.com
Server:     10.0.0.1
Address:    10.0.0.1#53

Non-authoritative answer:
Name:   www.example.com
Address: 93.184.216.34
Name:   www.example.com
Address: 2606:2800:220:1:248:1893:25c8:1946
```

Daraufhin schneiden Sie die Anfrage mit dem Programm „Wireshark“ mit.

Mitschnitt

No.	Source	Destination	Protocol	Info
1	10.0.0.74	10.0.0.1	DNS	Standard query 0x6ae1 A www.example.com
2	10.0.0.1	10.0.0.74	DNS	Standard query response 0x6ae1 A www.example.com
3	10.0.0.74	10.0.0.1	DNS	Standard query 0x4dd4 AAAA www.example.com
4	10.0.0.1	10.0.0.74	DNS	Standard query response 0x4dd4 AAAA www.example.com

Beantworten Sie die nachfolgenden Fragen (je 2 Punkte).

a) Erklären Sie, warum die IP-Adresse des Mailservers nicht angezeigt wird.

b) Nennen Sie den nötigen Q-Type (Query Type) bzw. die nötige Record-Abfrage für die Abfrage.

c) Beschreiben Sie die Q-Types bzw. Record-Einträge von IPv4 und IPv6.

d) Erklären Sie, für was der SPF-Record bei DNS verwendet wird.

Erreichte Punktzahl:	

10 Gegeben ist der reguläre Ausdruck **User[R-Z0-9][A-Za-z][A-Ea-z]**, um Benutzernamen zu filtern. Entscheiden Sie, auf welche Benutzernamen der Ausdruck passt (max. 4 Punkte).

Benutzername	Ausdruck passt
UserTaD	☐
User337	☐
UserXyz	☐
User3bb	☐
UserF9c	☐
User9Aa	☐

Erreichte Punktzahl:	

11 Sie möchten einen Switch auf einer Etage ins Monitoring-System einbinden. Nennen Sie drei Merkmale des Switches, die Sie überwachen können (max. 3 Punkte).

Erreichte Punktzahl:	

Notenschlüssel						
Note	sehr gut	gut	befriedigend	ausreichend	mangelhaft	ungenügend
Punkte	ab 52 P.	ab 45 P.	ab 38 P.	ab 28 P.	ab 17 P.	darunter
					Eigene Punktzahl	

Lernfeld 10d: Cyber-physische Systeme entwickeln

Lernsituation 1: Wir erarbeiten uns einen Überblick über die wesentlichen Unterscheidungsmerkmale von industriellen OT-Netzwerken und den uns bekannten IT-Netzwerken

S **Die Auszubildenden der JIKU IT-Solutions sollen sich sowohl die unterschiedlichen Ebenen der Automatisierungspyramide als auch die Abgrenzung von OT- und IT-Netzen erarbeiten.**

Holger Lübberstedt: Ich möchte Sie bitten, sich tiefer in den Bereich Automatisierung einzuarbeiten. Wir haben eine Kundenanfrage aus diesem Bereich erhalten. Die Feldebene wird von einem Automatisierungsspezialisten ausgeführt.

Levi Kramer: Dazu sollten wir uns die Ebenen der Automatisierungspyramide ansehen und identifizieren, an welchen Stellen wir den Kunden unterstützen können.

Holger Lübberstedt: Dabei wird es nützlich sein, auch die Schnittstellen in Richtung Feldebene zu kennen und die grundlegenden Eigenheiten.

Levi Kramer: Das ist eine gute Idee. Ich könnte mit Malik Mansour aus dem zweiten Ausbildungsjahr einige Themen aus Lernfeld 7 vertiefen. Das ist sicherlich auch eine gute Vorbereitung auf die Abschlussprüfung.

Holger Lübberstedt: Für uns ist insbesondere die Konvergenz von Interesse, da das unsere Stärke darstellt.

Malik Mansour: Vielen Dank für die Unterstützung. Mir fällt es noch etwas schwer, die ganzen Begriffe auseinanderzuhalten.

2.1 Unterscheidung von industriellen OT-Netzwerken und IT-Netzwerken

S **Die Auszubildenden der JIKU IT-Solutions informieren sich über die Automatisierungspyramide, die Schnittstellen und die Konvergenz von OT- mit IT-Systemen.**

SB 2.1

Levi Kramer: Wir werden uns erst einmal einen Überblick verschaffen und die Automatisierungspyramide genauer betrachten.

Malik Mansour: Soweit ich weiß, handelt es sich dabei um eine Darstellung der unterschiedlichen Ebenen eines produzierenden Unternehmens.

Levi Kramer: Ja, genau. Sie kann einem dabei helfen, die unterschiedlichen Aufgaben besser zuzuordnen. Insbesondere auf den unteren Ebenen kommen sehr automatisierungsspezifische Protokolle zum Einsatz, die man an anderer Stelle der IT-Systeme nicht mehr antrifft.

Malik Mansour: Es wäre auch gut zu wissen, wie die Produktionsanlagen mit den IT-Systemen zusammengebracht werden.

Levi Kramer: Wir sollten vielleicht eine Kurzpräsentation zur Unterstützung der Auszubildenden im zweiten Ausbildungsjahr in Lernfeld 7 anfertigen.

Malik Mansour: Das ist eine gute Idee. Lass uns anfangen.

Aufgabe 1: **Setzen Sie sich mit den Ebenen der Automatisierungspyramide auseinander.**

Siehe auch Jahrgangsband 2, Lernfeld 7, Kapitel 2.1.1.

SB 2.1.1

a) Recherchieren Sie die fünf Ebene der klassischen Automatisierungspyramide. Beschreiben Sie jede Ebene mit eigenen Worten.

ERP-Ebene:

MES-Ebene:

SCADA-Ebene:

Steuerungsebene:

Feldebene:

b) Nennen Sie zu jeder Ebene beispielhaft Aktionen, die auf dieser ausgeführt werden.

ERP-Ebene:

MES-Ebene:

SCADA-Ebene:

Steuerungsebene:

Feldebene:

Aufgabe 2: **Informieren Sie sich über Machine-to-Machine-Kommunikation und das MQTT-Protokoll.**

SB 2.1.2

1 Die Schnittstellen zwischen IT und OT sind entscheidend. Diese sind vom Bereich der Machine-to-Machine-Kommunikation (M2M) abzugrenzen.

a) Recherchieren Sie im Internet den Begriff Machine-to-Machine-Kommunikation. Formulieren Sie eine eigene kurze Definition.

____

____

____

____

b) Geben Sie für die folgenden Beispiele an, ob es sich um M2M handelt.

Anwendung	ja	nein
Remote-Videoüberwachung per LTE	☐	☐
Regenmengenmessbecher in der Verkehrskontrolle mit Übermittlung der Telemetriedaten an Zentrale	☐	☐
Logistik mit Gabelstapler	☐	☐
analoges Heizungsthermostat	☐	☐
Robotersteuerung	☐	☐

2 Aus Lernfeld 7 ist Ihnen MQTT als Protokoll zur Vernetzung von Maschinen bekannt. Daneben gibt es weitere offene Standards zur Vernetzung, wie z. B. Modbus.
Ordnen Sie die folgenden Bestandteile von Modbus den Eigenschaften zu. Ziehen Sie Verbindungslinien.

Bestandteil von Modbus	Eigenschaften (Mehrfachnennungen möglich)
• Modbus RTU • Modbus TCP/IP • Modbus Plus • Modbus ASCII • RS-232/RS-485 • Master • Slave	• Request/Broadcast • Punkt-zu-Punkt-Protokoll • Response • Serielle Schnittstelle • Client/Server-Protokoll • Übertragungsart

Aufgabe 3: **Betrachten Sie die Konvergenz der Systeme im Bereich Industrie 4.0.**

SB 2.1.3

Durch Industrie 4.0 konvergieren OT-Netzwerke immer mehr mit IT-Netzwerken. Geben Sie drei Auswirkungen an, die durch diese Konvergenz zu berücksichtigen sind.
Siehe auch Jahrgangsband 2, Lernfeld 7, Kapitel 2.4

____

____

____

Lernsituation 2: Wir beschreiben industrielle Maschinen und Anlagen, deren Hauptfunktionselemente sowie die Schnittstellen in das IT-Netzwerk

S **Herr Lübberstedt bittet die Auszubildenden der JIKU IT-Solutions, den Bereich der Maschinen und Anlagen zu vertiefen. Dabei sollen sie auch die Schnittstellen zwischen dem OT- und IT-Netzwerk genauer betrachten und die einzelnen Bereiche sicher abgrenzen können.**

Holger Lübberstedt: Nachdem Sie sich einen Überblick über die unterschiedlichen Produktionsebenen und Schnittstellen verschafft haben, sollten Sie die eigentlichen Maschinen und Produktionsanlagen vertiefend ansehen.

Malik Mansour: Die Zusammenarbeit mit Levi hat mich sehr weitergebracht. Ich würde ihn bei dieser Aufgabe gerne unterstützen.

Lev Kramer: Zu zweit können wir uns tatsächlich schneller einarbeiten. Es gibt ja einige Themen zu betrachten. Ich sehe da zunächst die Abgrenzung zwischen Maschinen und Anlagen.

Malik Mansour: Mich würde auch interessieren, welche Typen von Maschinen in cyber-physischen Systemen eingesetzt werden. Da fehlt mir noch der Überblick.

Holger Lübberstedt: Ich lege großen Wert darauf, dass Sie bei Kundenanfragen in der Lage sind, deren Netzstrukturen sicher erfassen können. Dies ist grundlegend, um später die geeigneten Schutzmaßnahmen zu ergreifen.

2.2 Industrielle Maschinen und Anlagen beschreiben

SB 2.2

S **Die Auszubildenden der JIKU IT-Solutions sollen den Unterschied zwischen industriellen Maschinen und Anlagen sowie deren Vernetzung untersuchen.**

Levi Kramer: Ich schlage vor, dass wir mit den Maschinen und Anlagen beginnen.

Malik Mansour: Das kann nicht so schwer sein. Man hat ja täglich mit Maschinen zu tun.

Levi Kramer: Das stimmt, aber im industriellen Umfeld werden Maschinen etwas anders definiert als beispielsweise im Haushalt. Lass uns das genauer ansehen.

Aufgabe 1: Sie untersuchen die Abgrenzung zwischen Maschinen und Anlagen.

SB 2.2.1

a) Beschreiben Sie die Unterschiede zwischen einer Maschine und einer Anlage.

____

____

b) Geben Sie die Normen an, die für die Prüfung von Maschinen bzw. Anlagen einzuhalten sind.

____

____

Aufgabe 2: Kategorisieren Sie verschiedene Systeme entsprechend der Maschinenart.

SB 2.2.2

Geben Sie an, um welche Art von Maschine es sich bei den folgenden Systemen handelt.

System	Maschinenart
Automated Guided Vehicle	
3D-Drucker	
Gesichtserkennung	
Cobot	
Schleifautomat	
Optische Materialerkennung	

Aufgabe 3: Grenzen Sie klassische Betriebstechnik von OT-Systemen ab.

SB 2.2.3

Unter klassischer Betriebstechnik im industriellen Umfeld versteht man jede für den Betrieb der Produktionsanlagen notwendige Technik, die nicht unmittelbar in den Produktionsprozessen benutzt wird, aber für die reibungslose Produktion benötigt wird. Bei OT-Systemen wird diese Betriebstechnik durch Vernetzung geöffnet, sodass ein Informationsaustausch mit den IT-Systemen ermöglicht wird.

Nennen Sie beispielhaft drei dieser klassischen Betriebstechniken.

Aufgabe 4: Grenzen Sie die Bereiche der OT, DMZ und IT voneinander ab.

SB 2.2.4

Im folgenden Netzwerkplan sind diese Bereiche unsortiert abgebildet.
Kennzeichnen Sie jeweils OT, OT-DMZ, IT-DMZ und reine IT-Systeme (z. B. durch Einrahmen).

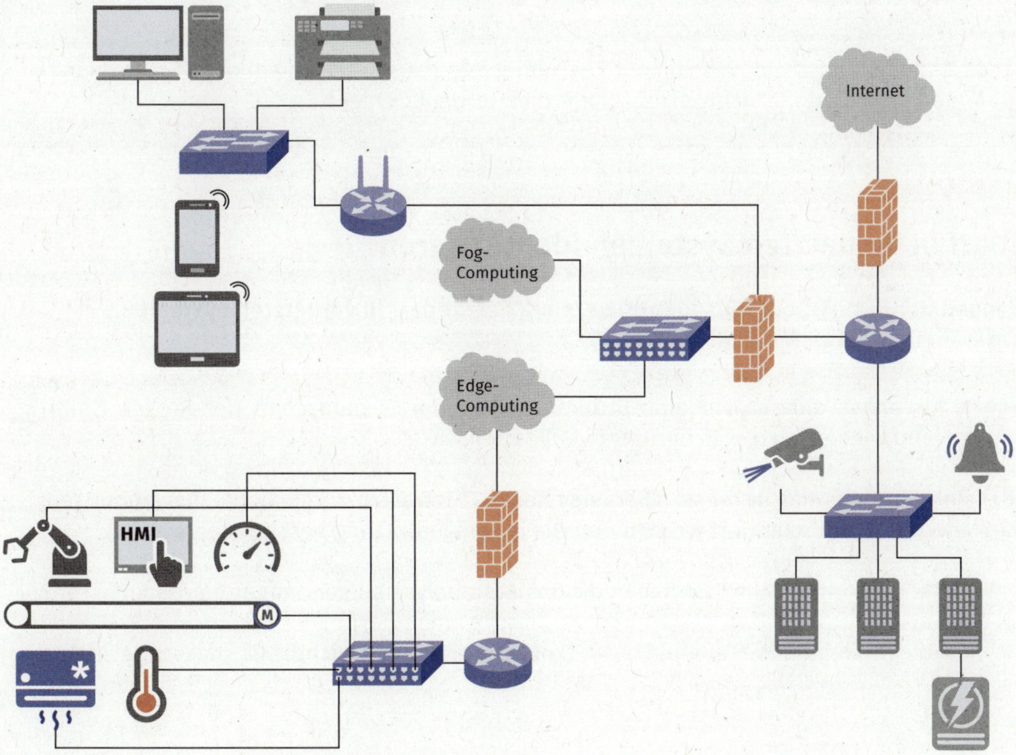

Lernfeld 11b: Betrieb und Sicherheit vernetzter Systeme gewährleisten

Lernsituation 1: Wir erkennen Schutzbedarf und informieren uns über Informationssicherheit vernetzter Systeme

S **Die Auszubildenden der JIKU IT-Solutions informieren sich über den Schutzbedarf in Netzwerken und den angeschlossenen Komponenten und Systemen.**

Holger Lübberstedt: Die Sicherheit der IT-Infrastruktur der Rigudo GmbH soll gemäß des BSI-Grundschutzes untersucht werden. Die JIKU IT-Solutions soll dabei die Rigudo GmbH unterstützen. Ich möchte, dass Sie als Ausbildungsteam dabei helfen.

Jürgen Pollina: Das ist für uns eine tolle Möglichkeit, die in der Berufsschule gelernten Inhalte zu vertiefen. Gerade die Vorgaben und Hinweise des BSI sind sehr komplex, da ist der praktische Einsatz gut, um die Inhalte zu verstehen.

Stefan Köhler: Ich finde es super, dass wir aus dem zweiten Ausbildungsjahr ebenfalls dem Team angehören. Im ersten Ausbildungsjahr haben wir in Lernfeld 4 zur Schutzbedarfsanalyse im eigenen Arbeitsbereich ja schon mit den Themen zu tun gehabt.

John Steinbach: Bei uns Systemelektronikern auch. Im Lernfeld 11SE werden die Themen, wie im Lernfeld 11b, vertieft und auf das Netzwerk und seine Komponenten bezogen.

Stefan Köhler: Ich habe im Curriculum der Schule nachgelesen. Im Lernfeld 11b werden Themen wie Firewalls, VPNs und Zertifikate besprochen. Ich freue mich schon darauf.

Levi Kramer: Im Schwerpunkt „Digitale Vernetzung“ heißt das Lernfeld ebenfalls „Betrieb und Sicherheit vernetzter Systeme gewährleisten“. Ich denke die Inhalte sind in großen Teilen vergleichbar. Einige Schwerpunkte sind aber anders. Ergänzend geht es auch um den Schutz industrieller Infrastruktur und Systeme.

Holger Lübberstedt: Es ist gut, dass wir ein Team mit Auszubildenden aus unterschiedlichen Schwerpunkten haben. Dann können verschiedene Sichtweisen zum Projekterfolg beitragen.

3.1 Schutzbedarf in vernetzten Systemen identifizieren

S **Die Auszubildenden der JIKU IT-Solutions identifizieren Schutzbedarf in vernetzten Systemen.**

Holger Lübberstedt: Als erstes müssen wir eine Strukturanalyse der IT-Landschaft der Rigudo GmbH durchführen. Kann jemand wiederholen, was darunter verstanden wird?

Jürgen Pollina: Bei einer Strukturanalyse müssen Serversysteme, IT-Infrastrukturelemente, Anwendungen, Clients und andere Endgeräte dokumentiert werden und die jeweilige Nutzung beschrieben werden.

John Steinbach: Woher wissen wir, welche Systeme in die Strukturanalyse aufgenommen werden müssen?

Levi Kramer: Als Grundlage können wir einen Netzwerkplan verwenden. Wichtig ist, dass alle Assets beachtet werden.

Stefan Köhler: Die Assets sind die Werte und Systeme, die das Unternehmen ausmachen. Im Falle der Rigudo GmbH ist das z. B. der Quellcode der Videokonferenzlösung.

Holger Lübberstedt: Nach der Strukturanalyse folgt die Schutzbedarfsfeststellung.

John Steinbach: Dabei werden die Schutzziele den Schutzbedarfskategorien zugeordnet. Wenn ein System mit „hoch" oder gar „sehr hoch" eingeschätzt wird, muss es gesondert analysiert werden.

Jürgen Pollina: Genau! Das ist dann die Risikoanalyse.

Aufgabe 1: Sie sollen Schutzbedarfe erkennen und unterscheiden.

SB 3.1.1

Sie arbeiten bei der Schutzbedarfsanalyse eines neuen Kunden als Unterstützung mit. Es liegt ein Plan des Netzwerks vor.

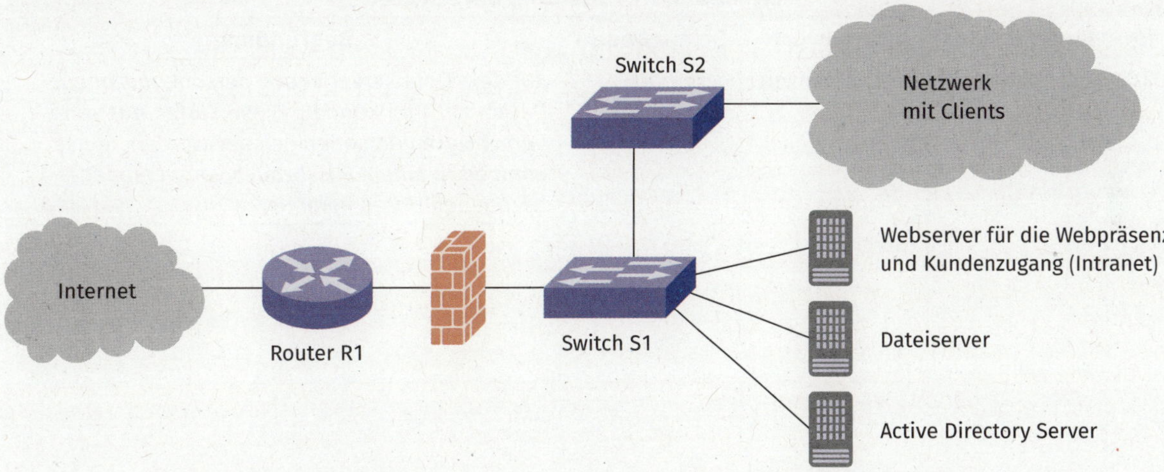

Beschreibung des Kunden: Der Kunde ist eine kleine Werbeagentur mit 5 Mitarbeitenden.
Die 5 Mitarbeitenden arbeiten an Windows-basierten PCs.
Alle Benutzerdaten, wie Projekt- und Kundendaten, werden auf einem Windows-Dateiserver abgespeichert.
Die Benutzer und deren Rechte werden über ein Active Directory verwaltet.
Ein Auszug aus der Strukturanalyse liegt bereits vor.

Auszug der Strukturanalyse					
Nr.	**Beschreibung**	**Plattform**	**Standort**	**Anzahl**	**Benutzer/Administrator**
C01	Desktopsystem	Windows 11	Büroraum B10x	5	Anwender, Administrator
S01	Dateiserver	Windows Server 2022	Serverraum S001	1	Anwender, Administrator
S02	Webserver	Debian, Apache2, Typo3	Serverraum S001	1	Anwender, Administrator
S03	AD-Server	Windows Server 2022	Serverraum S001	1	Anwender, Administrator
N01	Switch S1	Cisco IOS 15.9(3)	Serverraum S001	1	Administrator
N02	Switch S2	Cisco IOS 15.9(3)	Büroraum B101	1	Administrator
N03	Router ins Internet	Fritz!OS 7.57	Serverraum S001	1	Administrator

1. Die Schutzbedarfsanalyse ist Teil des Sicherheitsprozesses. Ordnen Sie die Reihenfolge der Teilaspekte des Sicherheitsprozesses.

Teilaspekt	Nummer
Organisation des Sicherheitsprozesses	
Sicherheitsprozess initiiert	
Erstellung einer Sicherheitskonzeption	
Leitlinie zur Informationssicherheit	
Sicherheitsprozess verbessern	
Sicherheitskonzeption umgesetzt	

2. Erstellen Sie für den Dateiserver eine Schutzbedarfsanalyse. Bewerten Sie dazu den Schutzbedarf für die drei Schutzziele Vertraulichkeit, Integrität und Verfügbarkeit.
Verwenden Sie dazu die nachfolgende Tabelle.

Schutzbedarfsfeststellung Dateiserver				
Nr.	**Beschreibung**	**Grundwert**	**Schutzbedarf**	**Begründung**
S01	Dateiserver	Vertraulichkeit	*sehr hoch*	*Auf dem Dateiserver liegen personenbezogene Daten, z. B. von Kunden. Diese dürfen nur von berechtigten Personen gelesen werden. Sonst kann es zu einem Missbrauch von personenbezogenen Daten kommen.*
		Integrität		
		Verfügbarkeit		

Aufgabe 2: Informieren Sie sich über die Motivation, den Datenschutz umzusetzen.

SB 3.1.1

Mit technischen und organisatorischen Maßnahmen (TOM) soll sichergestellt und dokumentiert werden, dass ausreichende Maßnahmen für den Datenschutz umgesetzt werden.
Bestimmen Sie die passenden TOMs und tragen Sie diese in das Kreuzworträtsel ein.

Horizontal	Beschreibung
2	Gewährleistet, dass eingesetzte Systeme im Störungsfall wiederhergestellt werden können.
8	Gewährleistet, dass zu unterschiedlichen Zwecken erhobene personenbezogene Daten getrennt verarbeitet werden können.
9	Gewährleistet, dass personenbezogene Daten gegen Zerstörung oder Verlust geschützt sind.
13	Verhindert die Nutzung automatisierter Verarbeitungssysteme mithilfe von Einrichtungen zur Datenübertragung durch Unbefugte.
14	Gewährleistet, dass alle Funktionen des Systems zur Verfügung stehen und auftretende Fehlfunktionen gemeldet werden.
Vertikal	**Beschreibung**
1	Gewährleistet die Überprüfung und Feststellung, an welche Stellen personenbezogene Daten mithilfe von Einrichtungen zur Datenübertragung übermittelt oder zur Verfügung gestellt wurden oder werden können.
3	Gewährleistet, dass bei der Übermittlung personenbezogener Daten sowie beim Transport von Datenträgern die Vertraulichkeit und Integrität der Daten geschützt werden.

Vertikal	Beschreibung
4	Gewährleistet, dass nachträglich überprüft und festgestellt werden kann, welche personenbezogenen Daten zu welcher Zeit und von wem in automatisierte Verarbeitungssysteme eingegeben oder verändert worden sind.
5	Verhindert unbefugtes Lesen, Kopieren, Verändern oder Löschen von Datenträgern.
6	Gewährleistet, dass personenbezogene Daten, die im Auftrag verarbeitet werden, nur entsprechend den Weisungen des Auftraggebers verarbeitet werden können.
7	Gewährleistet, dass gespeicherte personenbezogene Daten nicht durch Fehlfunktionen des Systems beschädigt werden können.
10	Verhindert die unbefugte Eingabe von personenbezogenen Daten sowie die unbefugte Kenntnisnahme, Veränderung und Löschung von gespeicherten personenbezogenen Daten.
11	Verwehrt Unbefugten den Zugang zu Verarbeitungsanlagen, mit denen die Verarbeitung durchgeführt wird.
12	Gewährleistet, dass die zur Benutzung eines automatisierten Verarbeitungssystems Berechtigten ausschließlich zu den von ihrer Zugangsberechtigung umfassten personenbezogenen Daten Zugang haben.

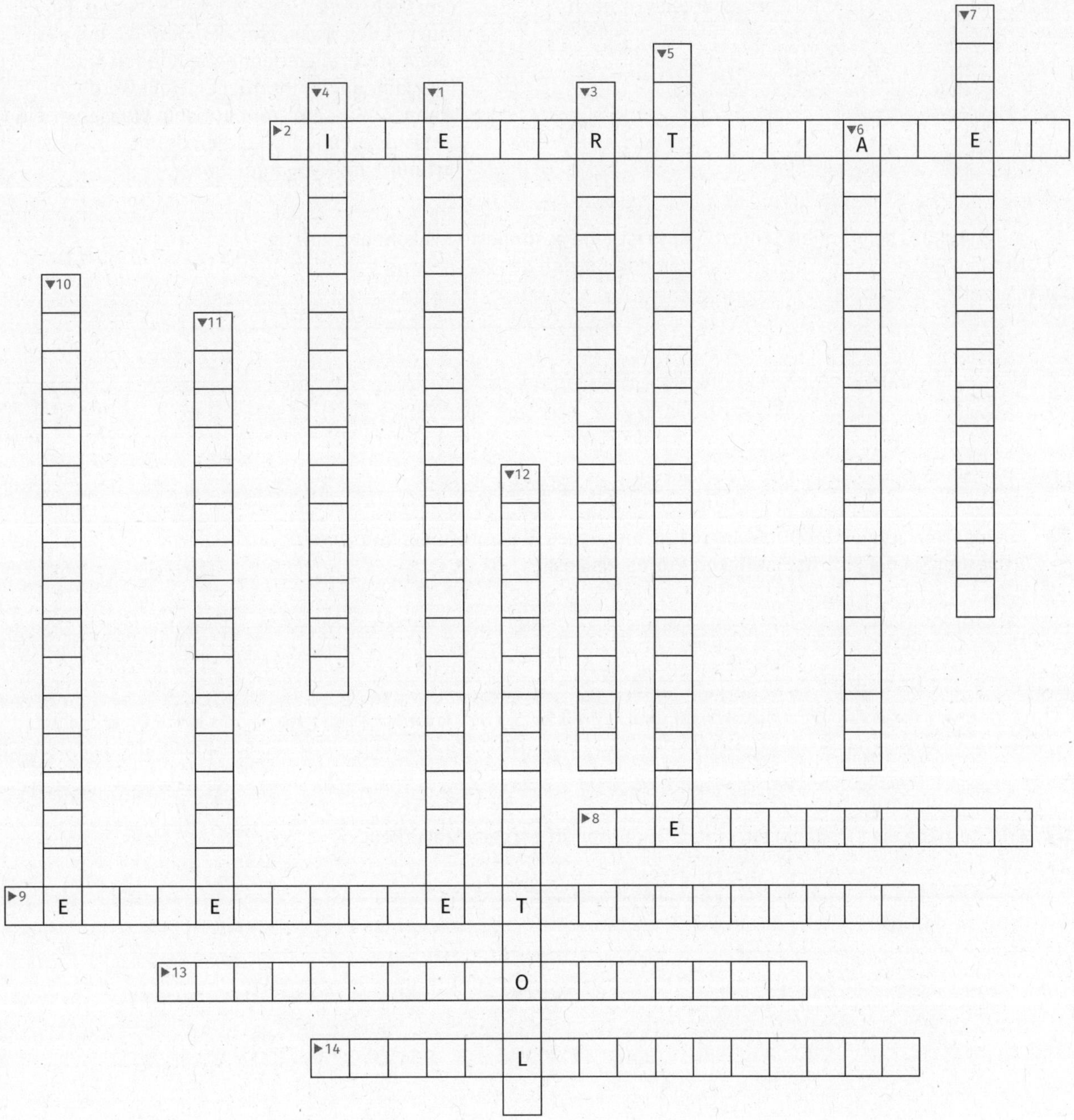

Aufgabe 3: Sie sollen sich über die Motivation einer Sicherheitsbetrachtung informieren.

SB 3.1.1

1 Die Schutzbedarfsfeststellung für den Webserver liegt vor.

Schutzbedarf Webserver				
Nr.	**Beschreibung**	**Grundwert**	**Schutzbedarf**	**Begründung**
S02	Webserver	Vertraulichkeit	sehr hoch	Auf dem Webserver liegen neben firmeneigenen Daten auch Daten von Kunden. Diese dürfen nur von berechtigen Personen gelesen werden. Sonst kann es zu einem Missbrauch von personenbezogenen Daten kommen.
		Integrität	sehr hoch	Daten auf der Webseite repräsentieren das Unternehmen. Wenn hier eine unbemerkte Veränderung möglich ist, kann das für das Unternehmen einen großen Imageschaden bedeuten. Außerdem enthält der Webserver u. U. personenbezogene Kundendaten. Diese dürfen nicht unbemerkt verändert werden.
		Verfügbarkeit	hoch	Der Webserver präsentiert die Agentur. Ein Ausfall des Webservers kann bedeuten, dass die Agentur nicht mehr von Kunden (auch Neukunden) im Internet erreicht werden kann. Außerdem steht auf dem Webserver ein Intranetzugang für Kunden bereit. Ein Ausfall ist nur kurzfristig annehmbar.

Aufgrund des sehr hohen Schutzbedarfs ist eine gesonderte Risikoanalyse nötig.
Nennen Sie zwei Sicherheitsrisiken, die den Betrieb des Webservers betreffen.

2 Sie identifizieren einen DDoS-Angriff als mögliches Risiko für den Webserver.
Bewerten Sie die Eintrittshäufigkeit dieses Risikos.

3 Erläutern Sie eine Möglichkeit, einem DDoS-Angriff entgegenzuwirken.

Lernsituation 2: Wir ermitteln konkrete Schutzziele und Anforderungen an Informationssicherheit und benennen mögliche Risiken

S **Die Auszubildenden der JIKU IT-Solutions führen eine Schutzbedarfsanalyse durch. Dabei werden anhand der Schutzziele Systeme in Schutzbedarfsklassen eingeteilt.**

Holger Lübberstedt: Wenn man Systeme vor Angriffen schützen möchte, ist es sinnvoll zu wissen, welche Motivation Angreifende haben. Die Sicherheitsmaßnahmen können dann besser auf die Angriffe abgestimmt werden.

John Steinbach: Wo finden wir dazu Informationen?

Levi Kramer: Das BSI bietet dazu sicherlich eine Hilfestellung im IT-Grundschutzkompendium an. Wir haben das in der Berufsschule verwendet. Es ist sehr umfangreich.

Stefan Köhler: Ja, auf über 800 Seiten sind sehr viele Details beschrieben. Ich finde es gut, dass wir es praktisch einsetzen können. Es wird oft theoretisch erklärt, z. B. in der Schule oder in dem Onlinekurs des BSI, aber ein praktischer Einsatz bringt die Inhalte besser auf den Punkt.

John Steinbach: Mir liegt die Praxis auch mehr als die Theorie. Oftmals durchdringe ich die Themen erst nach einem praktischem Einsatz.

Jürgen Pollina: Ich finde eine Mischung gut. Besonders in praktischen Übungen. Das muss ja nicht unbedingt ein Kundeneinsatz sein. Im Azubi-Labor können wir auch kleine Übungen durchführen. Dies hat mir schon oft geholfen, um Fachinhalte zu vertiefen.

3.2 Analyse des Schutzbedarfs in vernetzen Systemen

S **Die Auszubildenden der JIKU IT-Solutions analysieren den Schutzbedarf in vernetzten Systemen.**

Holger Lübberstedt: Beginnen wir damit, dass Sie gemeinsam die vom BSI beschriebenen Gefährdungen durchgehen. Das sind 47 Gefahren, die Auswirkungen auf IT-Systeme haben können.

Levi Kramer: Aber was hat das mit der Motivation von Angreifenden zu tun?

Jürgen Pollin: Aus den elementaren Gefahren lassen sich oft auch Angriffe auf IT-Systeme ableiten.

Stefan Köhler: Das ist manchmal wirklich einfach. Zum Beispiel bei der elementaren Gefahr „Diebstahl“. Aber nicht alle diese Gefahren lassen sich direkt für Angriffe ausnutzen.

Aufgabe 1: **Sie sollen Schadenspotenziale in vernetzten Systemen identifizieren.**

SB 3.2.1

1. Beschreiben Sie, wie ein Imageschaden aufgrund des Verlustes persönlicher Daten eine Motivation für mehr Investitionen in den Datenschutz sein kann.

____

____

____

____

2 a) Ein wirtschaftlicher Schaden durch den Ausfall von IT-Systemen kann mehrere Gründe haben. Neben dem Ausfall durch einen Hackerangriff gibt es weitere Kategorien, die zu einem Ausfall führen können. Nennen Sie drei Gefährdungskategorien, die zu einem Ausfall von IT-Systemen führen können.

b) Das BSI empfiehlt eine Speicherung der Daten an unterschiedlichen Orten, die mindestens 200 km voneinander entfernt liegen sollen.
Erklären Sie, warum die Orte so weit voneinander entfernt liegen sollten.

3 In einem Unternehmen gab es einen Datenverlust. Beschreiben Sie zwei Auswirkungen des Datenverlusts in Bezug auf wirtschaftlichen Schaden für das Unternehmens.

Aufgabe 2: Sie bewerten die Arten von Datenmissbrauch.

SB 3.2.2

1 a) Beim Social Engineering werden menschliche Eigenschaften ausgenutzt, um diese für einen Angriff zu verwenden.
Nennen Sie zwei menschliche Eigenschaften, die ausgenutzt werden könnten und beschreiben Sie zu diesen Eigenschaften jeweils ein Beispiel für einen Social Engineering-Angriff.

b) Unterscheiden Sie die Angriffe **„Spear Phishing“** und **„Phishing“**.

2 a) Notieren Sie zwei Beispiele für einen Identitätsmissbrauch.

b) Beschreiben Sie, was unter dem Begriff **„Doxing“** verstanden wird.

3 a) Erklären Sie den Begriff **„Dreifacherpressung"** im Zusammenhang mit einem Ransomware-Angriff.

b) Beschreiben Sie, warum nach einem Ransomware-Angriff in der Regel alle Rechner des angegriffenen Netzwerks heruntergefahren werden.

c) Beschreiben Sie den Begriff **„Ransomware-as-a-Service (RaaS)"** und warum dadurch eine Analyse der Angreifer erschwert wird.

Aufgabe 3: Sie betrachten ausgewählte Gefährdungen für IT-Systeme.

SB 3.2.3

1 Im Serverraum eines Kunden hat eine Reinigungskraft unbeabsichtigt die Stromversorgung einer USV unterbrochen. Der Zwischenfall wurde durch die Benachrichtigung einer Monitoring-Software sofort bemerkt und ein Datenverlust konnte vermieden werden.
Dieses unbeabsichtigte Ereignis hat die Mitarbeitenden der IT-Abteilung aber aufgeschreckt.

a) Ihr Vorgesetzter bittet Sie, ein Konzept mit Zutrittsberechtigungen für den Serverraum des Kunden zu entwickeln.
Er schlägt vor, dass Sie zunächst den Personenkreis eingrenzen, der Zutritt zum Serverraum haben muss.
Er bittet Sie, die Auswahl zu begründen.
Verwenden Sie die nachfolgende Tabelle.

Personen	Begründung
Administratoren der Server	*Um Wartungsarbeiten am Server vornehmen zu können.*
Geschäftsleitung	
IT-Mitarbeiter für Bandsicherung	

b) Nachdem im ersten Schritt die Berechtigten festgelegt wurden, bittet Sie Ihr Vorgesetzter, im IT-Grundschutz-Kompendium weitere Anforderungen an den Serverraum nachzuschlagen. Lesen Sie dazu im IT-Grundschutz-Kompendium im Baustein „INF.2 Rechenzentrum sowie Serverraum". Notieren Sie die Anforderungen in Bezug auf die Zutrittskontrolle.

c) Der Kunde wünscht eine Regelung der Zutrittskontrolle für den Serverraum. Sie sollen ein entsprechendes System auswählen. Nach einer Recherche entscheiden Sie sich für ein System mit RFID-Tokens. Formulieren Sie in Partnerarbeit Fragen, die bei der Einführung eines solchen Systems geklärt werden müssen.

2 Bei einem Ihrer Kunden wurden Fensterscheiben beschädigt. Es kam zu keinen weiteren Folgen, da die Alarmanlage sofort aktiviert wurde. Trotzdem ist ein hoher Sachschaden entstanden. Es soll ein Videosystem angeschafft werden.
Die drei Kameras sollen eine Auflösung von 1024 × 768 mit einer Farbtiefe von 8 Bit besitzen. Die Kameras sollen mit 30 fps filmen. Die Daten werden nach einem Tag überschrieben.

a) Ermitteln Sie die nötige Datenmenge in TiB (gerundet auf 2 Nachkommastellen).

b) Die Kameras sollen gegen Vandalismus geschützt sein. Recherchieren Sie, was unter einem IK-Stoßfestigkeitsgrad verstanden wird, und entscheiden Sie sich begründet für eine Schutzart, die Sie gegen Vandalismus einsetzen möchten.

3 Ihr Kunde betreibt ein kleines Rechenzentrum. Dort werden größere Mengen Daten verarbeitet. Im Zuge jüngster Hochwasserkatastrophen wurde entschieden, zusätzliche Sicherheit zu gewährleisten.
Sie werden gebeten, bei der Wahl eines georedundanten Standorts zu unterstützen. Als erste Informationsquelle dient Ihnen das Dokument des BSI „Kriterien für die Standortwahl von Rechenzentren". Das Kapitel 4 gibt Hilfestellung zur Wahl eines Standorts für ein georedundantes Rechenzentrum.
Recherchieren Sie in Partnerarbeit Gründe für die Mindestentfernung von 200 km zwischen den Rechenzentren.

Lernsituation 3: Wir planen Maßnahmen zur Erhöhung der Sicherheit in vernetzten Systemen unter Beachtung betrieblicher Sicherheitsrichtlinien

S **Die Auszubildenden der JIKU IT-Solutions planen Sicherheitsmaßnahmen für Netzwerke und die daran angeschlossenen Komponenten und Systeme für die Rigudo GmbH.**

Holger Lübberstedt: Die Schutzbedarfsfeststellung liegt vor. Aus dieser Analyse und aus der Risikoanalyse ergeben sich Maßnahmen, um die Sicherheit der IT-Infrastruktur der Rigudo GmbH zu erhöhen. Der Einsatz muss zunächst geplant werden.

Jürgen Pollina: Eine Planung ist bei allen Implementierungsvorhaben nötig. Nur durch eine gute Planung kann eine fehlerfreie Implementierung sichergestellt werden. Fehlerquellen können schon im Vorfeld erkannt werden und Fehlern kann vorgebeugt werden.

John Steinbach: Die Planung ist auch nützlich, um sich näher mit der jeweiligen Thematik auseinanderzusetzen. Die meisten Planungen von IT-Komponenten beinhalten zwar einen allgemeinen Teil, wie z. B. das Festlegen von IP-Adressen, aber immer auch einen spezifischen Teil.

3.3 Maßnahmen zur Erhöhung der Sicherheit in vernetzten Systemen planen

S **Die Auszubildenden der JIKU IT-Solutions planen Maßnahmen zur Erhöhung der Sicherheit in vernetzen Systemen. Dazu dient die Schutzbedarfsfeststellung als Grundlage.**

Holger Lübberstedt: Die wichtigen Vorarbeiten sind abgeschlossen. Jetzt wird es konkret. Lassen Sie uns Maßnahmen planen.

Jürgen Pollina: Wie gehen wir genau vor? Als Grundlage dient die Schutzbedarfsfeststellung. Wir betrachten die Schutzbedarfskategorien und schauen, welche Teile der IT-Infrastruktur für die Rigudo GmbH besonders wichtig sind.

John Steinbach: Die BSI-Bausteine können uns bei der Planung von Sicherheitsmaßnahmen helfen. Ich habe schon einmal den Baustein „Zeitsynchronisation“ eingesetzt. Es werden Anforderungen an die Sicherheit gestellt, allerdings sehr allgemein.

Levi Kramer: Wollen wir die einzelnen Maßnahmen in Partnerarbeit planen und uns an einem Jour fixe die Planungen gegenseitig vorstellen?

Stefan Köhler: Gute Idee. Ich würde gerne die Maßnahmen rund um die Clients planen. Wer möchte mein Partner sein?

Jürgen Pollina: Ich unterstütze dich. Ich habe schon mit Virenscannern gearbeitet.

Levi Kramer: Ich bilde ein Team mit John.

John Steinbach: Okay, lass uns mit den Maßnahmen rund um die Firewall beginnen.

Holger Lübberstedt: Dann kann es losgehen. Die Teams informieren mich bitte regelmäßig über den Stand der Planung.

Aufgabe 1: **Sie planen den Grundschutz für Clientsysteme.**

SB 3.3.1

1 Ein Kunde möchte den Schutz seiner Endgeräte überarbeiten.

a) Für einen sinnvollen Schutz des Endgeräts ist die Zugriffsregelung auf die Geräte von hoher Bedeutung. Recherchieren Sie drei Methoden, den Zugriff auf ein Gerät zu regeln.

______

______

______

______

______

______

b) Die Daten eines Endsystems müssen gesichert werden. Dazu werden regelmäßige Backups erstellt. Entscheiden Sie, welche Art von Daten eines Benutzerendsystems mittels Backup gesichert werden sollen.

______

______

______

c) Bei mobilen Endgeräten ist eine Verschlüsselung der eingebauten Datenträger sinnvoll. Bei Verlust z. B. durch Diebstahl eines Gerätes führt so auch ein physischer Zugriff auf die Speichermedien nicht zu unberechtigtem Lesen der Daten.
Diskutieren Sie innerhalb der Gruppe, ob die Verschlüsselung von Datenträgern auch bei stationären Geräten sinnvoll ist. Sammeln Sie Pro- und Kontra-Argumente.

Pro	Kontra

d) Zur Erhöhung der Güte des Passworts sollen bestimmte Passwortregeln bezüglich Länge und Passwortraum verwendet werden.
Füllen Sie die nachfolgende Tabelle aus. Geben Sie jeweils die Anzahl der möglichen verschiedenen Passwörter an und berechnen Sie, wie lange es dauert, das Passwort durchschnittlich zu ermitteln, wenn Sie 1 000 000 000 Passwörter pro Sekunde ausprobieren können.

Passwortlänge	Passwortzeichen	Anzahl Passwörter	benötigte Zeit für das „Knacken"
8	Zahlen	*100 000 000*	*< 1s*
12	Zahlen	*1 000 000 000 000*	*500 s ~ 8,3 min (durchschnittlich wird nur die Hälfte der Zeit benötigt)*
8	Zahlen und Buchstaben groß, klein 62 Zeichen		
12	Zahlen und Buchstaben groß, klein 62 Zeichen		
8	Zahlen und Buchstaben groß, klein, Sonderzeichen 94 Zeichen		
12	Zahlen und Buchstaben groß, klein, Sonderzeichen 94 Zeichen		
16	Zahlen und Buchstaben groß, klein, Sonderzeichen 94 Zeichen		

e) Ein Auszubildender aus dem ersten Ausbildungsjahr bittet Sie um eine Erklärung zur Funktionsweise eines Virenscanners.
Erstellen Sie einen Programmablaufplan, der die Funktionsweise eines Virenscanners abbildet. Beginnen Sie mit dem Ereignis „Datei wird vom Scanner eingelesen".

Datei wird vom
Scanner eingelesen

2 Beschreiben Sie, was unter der Trennung von Betriebssystem- und Datenadministration verstanden wird.

3 a) Geben Sie mindestens drei Aspekte an, die beim Aktualisierungsmanagement zu beachten sind.

b) Nennen Sie Möglichkeiten, um Windows-Clients aktuell zu halten.

Aufgabe 2: Sie sollen die Zugriffsmöglichkeiten auf vernetzte Systeme im lokalen Netz planen. Dabei kommen sowohl VLANs wie auch Firewalls und Proxys zum Einsatz.

SB 3.3.2

1 a) Geben Sie die Möglichkeiten an, mit denen die VLAN-Zugehörigkeit umgesetzt werden kann.

b) Im Netzwerk der Rigudo GmbH soll die Sicherheit für den Zugriff auf die unterschiedlichen Unternehmensbereiche erhöht werden. Es wird über Alternativen zur bisherigen VLAN-Konfiguration nachgedacht. Die einzelnen Rechner bzw. Benutzer sollen ggf. den VLANs zugewiesen werden. Erörtern Sie Möglichkeiten für diese Überlegung und unterbreiten Sie Vorschläge, welche Lösung man für die unterschiedlichen Abteilungen vorsehen sollte.
Entwicklungsabteilung: überwiegend Notebooks, an flexiblen Arbeitsplätzen; ca. 20 Geräte
Personalabteilung: feste Arbeitsplätze; ca. 10 Geräte
Vertrieb: überwiegend Notebooks, an flexiblen Arbeitsplätzen auch Homeoffice bzw. Remote-Zugriff; ca. 40 Geräte

Entwicklungsabteilung: ______

Personlabteilung: ______

Vertrieb: ______

c) Sie wurden wegen Ihrer Erfahrungen bei der Planung von VLANs beauftragt, für einen weiteren Kunden die Port-Konfiguration von drei Switches zu planen. Geben Sie für die Schnittstellen der angeschlossenen Rechner den jeweiligen VLAN-Modus an. Alle Rechner sind zunächst in der Standard-Konfiguration (untagged).
Es sollen vier LANs mit den folgenden Zugehörigkeiten umgesetzt werden.
- VLAN 10: A, B, D
- VLAN 20: C, D
- VLAN 30: B, E
- VLAN 40: F, G

Switch/Port	VLAN-Konfiguration
S1/01	*10; untagged*
S1/05	
S1/08	
S1/15	
S2/01	
S2/02	
S2/03	
S2/09	
S3/01	
S3/07	
S3/11	

Rechner	VLAN-Modus
PC A	
PC B	*10, 30; tagged*
PC C	
PC D	
PC E	
PC F	
PC G	

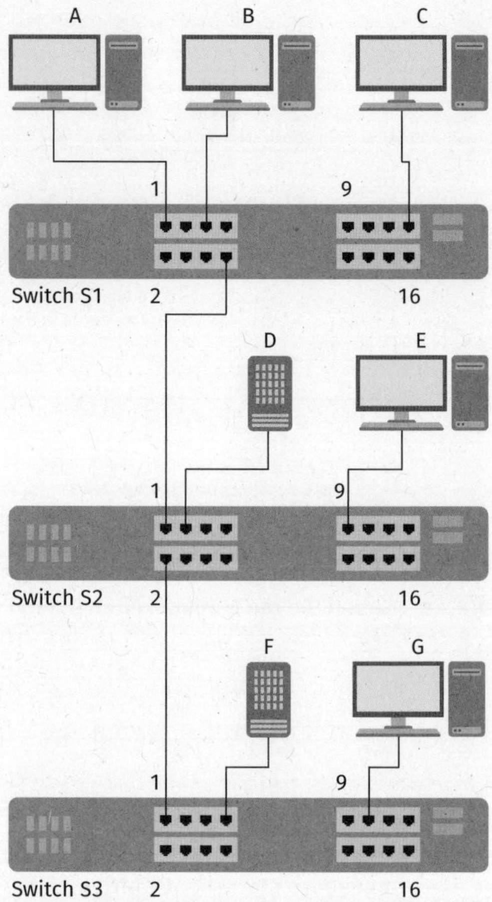

2 Die Rigudo GmbH möchte ihre Firewall-Infrastruktur neu organisieren. Ihr Unternehmen soll bei der Planung und der Umsetzung unterstützen. Ihr Abteilungsleiter bittet Sie, mit der Rigudo GmbH zusammenzuarbeiten.

a) Bisher verwendet die Rigudo GmbH nur eine Firewall, um den aus- und eingehenden Verkehr zu filtern. Um die Vorgaben des BSI zu erfüllen soll eine DMZ (Demilitarisierte Zone) eingesetzt werden. Entscheiden Sie, welche der folgenden Systeme in der DMZ platziert werden müssen.

System	Beschreibung	DMZ
Webserver	Enthält die Internetseite der Rigudo GmbH.	
Webserver	Stellt Kunden der Rigudo GmbH bestimmte Webdienste bereit.	
Dateiserver	Enthält die Benutzerprofile der Beschäftigten.	
Dateiserver	Enthält die Nutzdaten der Beschäftigten.	
HTTP-Proxy-Server	Vermittelt HTTP(S)-Daten weiter.	
AD-Domain-Controller	Organisiert den Verzeichnisdienst.	
Druckerserver	Stellt die Druckerwarteschlange bereit.	
E-Mail-Server	Sendet und empfängt E-Mails.	
DHCP-Server	Verteilt IP-Adressen.	

b) Die äußere Firewall der DMZ soll durch eine Paketfilter-Firewall umgesetzt werden. Der Paketfilter soll „Stateful Packet Inspection" (SPI) unterstützen.
Erstellen Sie zunächst drei Regeln für die Firewall und eine Regel für die „Default Policy". DNS-Anfragen von intern sollen erlaubt werden, HTTPS-Anfragen von intern sollen ebenfalls erlaubt werden. E-Mails sollen versendet werden können. Es soll ein Allow-List-Prinzip angewendet werden. Vervollständigen Sie dafür die nachfolgende Tabelle.

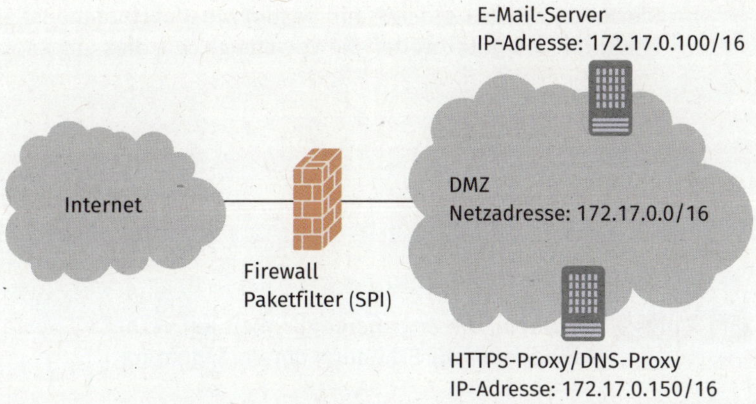

Nr.	Ziel-IP-Adresse	Quell-IP-Adresse	Ziel-Port	Quell-Port	Aktion
1	*any*	*172.17.0.150*	*53*	*any*	*ACCEPT*
2					
3					
4	*any*	*any*			

c) Sie sollen eine Regel anlegen, die einer bestimmten IP-Adresse (192.168.0.15) verbietet, HTTPS-Verkehr zu versenden.
Gegeben ist das folgende Regelwerk (sehr reduziert):

Nr.	Ziel-IP-Adresse	Quell-IP-Adresse	Ziel-Port	Quell-Port	Aktion
1					
2	*any*	*192.168.0.0/24*	*443*	*any*	*ACCEPT*
3					
4	*any*	*any*	*any*	*any*	*DROP*
5					

Geben Sie an, an welcher Stelle die Regel eingesetzt werden muss.

d) Zwischen der DMZ und dem internen Netzwerk soll eine Firewall vom Typ Application Layer Gateway (ALG) zum Einsatz kommen.
Die Firewall soll HTTPS-Verkehr an bestimmte Webseiten unterbinden (URL-Filter).
Recherchieren Sie, auf welches Feld des HTTPS-Headers die Firewall den HTTPS-Verkehr überprüfen muss.

3 a) Erklären Sie in eigenen Worten, wie ein Proxy verfährt, wenn eine inhaltliche Aufbereitung der Daten durchgeführt wird. SB 3.3.2

b) Die Rigudo GmbH möchte für bestimmte Unternehmensbereiche den Zugriff auf inadäquate Inhalte einschränken. Unterbreiten Sie Vorschläge, wie dies umgesetzt werden kann.

Aufgabe 3: **Sie planen die Zugriffsmöglichkeit auf vernetzte Systeme und unterstützen bei der Planung von Maßnahmen zur Erhöhung der Verfügbarkeit.**

SB 3.3.3

1 In der DMZ der Rigudo GmbH sollen private IP-Adressen zum Einsatz kommen. Der gewählte IP-Adressbereich lautet 172.17.0.0/16. Der Mailserver und der HTTPS-Proxy sollen mit dem öffentlichen Netzwerk kommunizieren können. Herr Lübberstedt bittet Sie, zusammen mit einer Auszubildenden aus dem ersten Lehrjahr den NAT-Einsatz am Router bzw. an der Firewall zu planen.

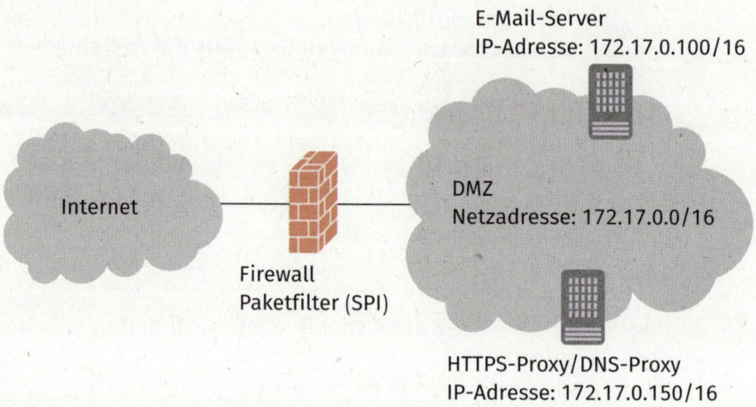

a) Ihre Ausbildungskollegin fragt Sie nach den Besonderheiten der privaten IP-Adressen. Erläutern Sie diese.

b) Zur Verdeutlichung des NAT-Vorgangs möchten Sie diesen anhand einer Verbindung detailliert beschreiben. Der HTTPS-Proxy (172.17.0.150) soll eine Verbindung zu einem HTTPS-Webserver (1.2.3.4) aufbauen. Beschreiben Sie den NAT-Vorgang, indem Sie die IP-Adressen und Ports der jeweiligen Teilverbindungen angeben.

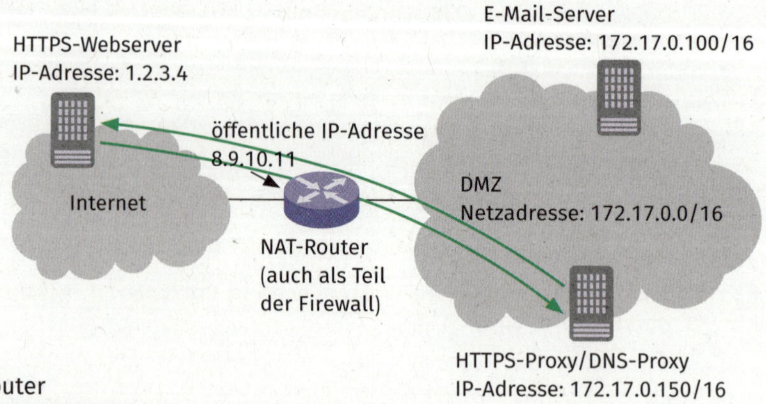

Teilstrecke 1: HTTPS-Proxy zum Router
Teilstrecke 2: NAT-Router zum HTTPS-Webserver
Teilstrecke 3: HTTPS-Webserver zum Router
Teilstrecke 4: NAT-Router zum HTTPS-Proxy

Teilstrecke	Ziel-IP-Adresse	Quell-IP-Adresse	Ziel-Port	Quell-Port
1	*1.2.3.4*	*172.17.0.150*	*443*	*53000*
2				
3				
4				

c) Die internen Server (z.B. der E-Mail-Server) sollen aus dem externen Netzwerk erreichbar sein. Dazu muss eine Portweiterleitung in der NAT-Tabelle des NAT-Routers hinterlegt werden. Der E-Mail-Server (172.17.0.100) soll auf Port 25 erreichbar sein. Geben Sie den Eintrag in der NAT-Tabelle an. Verwenden Sie die nachfolgende Tabelle.

Socket intern	Socket extern

2 Die Verfügbarkeit eines Webservices soll erhöht werden. Als Load Balancing-Verfahren möchten Sie ein schlüsselbasiertes Verfahren einsetzen. Bei diesem Verfahren wird aus verschiedenen Faktoren, z.B. aus den Ziel- und Quelladressen sowie Ziel- und Quellports, ein Hash-Wert gebildet. Pakete mit demselben Hash-Wert werden vom selben Server bearbeitet.
Beschreiben Sie ein Beispiel, bei dem eine solche Verfahrensweise für das Load Balancing sinnvoll ist.

3 Für die Anbindung der Mitarbeitenden im Homeoffice soll ein VPN zum Einsatz kommen. Dieses muss zunächst geplant werden.

a) Es sollten nur sichere Verfahren zum Einsatz kommen. Geben Sie für die folgenden Verfahren an, ob diese sicher bzw. unsicher sind. Geben Sie weiterhin an, ob es sich um ein kryptografisches Hash- oder ein Verschlüsselungsverfahren handelt.

Verfahren	sicher ja/nein	Art kryptografischer Hash/Verschlüsselung
Blowfish		
3DES		
SHA-2		
AES		
DES		

b) Im gegebenen Netzwerkplan sollen die neuen VPN-Verbindungen ergänzt werden. Ergänzen Sie die Homeoffice-Anschlüsse gemäß den folgenden Anforderungen.

- Mitarbeiter am Standort Zentrale
- Mitarbeiter am Standort zweite Niederlassung
- Mitarbeiter per Mobilfunk (Kundengespräche vor Ort) getrennt an beiden Standorten

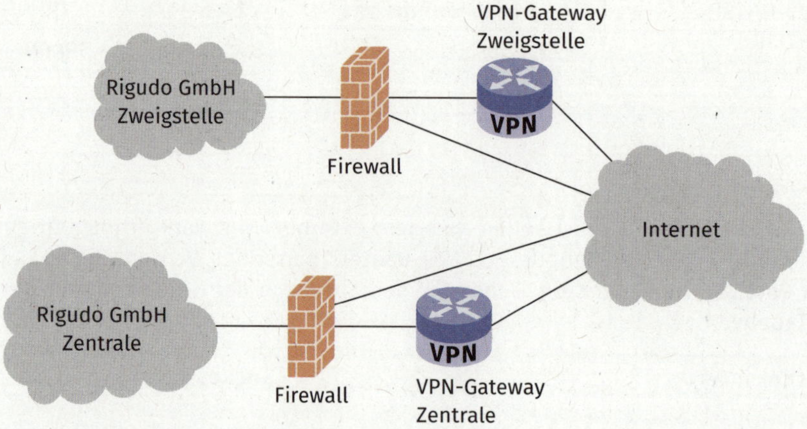

c) Für VPN-Verbindungen mittels IPsec kann der Tunnel- oder Transport-Modus genutzt werden. Erläutern Sie die Nachteile des Transport-Modus gegenüber dem Tunnel-Modus.

SB 3.3.3

d) Die folgenden Hex-Dumps enthalten jeweils den Beginn des AH- und ESP-Headers eines entschlüsselten IPsec-Paketes. Der Wert „0x32" entspricht dabei dem Feld „Next Header". Am Beginn der Zeilen ist, wie im Wireshark üblich, die relative Position (ebenfalls in Hex) angegeben. Verwenden Sie die AH- und ESP-Header-Informationen aus dem Schülerbuch.

AH-Header:

```
Bytes Hex-Werte
0000  32 04 00 00 00 00 02 bc 00 00 00 2b ec d0 29 65
0010  3b a1 ff 88 01 76 7a bc
```

Next Header (in Dezimal)	Protokoll
1	ICMP
4	IPv4
17	UDP
32	MERIT-INP
50	ESP
51	AH
58	IPv6-ICMP

Geben Sie das geschachtelte Protokoll (Next Header) und den verwendeten SPI des AH-Headers an.

ESP-Header:

```
Bytes Hex-Werte
0000  00 00 02 bd 00 00 00 2b a1 61 dc c5 fb 1d f0 14
0010  66 fa 20 91 fe 77 5d 1c b5 0f bc 5f 3b 26 46 59
0020  22 d6 d3 f5 c9 63 92 de b5 0d 66 8e 88 3a 3d 5c
0030  3d d7 32 32 e0 04 97 e0 a3 b6 81 ef 23 8b 3b 92
0040  2e 40 f4 d0 27 be 74 d8 5a d9 25 b7 71 a1 4d d4
0050  f3 0b 28 8a 99 0b 6a bb
```

Geben Sie den verwendeten SPI und die „Sequence Number“ des ESP-Headers an.

e) Die Mitarbeitenden im Homeoffice haben zum Teil Schwierigkeiten beim Aufbau der IPsec-Verbindung mit einem IPsec-Client zur Zentrale. Alle anderen Internet-Verbindungen (auch zur Zentrale) funktionieren einwandfrei.
Es sind bei den Mitarbeitenden ältere NAT-Router im Einsatz. Diskutieren Sie in der Gruppe die Problematik, die beim Einsatz von NAT (ohne weitere Vorkehrungen) auftritt.

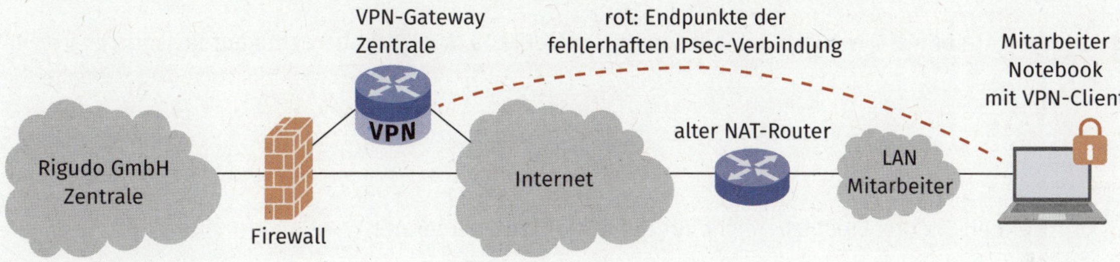

4 Beschreiben Sie, welcher Konflikt bei der verschlüsselten Speicherung von Daten in einem Cloud-Speicher und dem Teilen dieser Daten mit anderen Nutzern besteht.

Aufgabe 4: Sie planen technisch organisatorische Maßnahmen zur Umsetzung der Schutzziele.

SB 3.3.4

a) Nennen Sie zwei technische und organisatorische Maßnahmen (TOM), mit denen das Schutzziel **Vertraulichkeit** erhöht wird.

b) Nennen Sie zwei TOM, mit denen das Schutzziel **Integrität** erhöht wird.

c) Nennen Sie zwei TOM, mit denen das Schutzziel **Verfügbarkeit** erhöht wird.

Aufgabe 5: Sie planen den Einsatz von Benutzerrechten mit verschiedenen Vergabeansätzen.

SB 3.3.5

1. Beschreiben Sie, wie mithilfe von Benutzerkonten allgemein der Zugriff auf Ressourcen von Computersystemen geregelt wird.

2. a) Beschreiben Sie, wie mithilfe von Access Control Lists (ACL) Zugriffsrechte auf Ressourcen erteilt werden.

   b) Nennen Sie drei Einsatzbereiche für die Verwendung einer ACL.

   c) Die Rigudo GmbH nutzt zwei Netzwerkfreigaben. Eine für alle Mitarbeitenden und eine für eine besondere Gruppe von Mitarbeitenden, die an der Entwicklung der Videokonferenzsoftware arbeiten. Die jeweiligen Gruppen sollen Lese- und Schreibberechtigungen auf die entsprechenden Freigaben erhalten. Nutzen Sie exemplarisch für die Mitarbeitenden die drei Benutzer User1, User2 und User3, wobei User3 auch in der Entwicklung arbeiten soll.
   Beschreiben Sie, wie Sie mithilfe einer ACL die Zugriffsrechte für die drei Benutzer auf die Freigaben regeln.

3. Beschreiben Sie den Unterschied zwischen Role Based Access Control (RBAC) und ACL.

4 a) Beschreiben Sie, in welchem Zusammenhang das Schema Account Global Domain Local Permission (AGDLP) im Zusammenhang mit Role Based Access Control (RBAC) steht.

____

____

____

____

____

b) Die Rigudo GmbH nutzt zwei Netzwerkfreigaben. Eine für alle Mitarbeitenden und eine für eine besondere Gruppe von Mitarbeitenden, die an der Entwicklung der Videokonferenzsoftware arbeiten. Die jeweiligen Gruppen sollen Lese- und Schreibberechtigungen auf die entsprechenden Freigaben erhalten. Nutzen Sie exemplarisch für die Mitarbeitenden die drei Benutzer User1, User2 und User3, wobei User3 auch in der Entwicklung arbeiten soll.
Beschreiben Sie, wie Sie nach dem Schema Account Global Domain Local Permission (AGDLP) die Zugriffsrechte für die drei Benutzer auf die Freigaben regeln.

____

____

____

____

____

____

____

____

5 Sie wollen den Status verschiedener Dateien überprüfen. Sie nutzen die Befehle „stat" und „ls -ail".

Ausgabe von „stat":

```
  Datei: test2.md
 Größe: 27          Blöcke: 8          EA Block: 4096   Normale Datei
Gerät: 1030ah/66314d    Inode: 2490370     Verknüpfungen: 2
Zugriff: (0664/-rw-rw-r--)  Uid: ( 1000/ george)   Gid: ( 1000/ george)
Zugriff: 2023-06-10 17:18:59.356190879 +0200
Modifiziert: 2023-06-10 17:18:56.292193014 +0200
Geändert: 2023-06-10 17:18:56.304193006 +0200
Geburt: 2023-06-10 17:17:07.932270495 +0200
  Datei: test3.md -> test.md
 Größe: 7           Blöcke: 0          EA Block: 4096   symbolische Verknüpfung
Gerät: 1030ah/66314d    Inode: 2490371     Verknüpfungen: 1
Zugriff: (0777/lrwxrwxrwx)  Uid: ( 1000/ george)   Gid: ( 1000/ george)
Zugriff: 2023-06-10 17:17:52.652235945 +0200
Modifiziert: 2023-06-10 17:17:49.004238323 +0200
Geändert: 2023-06-10 17:17:49.004238323 +0200
Geburt: 2023-06-10 17:17:49.004238323 +0200
  Datei: test.md
 Größe: 27          Blöcke: 8          EA Block: 4096   Normale Datei
Gerät: 1030ah/66314d    Inode: 2490370     Verknüpfungen: 2
```

```
Zugriff: (0664/-rw-rw-r--) Uid: ( 1000/ george) Gid: ( 1000/ george)
Zugriff: 2023-06-10 17:18:59.356190879 +0200
Modifiziert: 2023-06-10 17:18:56.292193014 +0200
Geändert: 2023-06-10 17:18:56.304193006 +0200
Geburt: 2023-06-10 17:17:07.932270495 +0200
```

Ausgabe von „ls -ail":

```
2490370 -rw-rw-r--  2 george   27 Jun 10 17:18 test2.md
2490371 lrwxrwxrwx  1 george    7 Jun 10 17:17 test3.md -> test.md
2490370 -rw-rw-r--  2 george   27 Jun 10 17:18 test.md
```

a) Geben Sie die Hauptdatei, den symbolischen Link und den „Hard Link" an.

b) Geben Sie für die Datei „test.md" jeweils die Rechte in „umask"-Schreibweise und in dezimaler Schreibweise an.

umask-Schreibweise:

dezimale Schreibweise:

c) Geben Sie jeweils den Ordner an, in dem bei einem Linux-System standardmäßig die beschriebenen Dateien abgelegt werden.

Beschreibung	Ordner
Konfigurationsdateien für systemweite Programme	
Benutzeranwendungen, die systemweit installiert wurden	
Administrative Anwendungen, die nicht direkt zum Betriebssystem gehören	
Dateien von normalen Benutzern	

Aufgabe 6: **Nach der Planung des Usermanagements beschäftigen Sie sich nun mit der Planung des Identitätsmanagements.**

SB 3.3.6

1 Die JIKU IT-Solutions veranstaltet einen Azubi-Workshop in Form eines Boot-Camps. Die Auszubildenden aller Fachbereiche sollen an diesem Tag Workshops anbieten und/oder an diesen Workshops teilnehmen. Die Themen sollen frei gewählt werden. Sie werden von anderen Teilnehmern im Vorfeld gebeten, eine Einführung in die Verschlüsselungstechnik als Vortrag anzubieten.

a) Bereiten Sie eine Folie zum Nachteil „Schlüsselaustausch" bei der symmetrischen Verschlüsselung vor.

b) Zur besseren Übersicht über den Einsatz von Schlüsseln bei der asymmetrischen Verschlüsselung sollen Sie in den Beispielen die Schlüssel zuordnen.
Ergänzen Sie in den Skizzen die fehlenden Schlüssel.

Vertraulichkeit

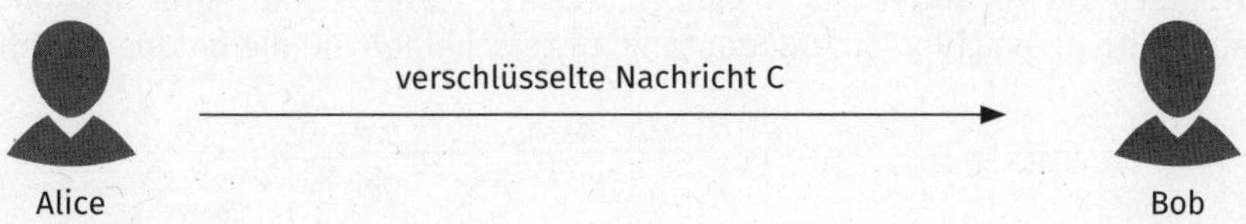

Schlüssel von Alice

$K_{privateA}$ = privater Schlüssel von Alice
$K_{publicA}$ = öffentlicher Schlüssel von Alice

Schlüssel von Bob

$K_{privateB}$ = privater Schlüssel von Bob
$K_{publicB}$ = öffentlicher Schlüssel von Bob

Nachricht N

→ ______________ (N) = verschlüsselter Text C

→ ______________ (C) = Nachricht N

Authentizität

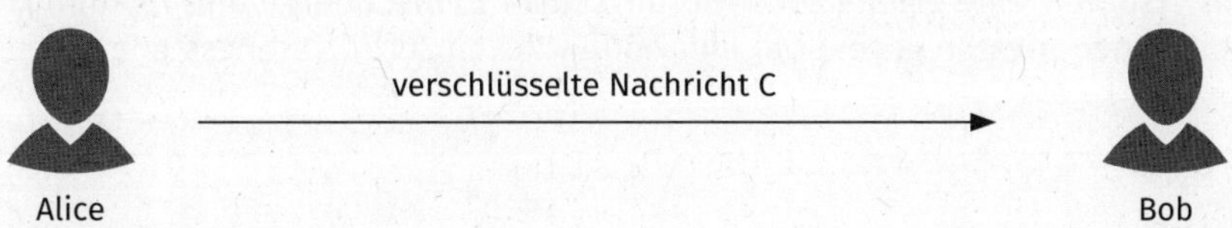

Schlüssel von Alice

$K_{privateA}$ = privater Schlüssel von Alice
$K_{publicA}$ = öffentlicher Schlüssel von Alice

Schlüssel von Bob

$K_{privateB}$ = privater Schlüssel von Bob
$K_{publicB}$ = öffentlicher Schlüssel von Bob

Nachricht N

→ ______________ (N) = verschlüsselter Text C

→ ______________ (C) = Nachricht N

c) Bei der Rigudo GmbH soll „Port Security“ an den Switches eingesetzt werden. Dazu soll die Norm IEEE 802.1X zum Einsatz kommen.
Ordnen Sie die Rollen der Norm IEEE 802.1X den Komponenten zu.

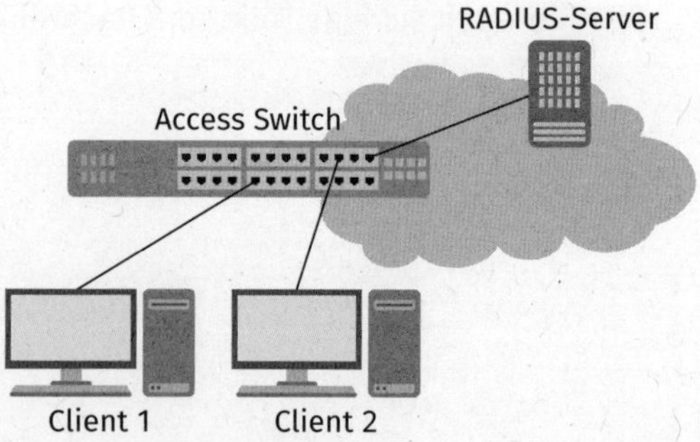

Geräte	Rolle bei IEEE 802.1X
Client 1	
Client 2	*Supplicant*
Switch	
RADIUS-Server	

d) Im Gespräch mit anderen Auszubildenden fällt im Zusammenhang mit dem RADIUS-Server die Abkürzung „AAA“. Einem Auszubildenden fällt das Stichwort „Authentifizierung“ ein.

da) Ergänze die Bedeutung der fehlenden beiden „As“:

A – *Authentication*

A – ______________________

A – ______________________

db) Sie können im Gespräch die fehlenden „As“ ergänzen. „Authentication“ und „Authorization“ klingen ähnlich, haben aber eine unterschiedliche Bedeutung. Unterscheiden Sie die beiden Begriffe.

____

____

____

____

2 Für die Absicherung der Kommunikation zwischen Systemen sollen innerhalb des Netzwerks eines Kunden Zertifikate eingesetzt werden. Sie werden von Ihrem Ausbilder aufgefordert, eine interne Zertifizierungsstelle planen.

a) Ein Mitarbeiter fragt, warum Sie nicht einfach die Zertifikate einer öffentlichen Zertifizierungsstelle verwenden. Dies würde es ersparen, eine eigene Zertifizierungsstelle zu installieren und zu konfigurieren. Notieren Sie die Vorteile einer privaten gegenüber einer öffentlichen Zertifizierungsstelle.

____

____

____

____

____

____

b) Vervollständigen Sie die nachfolgende Vergleichstabelle.

Vergleichskriterium	private Zertifizierungsstelle	öffentliche Zertifizierungsstelle
Wer stellt Zertifikate aus?		*öffentliche Zertifizierungsstelle*
Was kostet ein Zertifikat?	*geringe bis keine Kosten für die Erstellung eines Zertifikats*	
Welche Konfigurationen können vorgenommen werden?		
Welche Einsatzmöglichkeit besteht?		*Dienste mit Zugriff aus einem externen Netzwerk*
Wie hoch ist der Aufwand für die Einrichtung und Nutzung der CA?		
Ist eine Internetanbindung nötig?		
Wie ist die Vertrauensstellung zum Zertifikat?		

c) Während einer IT-Planungsbesprechung werden Sie gebeten, die Zertifizierungsstelle als „Subordinate CA“ zu erstellen. Dies würde ein höheres Maß an Sicherheit gewährleisten.
Beschreiben Sie die Vorteile einer „Subordinate CA“.

3 a) Nennen Sie zwei Einsatzgebiete, bei denen eine zertifikatsbasierte Anmeldung eingesetzt werden kann.

b) Beschreiben Sie, wie mithilfe eines Zertifikats eine Authentifizierung durchgeführt wird und wie die Gegenstelle feststellen kann, dass wirklich der Zertifikatsinhaber die Anmeldung durchführen will.

4 a) Erklären Sie, worin der Unterschied zwischen einer zertifikatsbasierten Anmeldung und der passwortlosen Anmeldung mithilfe des FIDO2-Standards besteht und welche Gemeinsamkeiten diese beiden Verfahren haben.

b) Mithilfe der Zwei-Faktor-Authentifizierung (2FA) oder einer Mehrfaktor-Authentifizierung (MFA) soll der Anmeldeprozess sicherer gemacht werden.
Beschreiben Sie die möglichen Faktoren, die eingesetzt werden können.

Lernsituation 4: Wir setzen Maßnahmen unter Berücksichtigung der technischen und organisatorischen Rahmenbedingungen um

S **Die Auszubildenden der JIKU IT-Solutions setzen die geplanten Maßnahmen um. Dabei beachten sie technische und organisatorische Rahmenbedingungen.**

Holger Lübberstedt: Mit der Planung ist ein wichtiger Projektschritt abgeschlossen. Jetzt folgt die Umsetzung der Maßnahmen. Diese müssen erst testweise umgesetzt werden.

Stefan Köhler: Wo sollen wir die Maßnahmen umsetzen?

Jürgen Pollina: Wir haben nach der Strukturanalyse ein umfangreiches Testlabor erstellt. So gut wie alle Systeme sind dort abgebildet.

John Steinbach: Super, dann können wir auch die Wechselwirkungen mit anderen Systemen untersuchen.

Holger Lübberstedt: Arbeiten Sie bitte weiterhin in Partnerarbeit und setzen Sie die geplanten Maßnahmen testweise um. Bitte dokumentieren Sie alle Konfigurationsschritte.

Stefan Köhler: Keiner mag Dokumentationen! Das ist doch so zeitaufwendig.

Levi Kramer: Die Dokumentation ist aber ein wesentlicher Teil der testweisen Implementierung. Nur so kann die Übertragung auf das Produktivnetz fehlerfrei durchgeführt werden.

3.4 Maßnahmen zur Erhöhung der Sicherheit vernetzter Systeme umsetzen

S **Die Auszubildenden der JIKU IT-Solutions implementieren Maßnahmen zur Erhöhung der Sicherheit vernetzter Systeme. Dazu implementieren Sie die geplanten Maßnahmen zunächst testweise. Nach einem erfolgreichen Test werden die Maßnahmen in die Produktivumgebung übertragen.**

Jürgen Pollina: Wollen wir die Partner tauschen? Dann lernen wir zusätzlich noch weitere Themen kennen.

Levi Kramer: Außerdem lernen wir von anderen Partnern eine andere Arbeitsweise kennen.

Holger Lübberstedt: So machen wir das. Halten Sie mich auf dem Laufenden. Bei Fragen sagen Sie bitte Bescheid. Bei speziellen Implementierungsfragen können wir uns Hilfe aus den Fachabteilungen holen.

Aufgabe 1: **Die Überprüfung von Softwareständen ist für einen sicheren Betrieb sehr wichtig. Sie sollen nun exemplarisch eine Softwareverteilung umsetzen.**

SB 3.4.1

1 Sie werden gebeten, für den Chocolatey-Server ein neues Paket zu erstellen. Die folgenden Daten wurden Ihnen hierfür bereitgestellt:

Parameter	Wert
Paketname (Id)	notepadpp862
Paketversion	1.0
Installationsdatei	npp.8.6.2.Installer.x64.exe
Chocolatey-Server	10.0.0.2

a) Befüllen Sie die Dateien „notepadpp.nuspec" und „chocolateyInstall.ps1", damit ein entsprechendes Paket erstellt werden kann. Ergänzen Sie weitere Parameter wie z. B. „title" oder „authors" mit sinnvollen Informationen.

Inhalt „notepadpp.nuspec"

Inhalt „chocolateyInstall.ps1"

b) Geben Sie den Befehl an, mit dem das Paket auf dem Chocolatey-Server abgelegt wird.

____

Aufgabe 2: **Sie sollen Zugriffsmöglichkeit auf vernetzte Systeme im lokalen Netz umsetzen. Hierzu sollen Sie neben den VLANs auch die Firewall- und Proxy-Konfiguration erstellen.**

SB 3.4.2

❶ a) Erklären Sie den Unterschied zwischen den Parametern „pvid“ und „tagged“ bei der Konfiguration eines RouterOS-basierten Gerät (MikroTik).

____

____

____

b) Erstellen Sie für die folgenden Vorgaben eine MikroTik-Konfigurationsdatei. Die notwendigen Befehle finden Sie im Schülerbuch. Notieren Sie die Konfigurationsdatei.

Switch/Port	VLAN-Konfiguration
S1/01 (A)	10; untagged
S1/05 (B)	10, 30; tagged
S1/08 (Trunk)	10, 20, 30; tagged
S1/15 (C)	20; untagged
S2/01 (Trunk)	10, 20, 30; tagged
S2/02 (Trunk)	10; tagged zur Sicherheit
S2/03 (D)	10, 20; untagged
S2/09 (E)	30; untagged
S3/01 (Trunk)	10; tagged zur Sicherheit
S3/07 (F)	10, 40; tagged
S3/11 (G)	40; untagged

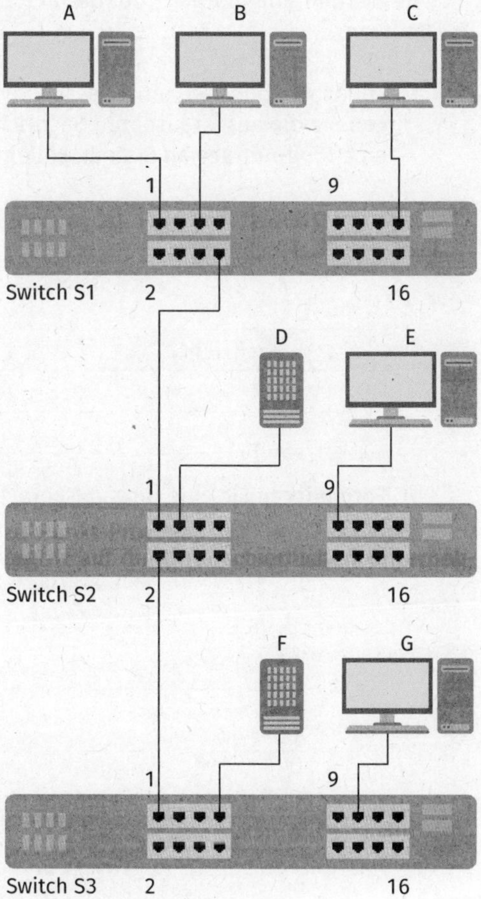

Netzwerkplan für die VLAN-Konfiguration

\# **Konfigurationsdatei** für Switch S1
\# Administrativer Zugang zu Konfiguration; Optional
/ip address add address=192.168.0.81/24
interface=ether1

____

____

____

____

____

____

____

____

____

____

2 Ein Server in der DMZ Rigudo GmbH soll zum Testen der Erreichbarkeit selbst den Befehl „ping“ absetzen können. Er soll aber aus Sicherheitsgründen nicht per ICMP erreichbar sein.
Sie werden aufgefordert, bei der Erstellung der nötigen Regel zu unterstützen.

a) Zunächst sollen Sie ein Message Sequence Chart (MSC) erstellen. Tragen Sie die ausgetauschten Nachrichten zwischen A und B ein, wenn A eine Ping-Anfrage an B stellt. Füllen Sie die unterstehende Tabelle.

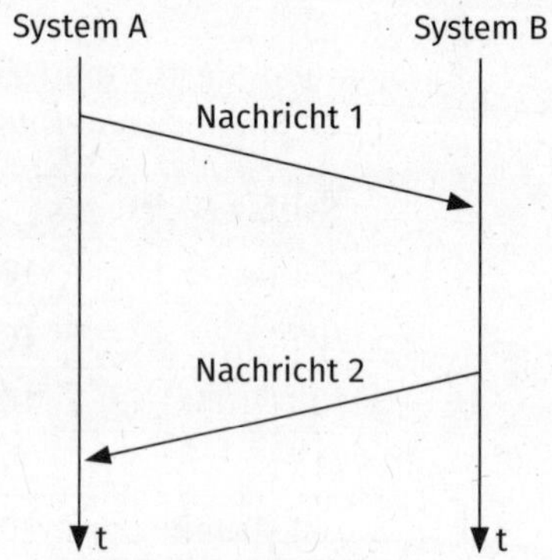

MSC für einen Ping

Nachricht	Name	ICMP-Type
1		*8*
2		

b) Formulieren Sie eine umgangssprachliche Firewall-Regel für den Server. Der Server soll den Befehl „ping“ absetzen können, soll aber selbst nicht über ICMP erreichbar sein. Verwenden Sie dazu Fachbegriffe. (Hinweis: Es funktioniert nicht, wenn der komplette ICMP-Datenverkehr geblockt wird.)

c) Ein Kunde ruft Sie an. Er hat in seiner Firewall „iptables“ eine Firewall-Regel hinzugefügt. Seitdem ist keine Interaktion mit dem Gerät mehr möglich. Er sendet Ihnen einen Screenshot des Regelwerks. Analysieren Sie das Regelwerk und beschreiben Sie den Fehler.

```
Chain INPUT (policy DROP)
target    prot   opt source   destination

DROP      all -  anywhere    anywhere
ACCEPT    tcp -  anywhere    anywhere    tcp spts:1024:65535 multiport dports ssh
ACCEPT    tcp -  anywhere    anywhere    tcp spts:1024:65535 multiport dports http,https
```

d) Diskutieren Sie in Ihrer Lerngruppe, welche sinnvollen Praktiken (Best Practices) es bei der Verwendung einer Firewall gibt. Sammeln Sie mindesten drei sinnvolle Punkte, die bei der Arbeit mit einer Firewall beachtet werden sollten.

3 Sie sollen einen Proxy-Server (z.B. „Squid“) installieren.

a) Erstellen Sie eine Proxy-Konfiguration, die folgende Anforderungen erfüllt:

Parameter	Wert
IP-Adresse	10.100.1.1/16
Port	8080
Filter	alle URLs blockieren, die den Text „stadt-wolkenlos.de“ enthalten
Filter	alle Anfragen aus dem lokalen Netz des Proxys dürfen alles
Cache-Verzeichnis	/usr/local/squid/var/tmplog/
Cache-Dateiname	squid-cache.log
Cache-Struktur	1 000 MiB mit 8 Ordnern auf Ebene 1 und 128 Ordnern auf Ebene 2

Notieren Sie den Inhalt der Konfigurationsdatei „squid.conf“.

b) Beschreiben Sie, wie eine Proxy-Konfiguration (z.B. die unter Teilaufgabe a) erstellte) getestet werden kann.

Aufgabe 3: Sie sollen die Zugriffsmöglichkeiten auf vernetzte Systeme für lokale Netze umsetzen.

SB 3.4.3

1 a) Ihr Unternehmen hat einen neuen Kunden akquiriert. Dieser verwendet intern ein Netzwerk mit IP-Adressen aus dem privaten Bereich (10.0.0.0/8). Diese IP-Adressen werden im öffentlichen Netzwerk nicht weitergeleitet. Der Kunde benötigt die Kommunikation mit dem Internet.

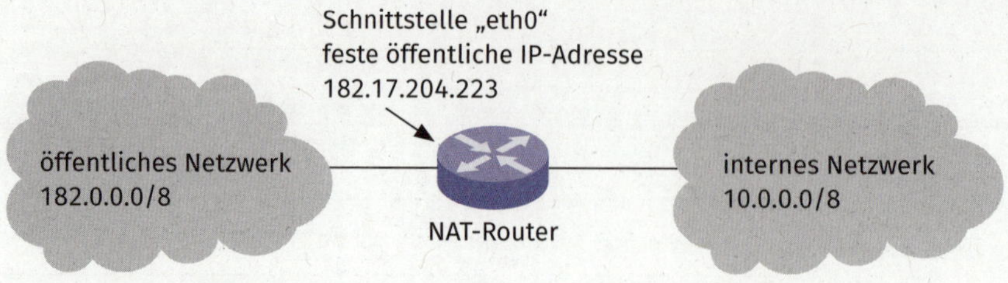

NAT-Router im Einsatz

Sie werden gebeten, den Kunden bei der Umsetzung zu unterstützen.
Als NAT-Technik könnte „Masquerade“ oder Source-NAT eingesetzt werden. Entscheiden Sie sich für eine Technik und begründen Sie Ihre Entscheidung.

____

____

____

b) Sie bilden das Szenario aus Aufgabenstellung a) in einer Testumgebung nach und setzen die Software „nftables“ für den NAT-Vorgang ein.
Die nachfolgenden Befehle aktivieren das NAT im Netzwerk (vgl. Netzwerkplan oben).

```
1 nft add table nat
2 nft 'add chain nat postrouting { type nat hook postrouting priority 100 ; }'
3 nft add rule nat postrouting ip saddr 10.0.0.0/8 oif eth0 snat to 182.17.204.223
```

Erklären Sie dem Kunden die Befehle zeilenweise. Verwenden Sie dazu die nachfolgende Tabelle.

Zeile	Erklärung
1	*legt ein neues übergeordnetes Regelwerk mit dem Namen „nat“ an*
2	
3	

c) Der Kunde betreibt einen Webserver im internen Netzwerk. Dieser Webserver soll vom öffentlichen Netzwerk erreichbar sein.

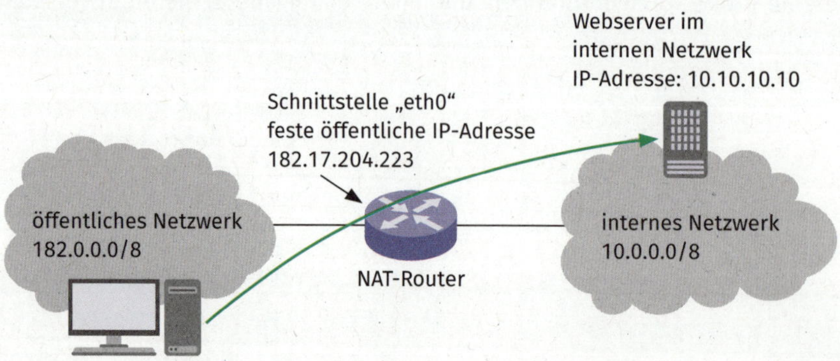

ca) Nennen Sie die Technik, die am NAT-Router eingesetzt werden muss, damit der Webserver im internen Netzwerk aus dem öffentlichen Netzwerk erreichbar ist.

____

cb) Ergänzen Sie die Konfigurationsdatei für die Software „nftables" an den entsprechenden Stellen.

```
table nat {
 ...
 chain prerouting {
      type nat hook prerouting priority 100; policy accept;
      ip saddr ______________________ iifname "eth1"
      tcp dport {______________________}
      dnat to ______________________;
 }
}
```

2 a) Sie bilden zusammen mit zwei weiteren Auszubildenden ein Projektteam für die Arbeit in einer Testumgebung.
Sie sollen die Verfügbarkeit eines Systems durch den Einsatz eines Load Balancers mit der IP-Adresse 10.0.0.99 erhöhen. Die Anwendung wartet auf dem Port 1277 auf eingehende Verbindungen. Nach außen soll ebenfalls dieser Port aufrufbar sein.
Sie sollen vier Server verwenden, auf die der Verkehr geleitet wird. Die Server haben die IP-Adressen 192.168.0.10/24, 192.168.0.11/24, 192.168.0.12/24 und 192.168.0.13/24
Sie setzen die Software „HA-Proxy" ein.
Erklären Sie Ihrem Team die Konfiguration der Sektion „frontend" der Konfigurationsdatei.

```
1 frontend app1
2       bind 10.0.0.99:1277
3       default_backend app1_backend
```

Verwenden Sie die nachfolgende Tabelle.

Zeile	Erklärung
1	*markiert den Beginn der Sektion „frontend" mit dem Namen „app1"*
2	
3	

b) Vervollständigen Sie die Konfiguration für die Sektion „backend".

```
backend backend_app1
      server app1_server1



```

Erklärung: Die Server, auf die der Datenverkehr verteilt werden soll, werden mit IP-Adresse und Port angegeben.

c) Erstellen Sie eine Skizze des Netzwerks aus Teilaufgabe a). Beschriften Sie die eingesetzten Geräte mit Ihrer jeweiligen IP-Adresse.

3 Die zuvor geplanten VPN-Anbindungen von Mitarbeitenden in Homeoffice sollen nun eingerichtet werden. Sie wurden beauftragt, die Konfiguration des VPN-Gateways anzupassen.

a) In den Unterlagen des VPN-Gateways finden Sie den Hinweis, dass das VPN-Gateway mit der Software „strongSwan“ aufgebaut wurde. Geben Sie die für die Konfiguration wesentlichen Module, Schnittstellen und Dateien an. Erläutern Sie für jedes Element die Aufgabe.

Element	Aufgabe
/etc/strongswan.conf	*In dieser Datei wird die Grundkonfiguration der Module abgelegt. Diese Parameter gelten übergreifend für alle Verbindungen und müssen so nicht bei jeder Verbindung explizit angegeben werden. Diese Datei kann auch im Ordner „/etc/strongswan.d/“ abgelegt werden.*
/etc/swanctl.conf	
swanctl	
charon	
IPsec Konfiguration	

b) Für die Umsetzung der VPN-Tunnel werden PKI-Zertifikate benötigt. Zunächst werden der Schlüssel und das Zertifikat der CA erstellt. Geben Sie die Arbeitsschritte, die Sie zur Erstellung der nötigen Zertifikate und Schlüssel abarbeiten müssen, an.

c) Sie wurden beauftragt einen End-to-Site VPN-Tunnel mittels „strongSwan“ umzusetzen. Der VPN-Tunnel soll im Tunnel-Modus mit AES256 und HMAC-SHA3 eingerichtet werden. Erläutern Sie kurz die Arbeitsschritte, die Sie zur Konfiguration des VPN-Tunnels abarbeiten müssen.

Aufgabe 4: Sie implementieren exemplarisch Sicherheitsgruppen und Gruppenrichtlinien.

SB 3.4.4

1 Das Katasteramt der Stadt Wolkenlos hat einen weiteren Auftrag für Sie. Für die automatische Einbindung der Netzwerkfreigabe „FreigabeKatasteramt“ auf dem Server „\fileserver“ wurde eine Gruppenrichtlinie implementiert. Der Screenshot zeigt die Konfiguration.
Bei der Anmeldung eines Benutzers bemerken Sie, dass die Netzwerkfreigabe nicht wie gewünscht auf dem Client unter „K:\FreigabeKatasteramt“ eingebunden wird.
Eine Überprüfung der auf dem Client geladenen Gruppenrichtlinie zeigt, dass das entsprechende GPO richtig geladen wurde. Die **Ereignisanzeige** des Clients zeigt den in der Abbildung gezeigten Eintrag.

Beschreiben Sie, welcher Fehler in der Konfiguration gemacht wurde und wie er zu beheben ist.

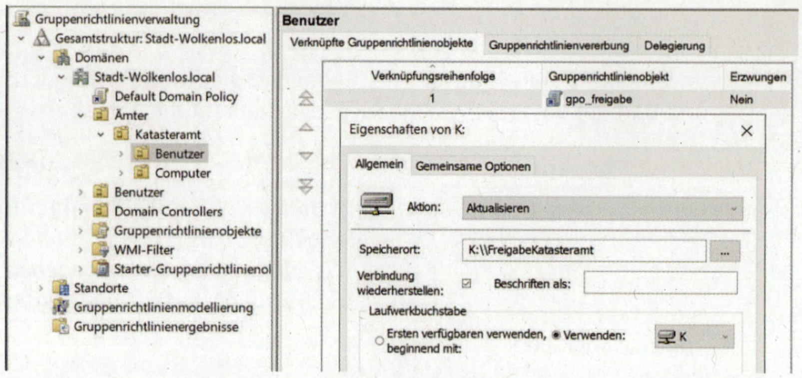

GPO für Netzwerkfreigabe

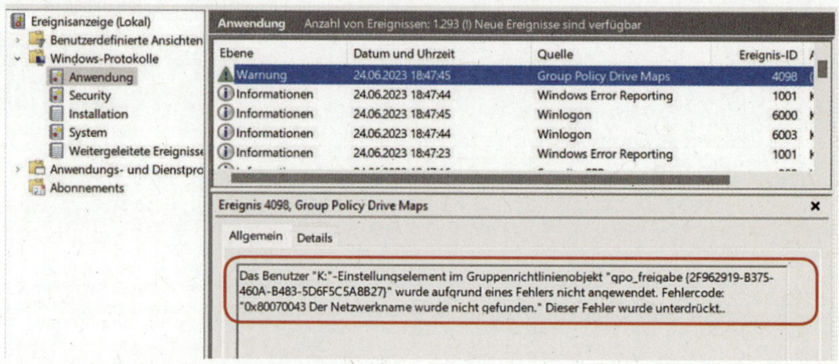

Fehlermeldung in der Ereignisanzeige

2 Zur Dokumentation von Konfigurationen ist die Nutzung von Skripten sinnvoll. Auf einem Dateiserver sollen zwei Freigaben eingerichtet und die entsprechenden Gruppen nach dem AGDLP-Schema konfiguriert werden. Die Daten werden aus einer JSON-Datei eingelesen, die folgendermaßen aufgebaut ist:

```
{
   "freigabeArray" : ["FreigabeKatasteramt", "FreigabeKartografie"],
   "gruppenArray" : ["Katasteramt", "Kartografie"],
   "zugriffsObjekt" :
       {
           "FreigabeKatasteramt" :
               {
                   "Katasteramt" : "rw"
               },
           "FreigabeKartografie" :
               {
                   "Kartografie" : "rw"
               }
       }

}
```

- freigabeArray: enthält als Array alle Freigaben, die erstellt werden sollen.
- gruppenArray: enthält als Array alle Gruppen, die erstellt werden sollen. Nach dem AGDLP-Schema soll jeweils eine globale und eine domänenlokale Gruppe erstellt werden. Als Nomenklatur werden die Präfixe **glg_** und **dlg_** den Gruppennamen vorangestellt.
- zugriffsObjekt: enthält **Schlüssel-Wert-Paare,** mit denen den Freigaben die domänenlokalen Gruppen zugeordnet werden. Die Zugriffsrechte sind hier vereinfacht als „rw“ für Lese-Schreibrechte angegeben.

Erstellen Sie ein Struktogramm, das eine JSON-Datei einliest und mit Pseudobefehlen die nachfolgenden Funktionen abbildet:

- die Freigaben anlegen
- die globalen Gruppen anlegen
- die domänenlokalen Gruppen anlegen
- die domänenlokalen Gruppen mit den vorgegebenen Zugriffsrechten den Freigaben zuordnen
- die jeweils domänenlokale mit der globalen Gruppe verknüpfen

Einlesen der JSON-Datei und umwandeln in Variablen

Aufgabe 5: **Ein Zertifikatsmanagement ist für viele Anwendungen grundlegend notwendig. Sie sollen nun ein solches Zertifikatsmanagement implementieren.**

SB 3.4.5

a) Sie installieren in Ihrer Testumgebung eine Zertifizierungsstelle. Beim Installieren können Sie Verschlüsselungsparameter für die Zertifikate auswählen.
Folgende Parameter und Werte können gewählt werden:

Parameter	Werte
Algorithmus zum Erzeugen des Schlüsselpaars	RSA, EC, oct
Algorithmus zur Signatur	RSA_SHA1, RSA_SHA256, ECDSA_SHA256
Schlüssellänge	2048 Bit, 3072 Bit, 4096 Bit
Algorithmus zur Verschlüsselung	DES, Triple-DES, RSA, AES
Algorithmus zur Hash-Wertbildung	MD5, SHA-2, SHA256

Treffen Sie eine Auswahl der Parameter und begründen Sie Ihre Auswahl kurz.

Parameter	gewählter Wert	Begründung
Algorithmus Schlüsselpaar	*EC*	*liefert die gleiche Verschlüsselungsstärke wie RSA mit kürzerer Schlüssellänge*
Algorithmus Signatur		
Schlüssellänge		
Algorithmus Verschlüsselung		
Algorithmus Hash-Wertbildung		

b) Im Laufe der weiteren Installation müssen Sie die Certificate Revokation List (CRL) konfigurieren.
Ein Auszubildender schaut Ihnen bei der Konfiguration über die Schulter. Er fragt Sie nach der Aufgabe der CRL.
Erläutern Sie die Hauptaufgabe der Certificate Revokation List (CRL).

____

____

____

Lernsituation 5: Wir überprüfen die getroffenen Maßnahmen und erstellen eine Dokumentation der Risikoanalyse

S **Die Auszubildenden der JIKU IT-Solutions überprüfen die implementierten Maßnahmen auf ihre Wirksamkeit und dokumentieren sie entsprechend.**

Holger Lübberstedt: Die Maßnahmen sind umgesetzt. Das haben Sie sehr gut gemacht. Die IT-Abteilung der Rigudo GmbH und natürlich auch ich sind sehr zufrieden. Jetzt sollten wir mit geeigneten Werkzeugen die Wirksamkeit der Maßnahmen überprüfen.

Jürgen Pollina: Sprechen Sie von Netzwerksniffern zum Scannen des Netzwerks?

Levi Kramer: Ist das denn erlaubt? In der Berufsschule wurden wir explizit darauf hingewiesen, Scans und Mitschnitte nur mit ausdrücklicher Erlaubnis durchzuführen.

Holger Lübberstedt: Guter Einwand. Ich habe aber mit der IT-Abteilung das Vorgehen abgesprochen.

Stefan Köhler: Welche Aspekte müssen denn dabei im Vorfeld geklärt werden? Gibt es so eine Art Checkliste?

Jürgen Pollina: Es muss geklärt werden, wie lange die Untersuchung voraussichtlich dauert und welche Systeme im Fokus stehen. Ich bin sehr gespannt. Ein Produktivnetzwerk habe ich während meiner Ausbildung noch nicht scannen können. Die Ergebnisse der Untersuchung sind sicherlich interessant.

3.5 Wirksamkeit der umgesetzten Maßnahmen überprüfen

S **Die Auszubildenden der JIKU IT-Solutions überprüfen die Wirksamkeit der umgesetzten Maßnahmen.**

Jürgen Pollina: Als Netzwerkscanner können wir das Programm „nmap" einsetzen. Dieses Programm ist weit verbreitet und wird unseren Zweck erfüllen.

John Steinbach: Es gibt auch Schwachstellenscanner. Das Ergebnis eines solchen Scans wäre sicher auch interessant.

Jürgen Pollina: Für eine dauerhafte Überwachung sollte auch ein IDS eingesetzt werden. Herr Lübberstedt, ist der Einsatz eines solchen Systems geplant?

Holger Lübberstedt: In der Tat. Am besten ist es, Sie informieren sich über Intrusion Detection Systems und Intrusion Prevention Systems.

Jürgen Pollina: Das mache ich gerne. Möchte mich jemand unterstützen?

Levi Kramer: Na klar. Ich bin dabei.

Aufgabe 1: **Nach dem Implementieren verschiedener Dienste zur Erhöhung der Sicherheit überprüfen Sie diese Maßnahmen nun auf ihre Wirksamkeit.**

SB 3.5.1

1. Sie werden gebeten, die Testspezifikationen für die Installation der Rigudo GmbH zu erstellen. Diese umfassen drei Szenarien. Die Testspezifikationen sollen jeweils die Ausgangssituation (benötigte Geräte, Konfiguration, etc.), die Durchführung (auszuführende Schritte) und das erwartete Ergebnis enthalten.

   a) Erstellen Sie Testspezifikationen für das folgende Szenario:
   Auf einen Server in einer DMZ soll aus dem Intranet und Internet zugegriffen werden. Die Clients aus im Intranet dürfen nur in Richtung Internet Verbindungen aufbauen. Ergänzen Sie die Testspezifikation durch weitere sinnvolle Informationen.

Testszenario Firewall/DMZ

Ausgangssituation:
Geräte: 2x Firewall für DMZ, 1x Server A im Internet, 1x Server B in DMZ, 1x Client C im Intranet

Durchführung:

Erwartetes Ergebnis:

b) Erstellen Sie Testspezifikationen für das folgende Szenario:
Ein Server soll durch Clients aus zwei unterschiedlichen VLAN-Bereichen erreichbar sein. Der Server verfügt zu diesem Zweck über eine Ethernet-Schnittstelle. Die Clients erhalten keine gesonderte VLAN-Konfiguration. Ergänzen Sie die Testspezifikation durch weitere sinnvolle Informationen.

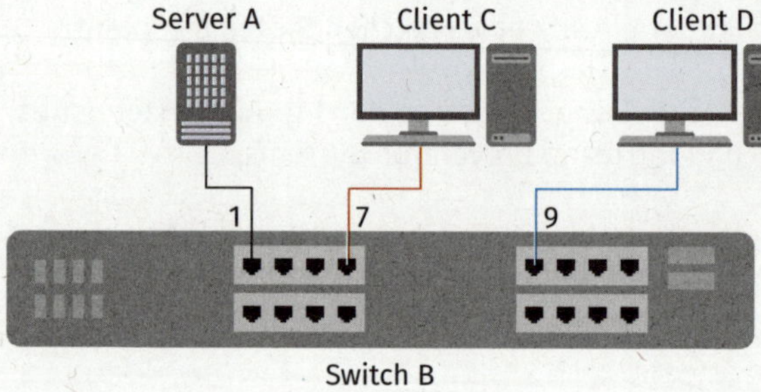

Testszenario VLAN

Ausgangssituation:
Geräte: 1x Server A, 1x Switch B, 1x Client C in VLAN 100, 1x Client D in VLAN 200

Durchführung:

Erwartetes Ergebnis:

2 a) Erläutern Sie den Begriff „Device Security Check“ und wie dieser am sinnvollsten umgesetzt wird.

b) Nennen Sie drei Bereiche, die durch einen „Device Security Check“ abgedeckt werden sollten, und beschreiben Sie Überprüfungen, die vorgesehen werden sollten.

3 a) Sie halten sich an die Vorgaben des BSI und verwenden für unterschiedliche Dienste unterschiedliche Passwörter. Es ist kaum möglich, sich die unterschiedlichen komplexen Passwörter zu merken. Deshalb möchten Sie einen Passwortmanager nutzen. Neben dem Abspeichern von Passwörtern bieten gängige Passwortmanager noch weitere Vorteile.
Nennen Sie drei weitere Funktionen eines Passwortmanagers und beschreiben Sie diese.

b) Ein Kunde möchte eine SSO-Lösung einsetzen. Im firmeneigenen Glossar finden Sie keinen Eintrag zu „SSO“.
Schlüsseln Sie die Abkürzung „SSO“ auf und erläutern Sie den Begriff „SSO“ in zwei Sätzen für das Glossar.

4 Sie wollen die Sicherheit im Netzwerk abschätzen.

a) Sie haben Ihren Ausbilder gefragt, ob Sie einen Portscan im Netzwerk vornehmen dürfen. Man hat Ihnen die Erlaubnis erteilt.
Sie möchten den Scanner „Nmap“ einsetzen. Nach Eingabe des Befehls „nmap“ erhalten Sie eine Hilfestellung.

Auszug Syntaxhilfe:

```
Usage: nmap [Scan Type(s)] [Options] {target specification}
TARGET SPECIFICATION:
  Can pass hostnames, IP addresses, networks, etc.
  Ex: scanme.nmap.org, microsoft.com/24, 192.168.0.1; 10.0.0-255.1-254
HOST DISCOVERY:
  -sL: List Scan - simply list targets to scan
  -sn: Ping Scan - disable port scan
  -PS/PA/PU/PY[portlist]: TCP SYN/ACK, UDP or SCTP discovery to given ports
  -PE/PP/PM: ICMP echo, timestamp, and netmask request discovery probes
SCAN TECHNIQUES:
  -sS/sT/sA/sW/sM: TCP SYN/Connect()/ACK/Window/Maimon scans
  -sU: UDP Scan
  -sN/sF/sX: TCP Null, FIN, and Xmas scans
PORT SPECIFICATION AND SCAN ORDER:
  -p <port ranges>: Only scan specified ports
    Ex: -p22; -p1-65535; -p U:53,111,137,T:21-25,80,139,8080,S:9
  -F: Fast mode - Scan fewer ports than the default scan
  --top-ports <number>: Scan <number> most common ports
  --port-ratio <ratio>: Scan ports more common than <ratio>
SERVICE/VERSION DETECTION:
  -sV: Probe open ports to determine service/version info
```

aa) Ihre IP-Adresse lautet 192.168.100.109. Als zugehörige Subnetzmaske wird die 255.255.255.0 verwendet. Zuerst möchten Sie alle in Ihrem Netzwerk erreichbaren Systeme ermitteln. Geben Sie den entsprechenden Befehl an.

____

ab) Unter der IP-Adresse 192.168.100.19 hat das Programm „Nmap“ ein System gefunden.

```
Nmap scan report for server_19 (192.168.100.19)
Host is up (0.00061s latency).
```

Sie möchten dieses System möglichst schnell untersuchen und sich die Ports und die daran gebundenen Dienste anzeigen lassen. Geben Sie den entsprechenden Befehl an.

____

ac) Der Scan aus Aufgabe ab) hat viele offene Ports und die entsprechenden Dienste angezeigt.
Auszug:

```
Nmap scan report for server_19 (192.168.100.19)
Host is up (0.00039s latency).
Not shown: 991 filtered ports
PORT     STATE  SERVICE      VERSION
21/tcp   open   ftp          ProFTPD 1.3.5
22/tcp   open   ssh          OpenSSH 6.6.1p1 Ubuntu 2ubuntu2.13
80/tcp   open   http         Apache httpd 2.4.7
445/tcp  open   netbios-ssn  Samba smbd 3.X - 4.X
631/tcp  open   ipp          CUPS 1.7
```

Es scheint aber, dass nicht alle Ports untersucht wurden. Sie möchten nun alle verfügbaren 65 535 Ports auf dem System scannen. Geben Sie den entsprechenden Befehl an.

____

b) Mit einem Scan haben Sie festgestellt, dass auf dem Zielsystem der Port 21 geöffnet ist und dort der Dienst „ProFTPD“ auf eingehende Verbindungen wartet.

```
PORT     STATE   SERVICE       VERSION
21/tcp   open    ftp           ProFTPD 1.3.5
```

Recherchieren Sie, ob diese Version des Dienstes Schwachstellen hat und ob es für diese Schwachstelle Exploits gibt. Suchen Sie ein solches Exploit und geben Sie an, um welche Art von Exploit es sich handelt. Erklären Sie, welche Rechte der Angreifer nach dem Ausführen des Exploits erlangen kann.

____

____

____

____

Aufgabe 2: **Sie untersuchen Überwachungssysteme zur Eindringlings-/Angriffserkennung.**

SB 3.5.2

1 Die IT-Abteilung der Rigudo GmbH möchte den Webserver in der DMZ vor Angriffen aus dem externen und internen Netzwerk schützen. Dazu soll neben den Firewall-Geräten eine Angriffserkennung zum Einsatz kommen. Sie sollen die Firma bei der Software-Auswahl zu unterstützen.

a) In einem ersten Gespräch muss der Funktionsumfang der Software geklärt werden.
Unterscheiden Sie Intrusion Detection-Systeme (IDS) und Intrusion Prevention-Systeme (IPS).

____

____

____

b) Die Rigudo GmbH entscheidet sich für ein hostbasiertes IPS. Dieses soll nur den Webserver schützen.
Beschreiben Sie die Voraussetzung, die der Webserver für den Einsatz des IPS erfüllen muss.

____

____

____

____

2 a) Statt eines IDS möchte der Kunde ein weiteres IPS einsetzen. Er bittet Sie, den Funktionsablauf eines IPS darzustellen. Erstellen Sie einen Programmablaufplan (PAP) für die Arbeitsweise eines IPS.
Verwenden Sie dazu die folgenden Ereignisse und Entscheidungen in der richtigen Reihenfolge.

1. Bedrohungen erkennen
2. Mitschnitt möglichst zeitnah auf Muster (Signaturen/Regeln) untersuchen
3. Vorfall protokollieren
4. Netzwerkverkehr mitschneiden
5. Firewall-Regeln erstellen
6. Benutzer alarmieren
7. Datenverkehr blockieren

Programmablaufplan Funktionsablauf IPS:

b) Der Kunde möchte die Software „fail2ban“ verwenden, um Angriffe auf einen Webserver zu verhindern. Zur Konfiguration muss die Datei „jail.conf“ angepasst werden.

Anpassung „jail.conf“:

```
1 [apache]
2 enabled = true
3 port = http,https
4 filter = apache-auth
5 logpath = /var/log/apache2/access.log
6 maxretry = 3
```

Erläutern Sie zeilenweise die Konfiguration.

Zeile	Erläuterung
1	*Abschnitt [apache] beginnt*
2	*aktiviert die Regel*
3	
4	
5	
6	

Aufgabe 3: **Für einen dauerhaft stabilen Betrieb müssen alle Maßnahmen in Dokumentationen und Reportings festgehalten werden. Sie sollen z. B. Befehlsausgaben dokumentieren und Maßnahmen auswerten.**

SB 3.5.3

1 Sie möchten Ihr Testnetzwerk auf Sicherheitsschwachstellen untersuchen. Dazu scannen Sie einen Host Ihres Netzwerks mit dem Netzwerkscanner „Nmap“.

```
Starting Nmap 7.80 ( https://nmap.org ) at 2023-06-12 23:11 CEST
Nmap scan report for DiskStation.fritz.box (192.168.178.29)
Host is up (0.00024s latency).
Not shown: 988 closed ports
PORT      STATE SERVICE     VERSION
22/tcp    open  ssh         OpenSSH 7.4 (protocol 2.0)
80/tcp    open  http        nginx
111/tcp   open  rpcbind     2-4 (RPC #100000)
139/tcp   open  netbios-ssn Samba smbd 3.X - 4.X (workgroup: WORKGROUP)
161/tcp   open  snmp?
443/tcp   open  ssl/http    nginx
445/tcp   open  netbios-ssn Samba smbd 3.X - 4.X (workgroup: WORKGROUP)
2049/tcp  open  nfs         2-4 (RPC #100003)
5000/tcp  open  http        nginx
5001/tcp  open  ssl/http    nginx
50001/tcp open  upnp        Portable SDK for UPnP devices 1.6.21 (Linux 2.6.32.12; UPnP 1.0)
50002/tcp open  http        lighttpd 1.4.39
Service Info: Host: DISKSTATION; OS: Linux; CPE: cpe:/o:linux:linux_kernel:2.6.32.12
```

Ausgabe von Nmap

a) Dokumentieren Sie Ihren Scan. Verwenden Sie die nachfolgende Tabelle.

Aspekt	Beschreibung
Datum des Scans	*12.06.2023*
IP-Adresse des Ziels	
Port 22	*offen / SSH / OpenSSH Version 7.4*
Port 80	
Port 111	
Port 139	
Port 161	
Port 443	
Port 445	
Port 2049	
Port 5000	
Port 5001	
Port 50001	
Port 50002	
Betriebssystem	

b) Sie untersuchen das System näher. Mit dem Befehl „snmpwalk“ können Sie auf die MIB des Systems zugreifen. Dazu sind nur Standardparameter wie Community=„public“ nötig.
Ordnen Sie diese Schwachstelle nach dem Dokument *„Ein Praxis-Leitfaden für IS-Penetrationstests“* des BSI in eine der vier Kategorien („hoch“, „mittel“, „niedrig“, „zur Information“) ein.

____

____

____

____

____

2 a) Erstellen Sie eine Liste von Maßnahmen, die in Ihrem Unternehmen zur Einhaltung von gesetzlichen, vertraglichen oder Zertifizierungsvorgaben durchgeführt werden.

____

____

b) Notieren Sie zu diesen Maßnahmen entsprechende Berichte oder Reports, die regelmäßig erstellt werden.

c) Tauschen Sie sich in Gruppen über die gesammelten Informationen aus.

3 Bewerten Sie folgende Aussagen mit richtig oder falsch.

Aussage	richtig	falsch
Ein Arbeitsplatzrechner sollte bei Verlassen des Arbeitsplatzes ausgeschaltet werden.	☐	☐
Das hostbasierte IDS sollte immer aktiviert sein.	☐	☐
Die Drehzahl der HDD sollte reduziert werden, um Schäden zu verhindern.	☐	☐
Der Mediaplayer sollte deaktiviert werden.	☐	☐
Das Projekt SiSyPHuS unterstützt bei der Härtung von windows-basierten Rechnern.	☐	☐
In Linux-Distributionen existieren Pakete eigens zur Härtung, die keine Software installieren.	☐	☐
Auf einem mit Linux betriebenem Webserver sollten zur Erhöhung der Ausfallsicherheit mindestens zwei Webserverpakete installiert werden.	☐	☐

Lernsituation 6: Wir reflektieren den Arbeitsprozess und identifizieren mögliche Optimierungen

S **Die Auszubildenden der JIKU IT-Solutions betrachten nach dem durchgeführten Projekt das Projektergebnis und die Arbeitsweisen.**

Holger Lübberstedt: Gute Arbeit! Das haben Sie super gemacht. Zum Abschluss des Projekts müssen wir unsere Arbeit reflektieren. Wir müssen feststellen, welche Aspekte des Projekts wie geplant durchgeführt werden konnten und bei welchen Aspekten wir das nächste Mal Änderungen an der Arbeitsweise vornehmen sollten.

Levi Kramer: Wie soll die Reflexion vorgenommen werden? Gibt es dazu schon vorgefertigte Abläufe?

Jürgen Pollina: Besonders einfach wäre ein Fragebogen.

Levi Kramer: Damit könnte man ankreuzen, was z. B. Schwierigkeiten bei der Durchführung gemacht hat.

John Steinbach: Eine Art „Lesson Learned" wäre auch sinnvoll.

Holger Lübberstedt: Die JIKU IT-Solutions hat einen Fragebogen für die Projektreflexion. Den können wir, neben einer Gesprächsrunde, gerne verwenden.

3.6 Sicherheit im Unternehmen und deren Umsetzung betrachten

S **Die Auszubildenden der JIKU IT-Solutions betrachten die Sicherheit in Unternehmen und deren Umsetzung.**

Jürgen Pollina: Lasst uns mit einer Gesprächsrunde beginnen.

John Steinbach: Das können wir machen. Wir wählen zunächst ein Thema aus, z. B. was gar nicht gut gelaufen ist. Dann kann jeder reihum dazu etwas sagen.

Aufgabe 1: **Sie betrachten die Sicherheit im Unternehmen und deren Umsetzung.**

SB 3.6

1 a) Sie haben verschiedene Maßnahmen bei der Rigudo GmbH umgesetzt und dort zur besseren Erfüllung der Schutzziele Vertraulichkeit, Integrität und Verfügbarkeit beigetragen.
Der Sicherheitsprozess ist aber nicht abgeschlossen.

aa) Das BSI spricht beim Sicherheitsprozess vom PDCA-Zyklus.
Bestimmten Sie die Abkürzung

P - PLAN

D - ______________________

C - ______________________

A - ______________________

ab) Diskutieren Sie in Partnerarbeit, warum dieser Zyklus nicht nach einem Durchlauf beendet ist und suchen Sie ein Beispiel für die Fortführung.

____

____

____

____

____

b) Eine Möglichkeit, um die Sicherheit im Unternehmen zu überprüfen, bieten Sicherheitsübungen. Überlegen Sie sich in der Gruppe eine Sicherheitsübung, um die Sensibilisierung der Mitarbeitenden des Unternehmens für IT-Sicherheit zu testen.

____

____

2 Das folgende Organigramm eines Kunden wurde Ihnen vorgelegt. Sie sollen eine Empfehlung für die Einführung eines kontinuierlichen Sicherheitsprozesses geben. Dabei wird über eine sinnvolle Gestaltung und Einordnung der Verantwortlichen nachgedacht.

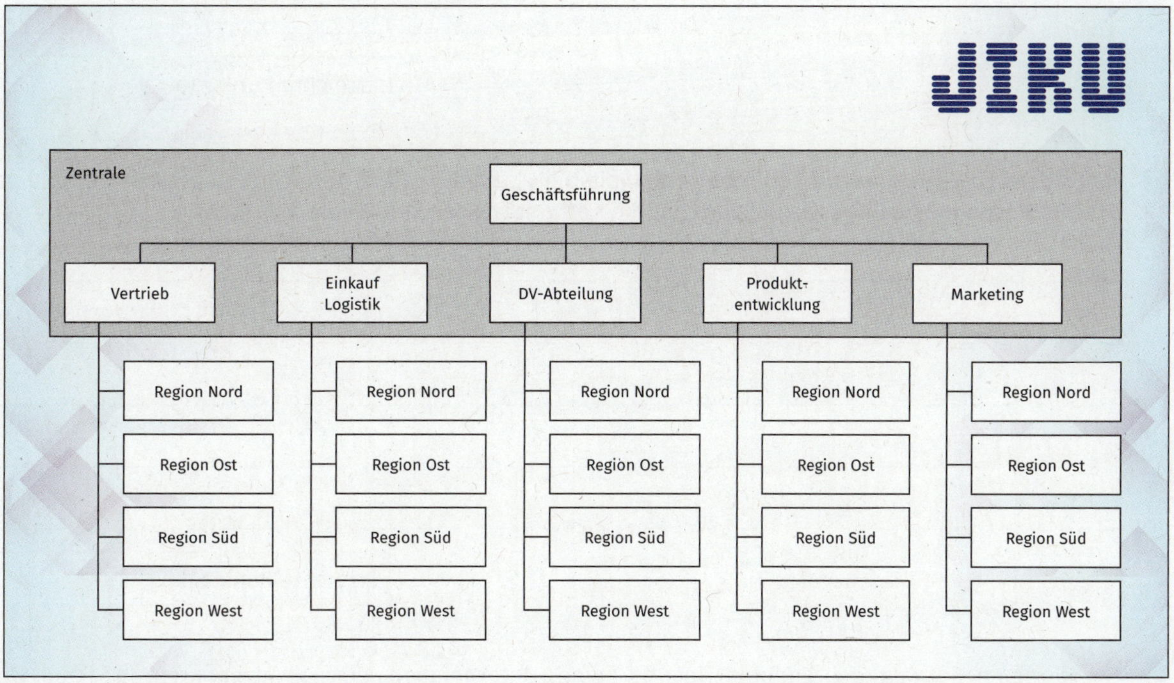

Organigramm eines Kunden

Diskutieren Sie in der Gruppe, wie Sie einen kontinuierlichen Sicherheitsprozess einführen würden. Betrachten Sie dabei folgende Leitfragen:

- Wo im Organigramm sollten die Verantwortlichen angesiedelt werden?
- Wie viele Verantwortlichen sollten eingeplant werden?
- An wen sollten die Verantwortlichen berichten?

Ausgangstest: Überprüfen Sie Ihr Wissen aus dem Lernfeld 11b Betrieb und Sicherheit von Systemen

1 Bei einer Schutzbedarfsfeststellung wird festgelegt, wie viel Schutz das betrachtete Objekt benötigt. Dazu wird festgestellt, wie sich erwartete Schäden auf das Objekt auswirken und dabei die Vertraulichkeit, die Integrität und die Verfügbarkeit beeinträchtigen können. Bei der Analyse werden drei Schutzbedarfskategorien verwendet.
Nennen Sie die drei Schutzbedarfskategorien (je 1 Punkt, max. 3 Punkte).

____

____

____

Erreichte Punktzahl:	

2 Eines der Schutzziele ist die Verfügbarkeit (Availability). Erläutern Sie das Schutzziel (2 Punkte) und geben Sie ein Beispiel (2 Punkte), wie die Verfügbarkeit erhöht werden kann (max. 4 Punkte).

____

____

____

____

____

Erreichte Punktzahl:	

3 Sie werden beauftragt, die „Endpoint Security" eines Unternehmens einzuschätzen. Kreuzen Sie an, welche Maßnahmen zur „Endpoint Security" zählen (pro richtiger Antwort 1 Punkt, max. 6 Punkte).

Maßnahme	Endpoint Security
Auf Windows-Client werden regelmäßige Sicherheitsupdates eingespielt.	☐
Eine Virensoftware ist mit dem E-Mail-Client verbunden und scannt eingehende E-Mails auf Schadcode.	☐
Der Übergang zwischen externem und internem Netzwerk wird durch eine Firewall abgesichert.	☐
Die Daten auf den Laptops der Mitarbeitenden im Außendienst sind verschlüsselt.	☐
Der Zugang zum Serverraum wird mit einer Zugangskontrolle abgesichert.	☐
Das Backup-System wird regelmäßig Restore-Tests unterzogen.	☐

Erreichte Punktzahl:	

4 Gegeben ist die der folgende Netzwerkaufbau (max. 10 Punkte).

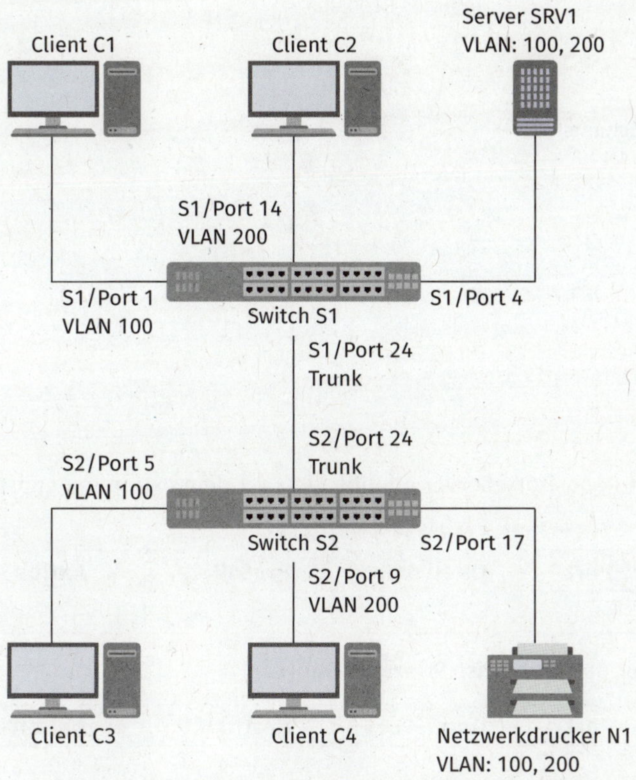

a) Sie analysieren die Konfiguration des Netzwerks. Erklären Sie, warum für die Ports S1/Port 24 und S2/Port 24 der Zustand „Trunk" konfiguriert sein muss (2 Punkte).

b) Füllen Sie die nachfolgende VLAN-Tabelle aus (pro richtiger Antwort 1 Punkt).

Zuordnungstabelle Switch S1		
Port	**Tagged(T)/Untagged(U)**	**VLAN**
1	*U*	*100*
4		
14		
24		

c) Der Client C1 soll mit dem Netzwerkdrucker N1 kommunizieren können. Geben Sie an, an welcher Stelle in der Grafik der VLAN-Tag dem Rahmen hinzugefügt wird (1 Punkt) und wo der VLAN-Tag wieder entfernt wird (1 Punkt).

Erreichte Punktzahl:	

5 Ein Kunde verwendet eine Paketfilter-Firewall mit SPI (max. 6 Punkte).

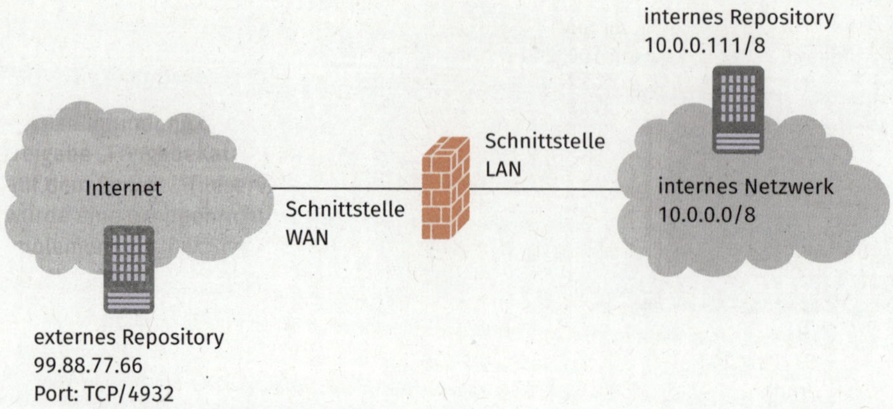

Schematischer Aufbau des Netzwerks

a) Erstellen Sie eine Regel, die dem internen Repository-Server erlaubt, sich mit dem externen Repository zu synchronisieren (3 Punkte).

Ziel-IP	Quell-IP	Ziel-Port	Quell-Port	Protokoll	Aktion

b) Erstellen Sie eine „Default Policy"-Regel für das Block-List-Prinzip (3 Punkte).

Ziel-IP	Quell-IP	Ziel-Port	Quell-Port	Protokoll	Aktion

Erreichte Punktzahl:	

6 Ein Kunde möchte einen HTTPS-Proxy verwenden, um HTTPS-Anfragen aus dem internen Netzwerk in das Internet zu versenden (max. 4 Punkte).

a) Nennen Sie zwei Vorteile, die durch die Verwendung eines Proxy-Servers entstehen (je 1 Punkt).

b) Ein Proxy-Server wird häufig in einer DMZ eingesetzt. Erläutern Sie, warum die DMZ ein sinnvoller Standort für einen Proxy-Server ist (2 Punkte).

Erreichte Punktzahl:	

7 Sie analysieren den NAT-Vorgang eines Netzwerks (max. 4 Punkte).

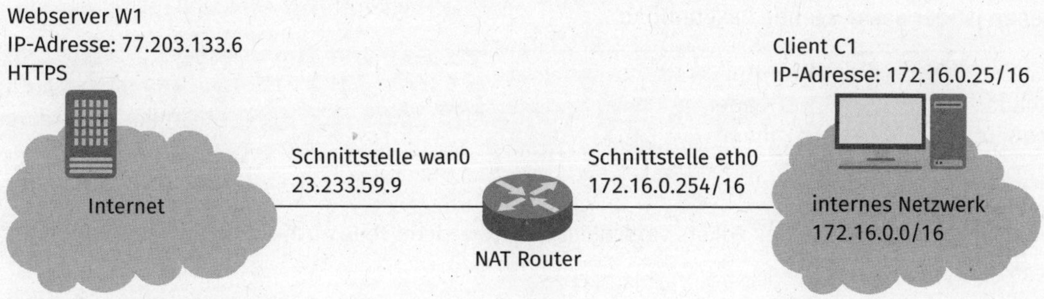

Skizze des Netzwerks

Geben Sie den Eintrag in der NAT-Adresse des Routers an, wenn Client C1 mit dem Webserver W1 kommuniziert (je 1 Punkt).

externe IP	externer Port	interne IP	interner Port

Erreichte Punktzahl:	

8 Bei der Konfiguration eines Load Balancers kann zwischen unterschiedlichen Strategien ausgewählt werden. Stellen Sie die Arbeitsweise der Strategie „Round Robin" der Strategie „Hash-based-Verteilung" gegenüber (max. 4 Punkte).

Vergleich der Arbeitsweise von Load Balancing-Stratgien	
Round Robin	**Hash-based**

Erreichte Punktzahl:	

9 Ein Kunde möchte seinen Mitarbeitenden Homeoffice anbieten. Dazu sollen sich die Mitarbeitenden mit einem VPN-Client von zu Hause mit dem Firmennetzwerk verbinden. Als VPN-Protokoll soll IPsec eingesetzt werden (max. 10 Punkte).

a) Benennen Sie das VPN-Szenario (1 Punkt).

____

b) Nennen Sie die drei Schutzziele, die mit dem VPN umgesetzt werden können (je 1 Punkt).

____

c) Bevor das Protokoll ESP zum Einsatz kommen kann, wird das Verfahren Internet Key Exchange (IKE) durchgeführt. Beschreiben Sie, welche Aufgaben durch die IKE erfüllt werden (2 Punkte).

____

____

____

d) Für die Verschlüsselung und die Sicherstellung der Authentizität wird das Encapsulating Security Payload (ESP) verwendet.
Gegeben ist der nachfolgende Paketaufbau.

IP-Header außen	ESP-Header	IP-Header innen	Daten	ESP-Trailer	Auth.-daten

Paket mit ESP im Tunnelmodus

Geben Sie an, welche Teile des Pakets verschlüsselt und welche Teile authentifiziert sind (2 Punkte).

e) Der äußere IP-Header kann nicht authentifiziert werden. Erklären Sie, warum dies der Fall ist (2 Punkte).

Erreichte Punktzahl:	

10 Sie analysieren ein Zertifikat (max. 4 Punkte).

Gültigkeit	
Beginn	Thu, 15 Jun 2023 21:15:49 GMT
Ende	Wed, 13 Sep 2023 21:15:48 GMT
Alternative Inhaberbezeichnungen	
DNS-Name	[illegible]
Öffentlicher Schlüssel - Informationen	
Algorithmus	RSA
Schlüssellänge	2048
Exponent	65537
Modulus	9C:6E:D9:DE:FE:82:BE:7E:8D:DD:64:CF:01:D7:A7:BF:A3:66:32:66:E3:72:72:...
Verschiedenes	
Seriennummer	03:41:07:5A:E9:A9:D8:B3:79:F8:C4:F0:15:77:D6:20:FF:86
Signaturalgorithmus	SHA-256 with RSA Encryption
Version	3
Speichern	PEM (Zertifikat) PEM (Zertifikatskette)
Fingerabdrücke	
SHA-256	50:4D:29:9F:6E:BF:13:8C:D6:77:72:3A:2F:39:76:A7:A9:E3:D5:1A:3B:48:31:9...
SHA-1	15:6C:27:33:42:B2:AB:95:0E:87:CE:3F:72:FD:9A:EF:75:52:69:D8

Auszug aus einem Zertifikat

Beschreiben Sie die entsprechenden Zertifikatsteile (je 1 Punkt).

Bestandteil	Beschreibung
Gültigkeit	
Seriennummer	
Öffentlicher Schlüssel – Algorithmus	
Fingerabdrücke	

Erreichte Punktzahl:	

11 Das BSI verwendet bei den technischen und organisatorischen Maßnahmen (TOM) die Begriffe „Zugriffskontrolle" und „Zugangskontrolle". Unterscheiden Sie die beiden Begriffe (je 1 Punkt). Geben Sie zusätzlich je ein Beispiel (je 1 Punkt, max. 4 Punkte).

Zugriffskontrolle	Zutrittskontrolle

Erreichte Punktzahl:	

12 Sie unterstützen einen Kunden bei der Absicherung seines Netzwerks gegen Angriffe. Der Kunde möchte ein Intrusion Detection System (IDS) einsetzen. Sie plädieren für den Einsatz eines Intrusion Prevention Systems (IPS).
Beschreiben Sie den Vorteil, den ein IPS gegenüber einem IDS bietet (max. 2 Punkte).

Erreichte Punktzahl:	

13 Für den Einsatz eines Webserver soll dieser Härtungsmaßnahmen unterzogen werden (max. 3 Punkte).

a) Erklären Sie in diesem Kontext den Begriff „Härtung" (2 Punkte).

____

____

____

b) Geben Sie ein Beispiel für eine Maßnahme an, um ein System zu härten (1 Punkt).

____

Erreichte Punktzahl:	

Notenschlüssel						
Note	sehr gut	gut	befriedigend	ausreichend	mangelhaft	ungenügend
Punkte	ab 59 P.	ab 52 P.	ab 43 P.	ab 32 P.	ab 19 P.	darunter
					Eigene Punktzahl	

Lernfeld 11d: Betrieb und Sicherheit vernetzter Systeme gewährleisten

Lernsituation 1: Wir kennen den Schutzbedarf von OT-Netzwerken und setzen Strategien der Ausfallsicherheit um

S **Die Auszubildenden mit dem Schwerpunkt „Digitale Vernetzung" sollen auch für industrielle Anlagen eine Schutzbedarfsanalyse erstellen können. Daraus sollen sie selbstständig spezielle Schutzmaßnahmen ableiten. Nach der Planung und Umsetzung müssen die Schutzmaßnahmen dokumentiert werden.**

Holger Lübberstedt: Ich fand die Kundenpräsentation spannend. Der neue Kunde stellt u. a. Nägel her. Dazu betreibt er zwei Maschinen, die aus einem Vorprodukt unterschiedliche Nägel herstellen.

Levi Kramer: Ja, in der Präsentation mit dem Kunden wurde uns das an einer Maschine gezeigt. Aus einem Metalldraht werden Nägel mit unterschiedlichen Längen, Kopfgrößen und Nagelschäften hergestellt. Das Beste ist, dass man auch ziemlich kleine Mengen online anfordern kann. Dabei muss man eine CAD-Zeichnung an einen Webservice senden. Über ein CPS kann die Maschine automatisch konfiguriert werden.

Holger Lübberstedt: Unser Auftrag ist es, den Kunden bei der Absicherung des Systems zu unterstützen. Die Maschine ist so konfiguriert, dass sie Teilnehmer des Firmennetzes ist. Das ist so nicht sinnvoll.

Levi Kramer: Die Gefahr von Angriffen ist damit erhöht. Es sind Angriffe aus dem internen und dem externen Netzwerk möglich. Es lassen sich bestimmt viele Techniken aus der IT-Security einsetzen.

Holger Lübberstedt: Das stimmt und deshalb wäre es gut, wenn der Auftrag mit einem kleinen Team umgesetzt werden würde. Malik Mansour hat ein großes Interesse an IT-Sicherheit. Er hat sicher Lust zu helfen.

Levi Kramer: Gute Idee! Mit Malik habe ich schon angefangen für die Abschlussprüfung zu lernen. Da spielt die IT-Sicherheit ebenfalls eine Rolle.

Holger Lübberstedt: Wieder richtig. Gerade die Schutzbedarfsanalyse und die dazugehörige Schutzziele und Schutzmaßnahmen waren schon öfter Teil der Prüfung.

4.1 Strategien der Ausfallsicherheit für OT-Netzwerke umsetzen

SB 3.4.1

S **Die Auszubildenden der JIKU IT-Solutions informieren sich über Strategien zur Ausfallsicherheit von OT-Netzwerken.**

Malik Mansour: Wir sollten zunächst die Abgrenzung der Maschinen vom Firmennetzwerk untersuchen. So wie es jetzt konfiguriert ist, könnten Angreifer eine Maschine beeinflussen und Schaden anrichten, indem sie z. B. Aufträge verändern, wodurch das Endprodukt nicht einsetzbar ist.

Levi Kramer: Ich werde recherchieren, ob es eine Möglichkeit gibt, die Maschinen vom Firmennetz zu trennen oder zusätzlich abzusichern.

Holger Lübberstedt: Das ist gut. Allerdings gibt bei der Absicherung von industriellen Anlagen weitere Aspekte zu beachten. Die Betriebssicherheit muss immer gegeben sein.

Levi Kramer: Okay, ich informiere mich über die Unterschiede und Gemeinsamkeiten zwischen „Operational Technology" und „Information Technology".

Aufgabe 1: **Sie sollen das Prudue-Referenzmodell untersuchen.**

SB 4.1.1

a) Betrachten Sie das Maschinensystem des Kunden der JIKU IT-Solutions GmbH. Die Nagelmaschine kann über einen Server bis auf Losgröße 1 gesteuert werden. Kunden dieser Firma können über einen Webservice Aufträge erteilen, indem sie technische Zeichnungen der zu bestellenden Nägel auf den Servern ablegen. Um die Netzwerkanbindung der Maschinen, den Webserver und die Bereitstellung des Webservice kümmert sich die IT-Abteilung der Firma.
Ordnen Sie Komponenten des Kundensystems den Schichten des Purdue-Referenzmodells zu.

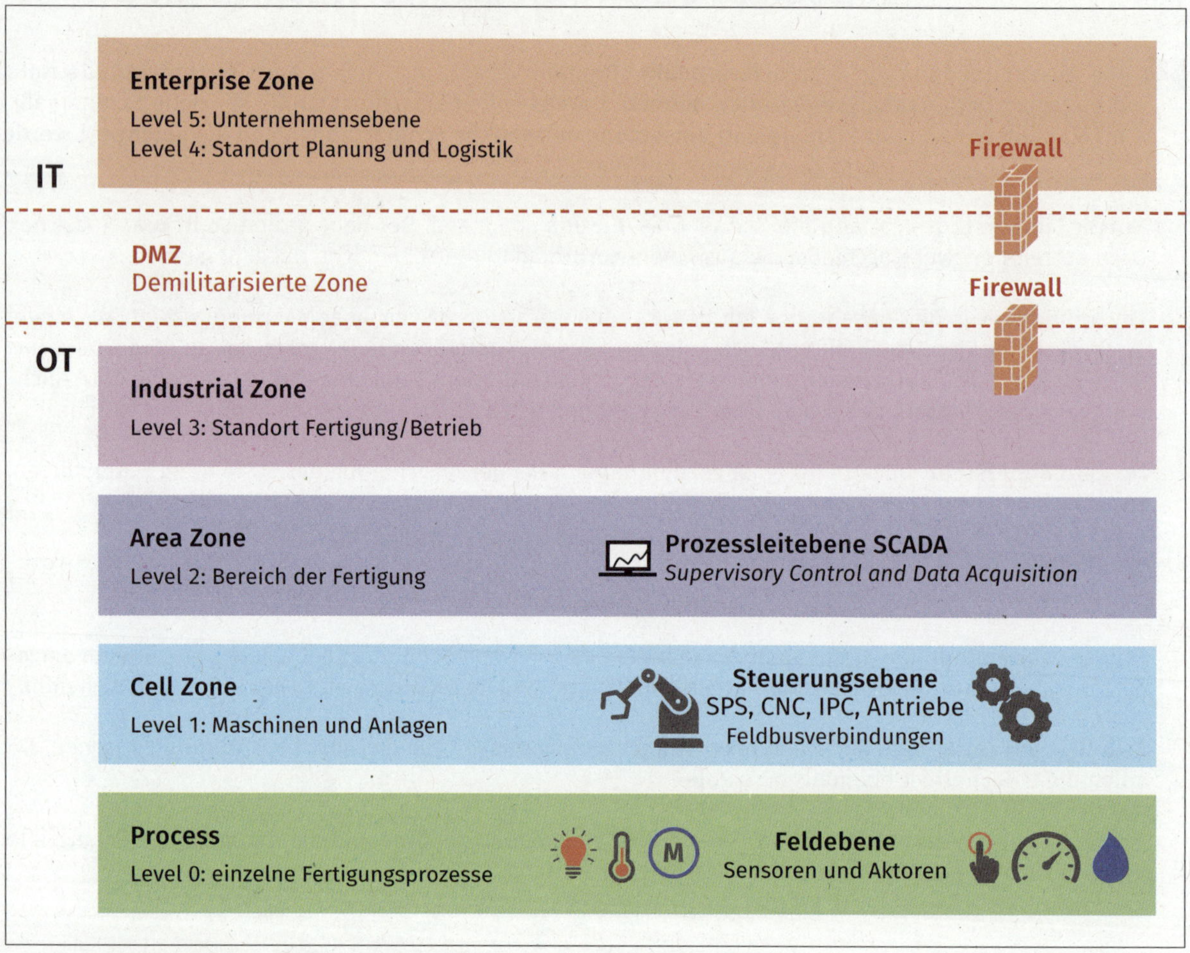

Purdue-Referenzmodell

Level	Komponente
0	
1	
2	
3	
4/5	

b) Zwischen OT-Infrastruktur und IT-Infrastruktur kommt eine Demilitarisierte Zone (DMZ) zum Einsatz. Nennen Sie ein Gerät des Kunden aus Aufgabenteil a), das in dieser Zone implementiert wird.

Aufgabe 2: **Sie unterscheiden die Schutzprioritäten von IT und OT.**

a) IT und OT beziehen sich größtenteils auf die gleichen Schutzziele, setzen aber andere Prioritäten. Beurteilen Sie für die OT des Kunden den Schutzbedarf, indem Sie für die vier OT-Schutzziele eine Einschätzung geben.

SB 4.1.2

Schutzziel	Einschätzung
Betriebssicherheit	
Verfügbarkeit	
Integrität	
Vertraulichkeit	

b) Ein bekannter Angriff auf OT-Infrastruktur war „Stuxnet". Informieren Sie sich über dessen Angriffsvektoren. Nennen Sie zwei Ziele von „Stuxnet".

Aufgabe 3: **Sie lernen Gründe für die Verwundbarkeit der OT kennen.**

a) Sie analysieren Angriffspunkte einer OT-Infrastruktur. Bestimmte Aspekte fallen Ihnen auf. Geben Sie jeweils eine daraus folgende Gefahr an.

SB 4.1.3

Aspekt	Gefahr
OT-Infrastruktur entspricht oft nicht dem aktuellen Stand der Technik.	
Angreifer können physisch auf OT-Geräte zugreifen.	
OT-Geräte werden oft nicht mit Sicherheitsupdates versorgt.	

b) In der Operational Technology wird oft das Konzept Industrial Internet of Things (IIoT) eingesetzt. Kreuzen Sie an, ob die Aussage zum Bereich IoT oder zum Bereich IIoT gehört.

Aussage	IoT	IIoT
Eine Kamera aus dem Bereich Smart-Home wird über das Internet vernetzt.	☐	☐
Als Standard wird OPC UA eingesetzt.	☐	☐
Ein Förderband kann in Echtzeit von extern gesteuert werden.	☐	☐
Es wird ein hohes Maß an Sicherheit eingesetzt.	☐	☐
Als Protokoll zur Steuerung wird z. B. ZigBee oder WLAN verwendet.	☐	☐

Lernsituation 2: Wir sichern gemeinsam mit den Mitarbeitern der Produktion und der Automatisierungstechnik industrielle Maschinen und Anlagen nach international gültigen Standards ab

S **Die Auszubildenden der JIKU IT-Solutions sollen die nötigen Standards kennen, nach denen OT-Infrastruktur abgesichert werden muss. Sie setzen die Vorgaben normgerecht um und sichern so industrielle Maschinen und Anlagen.**

Holger Lübberstedt: Der Kunde bittet uns, seine Maschinen nach gültiger Industrienorm abzusichern. Sie sollten sich die entsprechenden Normen anschauen und die Konsequenzen für die Umsetzung daraus ableiten.

Levi Kramer: In der Berufsschule haben wir über die Vorteile von Standards gesprochen. Ich finde es sinnvoll, wenn wir uns daran halten. Dann können wir die Normierung als Grundlage eines Sicherheitskonzepts verwenden. Das spart Zeit und gibt uns den roten Faden vor.

Malik Mansour: Um welche Norm geht es hier genau? Wir hatten dazu nichts im Unterricht. Ich kenne in Verbindung mit IT-Sicherheit das Grundschutzhandbuch des BSI und die ISO 27001.

Levi Kramer: Wenn ich mich richtig erinnere ist es die Norm IEC 62443.

Holger Lübberstedt: Sehr gut aufgepasst. Die IEC 62443 ist eine Normenreihe mit dem Titel „Industrielle Kommunikationsnetze – IT-Sicherheit für Netze und Systeme". Sie beschreibt Anforderungen an Systeme in industriellen Umgebungen.

Malik Mansour: Ich bin gespannt, ob es viele Unterschiede zu den IT-Sicherheitsnormen und -maßnahmen gibt.

Levi Kramer: Lass uns das gemeinsam herausfinden. Ich habe zusätzlich noch Jürgen Pollina gefragt, ob er uns unterstützen kann.

SB 4.2

4.2 Absicherung von Industrieanlagen nach IEC 62443 sicherstellen

S **Die Auszubildenden der JIKU IT-Solutions informieren sich über Strategien zur Absicherung von Industrieanlagen.**

Jürgen Pollina: Wir sollten uns zunächst überlegen, welche Maschinen und Anlagen in unserer Sicherheitsbetrachtung wichtig sind. Dann können wir auch Prioritäten festlegen, welche Systeme genauer angesehen werden müssen.

Levi Kramer: Ja, das halte ich auch für sinnvoll. Die IEC 62443 legt die Sicherheitsanforderungen an Systeme fest. Das kann uns helfen, einen Umsetzungsplan festzulegen.

Jürgen Pollina: In meiner Klasse hatten wir diese Norm nicht. Da sollten wir nochmal einen gemeinsamen Blick drauf werfen.

Malik Mansour: Daran bin ich auch sehr interessiert. Nach der Bestandsaufnahme könnten wir die Schwachstellen, Angriffe und Gefahrenquellen identifizieren, die häufig bei industriellen Anlagen vorkommen. Das hilft uns bei der Planung der Maßnahmen.

Levi Kramer: Da gibt es sicher viele Gemeinsamkeiten zwischen den Schutzmaßnahmen in der IT-Infrastruktur und der OT-Infrastruktur.

Aufgabe 1: Sie arbeiten mit Normen bzgl. der Absicherung von industriellen Maschinen.

SB 4.2.1

1 a) Beschreiben Sie zwei Schutzebenen des in der IEC 62443 genannten Sicherheitsansatzes „Defense in Depth".

____

____

____

b) Gegeben ist der Netzwerkplan des Kunden.

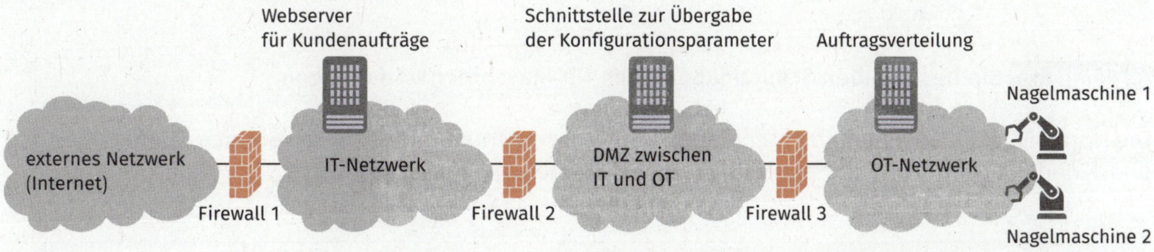

Entscheiden Sie, welche Systeme bei der Sicherheitsbetrachtung der OT-Infrastruktur untersucht werden müssen.
Ergänzen Sie die Tabelle entsprechend.

Nummer	System	Standort	Zugriff
1	*Nagelmaschine 1*	*OT*	*Maschinisten, Wartungsteam*
2			
3			
4			
5			
6	*Firewall 2*	*DMZ*	*IT-Administration*

Aufgabe 2: **Sie lernen die häufigsten Gefahrenquellen für Maschinen und Anlagen kennen.**

SB 4.2.2

a) Beschreiben Sie ein konkretes Beispiel für jede Bedrohungsart.

Bedrohungsart	Beispiel
Schadsoftware wird über externe Hardware eingeschleust.	*Eine Arbeitskraft schließt an eine Maschine einen USB-Stick an. Der USB-Stick enthält einen Virus, von dem die Person keine Kenntnis hat. Der USB-Stick infiziert die Maschine.*
Anlagen werden über das Netzwerk mit Schadsoft-ware infiziert.	
Es findet eine Sabotage statt.	

b) Nennen Sie drei weitere Gefahren, die das Netzwerk und die Anlagen der Operational Technology betreffen können.

Aufgabe 3: **Sie beschreiben Schutzmaßnahmen für Maschinen und Anlagen.**

SB 4.2.3

Die Norm IEC 62443 nennt eine untergliederte Sicherheitsstruktur. Informieren Sie sich über die Begriffe „Zonen“ und „Conduits“ in Bezug auf diese Norm und beschreiben Sie die Begriffe kurz.

Lernsituation 3: Wir überwachen den Systemstatus von cyber-physischen Systemen und vernetzten Maschinen und Anlagen

S **Die Auszubildenden der JIKU IT-Solutions überwachen cyber-physische Systeme und vernetzte Maschinen.**

Holger Lübberstedt: Wir machen jetzt ein Brainstorming zum Thema Dienstüberwachung und Monitoring. Welche Begriffe fallen Ihnen dazu ein? Ich mache den Anfang. Mir fällt dazu ein, dass das Ziel einer Überwachung von IT-Systemen die Erhöhung der Verfügbarkeit ist.

Jürgen Pollina: Ich werfe die Schlagwörter „schnelles Handeln" in den Raum. Störungen, wie das Überschreiten von Schwellwerten oder Fehler im Netzwerk, können schnell erkannt werden.

Levi Kramer: Das gilt aber auch für Sicherheitsvorfälle. Monitoring ist mehr als nur SNMP und kann auch eine Analyse der log-Dateien bedeuteten.

Jürgen Pollina: Stimmt! So können das Netzwerk, einzelne Systeme und log-Dateien überwacht werden.

Holger Lübberstedt: Das kann noch erweitert werden. Maschinen und Anwendungen können ebenfalls überwacht werden.

Malik Mansour: Das ist wirklich umfangreich. Thematisiert die Norm IEC 62443 auch die Überwachung von OT-Infrastruktur?

Levi Kramer: Ja, die Norm stellt die Sicherheit in den Vordergrund. Sie fordert z. B. eine Sicherheitsüberwachung für die meisten OT-Systeme.

Malik Mansour: Das kommt mir bekannt vor. Hier haben die OT und die IT weitere Gemeinsamkeiten.

Holger Lübberstedt: Genau. Und deshalb arbeiten Sie auch in einem Team mit unterschiedlichen Schwerpunkten zusammen.

4.3 Systemstatus eines CPPS überwachen

SB 4.3

S **Die Auszubildenden der JIKU IT-Solutions informieren sich über Strategien zur Ausfallsicherheit von OT-Netzwerken.**

Malik Mansour: Mich würde interessieren, welche Motivation Angreifer auf OT-Infrastruktur haben. In IT-Netzwerken wollen Angreifer vor allem Daten herunterladen. Diese werden verkauft, die Eigentümer erpresst oder die Daten werden zur Industriespionage verwendet.

Levi Kramer: Ich denke, das Herunterladen von Daten steht nicht unbedingt im Vordergrund. Manchmal sollen Anlagen oder Systeme lahmgelegt oder sogar zerstört werden.

Holger Lübberstedt: Das kann sein. Ich habe gelesen, dass das Ziel des Stuxnet-Angriffs die Zerstörung einer Industrieanlage war.

Jürgen Pollina: Ein Konzept, um das Lahmlegen einer Anlage zu verhindern, ist das Erzeugen von Redundanz. Das erhöht die Ausfallsicherheit und damit die Verfügbarkeit. Das gilt für Systeme in der IT genauso wie für Systeme in der OT.

Aufgabe 1: **Sie lernen die Motivation von Cyber-Kriminellen für Angriffe auf OT kennen.**

SB 4.3.1

a) Recherchieren Sie zwei weitere Angriffe auf Industrieanlagen (Stichworte: „Black Energy", „Industroyer" oder „Triton"). Geben Sie die Motivation für die recherchierten Angriffe an.

b) Diskutieren Sie in Partnerarbeit, was passieren würde, wenn das Verkehrssystem einer deutschen Großstadt angegriffen und durch den Angriff außer Funktion gesetzt würde. Notieren Sie, welche Gefahren bestehen und welche Motivation die Angreifer haben könnten.

Aufgabe 2: **Sie entwickeln ein Überwachungskonzept für Maschinen und Anlagen.**

SB 4.3.2

a) Sie sollen eine Maschine zur Herstellung von Nägeln im OT-Netzwerk überwachen. Formulieren Sie Fragen zu den Überwachungskonzepten bzgl. der Maschinen- und Anlagensicherheit, der Netzwerksicherheit und der Systemintegrität dieser Maschine.

Konzept	Fragen zu den zu überwachenden Aspekten
Maschinen- und Anlagensicherheit	
Netzwerksicherheit	
Systemintegrität	

b) Zur Wartung einer Maschine gehört auch die Wartung der installierten Software. Geben Sie zwei Maßnahmen an, die zur Wartung der installierten Software gehören.

Lernfeld 12b und 12d: Kundenspezifische Systemintegration durchführen, cyber-physische Systeme optimieren

Lernsituation 1: Wir vertiefen die Vorgehensweise innerhalb von Projekten und wenden diese auf das Abschlussprojekt an

S **Die Auszubildenden der JIKU IT-Solutions bereiten sich auf das Prüfungsprojekt vor, engagieren sich stärker in der Projektarbeit und unterstützen die Projektleitung bei Projekten.**

Holger Lübberstedt: Im Lernfeld 12 geht es darum, Projekte der Vernetzung mit Netzwerkkomponenten zu unterstützen. Mit dem Prüfungsprojekt sollen Sie eigene Verantwortung für Projektarbeit zu übernehmen. Wer hat denn schon an Projekten mitgearbeitet?

Laura Meier: Ich habe schon an großen Projekten mitgearbeitet. Müssen unsere Projektarbeiten auch so umfangreich sein?

Julian Markus: Ich habe noch keine Erfahrungen, finde Arbeiten in Projekten aber sehr interessant.

Jürgen Pollina: Wir Fachinformatiker und Fachinformatikerinnen für Systemintegration müssen ein vierzigstündiges Abschlussprojekt durchführen und dazu eine Dokumentation abgeben.

Holger Lübberstedt: Erst einmal müssen wir uns grundlegend in die Projektarbeit einarbeiten, ob als Teammitglied oder auch als Projektleitung. In Betrieben gibt es oft sehr große Projekte, man kann Verantwortung für Teilprojekte übernehmen. Das Prüfungsprojekt ist ein Spezialfall, hat aber viele Gemeinsamkeiten zu üblichen Kundenprojekten. Der Fokus ist dabei stärker auf die Prüfungsanforderungen gerichtet, nicht so sehr auf die Erfüllung der Ziele. Reflexion und Darstellung der Abweichungen sind dagegen wichtiger.

Levi Kramer: Gibt es denn genügend Projekte mit Netzwerktechnik für uns?

Holger Lübberstedt: Darüber müssen wir rechtzeitig sprechen. Ganz wichtig ist, dass wir den Projektantrag bei der IHK rechtzeitig einreichen. Darin müssen wir das Projekt schon beschreiben.

Jürgen Pollina: Ich soll in einem größeren Projekt ein Teilprojekt übernehmen. Kann ich das als Prüfungsprojekt nutzen?

Holger Lübberstedt: Das ist ein Idealfall, wenn terminlich alles passt. Man muss natürlich genau angeben, was die Eigenleistungen sind und was Fremdleistungen.

Levi Kramer: Sind Projekte im Ausbildungsberuf Fachinformatiker für Digitale Vernetzung speziell? Das Prüfungsfeld kann doch nicht eng auf IoT eingeengt sein?

Holger Lübberstedt: Das Projekt muss zum Ausbildungsberuf passen. Viele FISI-Aufträge passen auch für den Schwerpunkt Digitale Vernetzung. Die beiden Schwerpunkte haben viele Überschneidungen. Im Zweifel müssen wir bei der IHK nachfragen, bevor unser Projektantrag abgelehnt wird.

Laura Meier: Wie gehen wir denn nun vor?

Holger Lübberstedt: Bewährt hat es sich, erst einmal das vorhandene Wissen im Projektmanagement festzustellen. Sie sollten Ihre Kompetenzen übergreifend so weit vertiefen, dass Sie auch ohne spezielle Schulung als Projektleitung eingesetzt werden können. Danach sollten wir konkret prüfen, welche Anforderungen die IHK an das Prüfungsprojekt stellt und wie es abläuft. Wir dürfen nicht zu spät die Projektanträge stellen. Anschließend werden wir an verschiedenen Projektthemen die Möglichkeiten erörtern.

5.1 Projekte planen und kalkulieren, präsentieren und schulen

S **Die Auszubildenden der JIKU IT-Solutions wiederholen und vertiefen die allgemeinen Anforderungen an die Projektarbeit, bereiten sich speziell auf das Prüfungsprojekt und auch auf Schulungen vor.**

Holger Lübberstedt: Wie schon mitgeteilt, wollen wir erst einmal mit einem Test prüfen, was wir aus den vergangenen Jahren schon für die Projektarbeit und ein Prüfungsprojekt gelernt haben. So kann jeder schnell feststellen, wo allgemein bzw. in den nicht-technischen Anforderungsbereichen Defizite vorhanden sind.

Jürgen Pollina: Wie soll der Test laufen?

Holger Lübberstedt: Jeder sollte zunächst einmal den Test allein bearbeiten. Insgesamt sind 100 Punkte zu erreichen. Danach überprüfen wir gemeinsam die Tests, vielleicht in Partnerarbeit. Wir sollten überlegen, wie wir mit den Ergebnissen umgehen und ob und wie wir Nacharbeiten organisieren. In den Lernsituationen 2 bis 5 geht es überwiegend um technische Aufgabenstellungen. Daher sollten wir uns hier überwiegend nicht-technisch gut vorbereiten. Um aber auch schon fachliche Fragen der Netzwerktechnik einbringen zu können, habe ich als Zusatzprojekt eine netzwerktechnische Planung einer Hausmesse vorbereitet.

Levi Kramer: Und was ist mit dem Prüfungsprojekt?

Holger Lübberstedt: Danach geht es zum Prüfungsprojekt. Wir besprechen allgemein die Anforderungen der IHK, wie bei unserer IHK der Projektantrag zu erstellen ist, wie Prüfer die Projektarbeit bzw. die Dokumentation, die Projektpräsentation und das Fachgespräch bewerten.

Jürgen Pollina: Eine Menge zu tun. Beginnen wir mit dem Test.

Eingangstest: **Überprüfen Sie Ihr Vorwissen zur Teamarbeit und zum Projektmanagement mit folgendem Test.**

SB 5.1.1

1 Ordnen Sie folgende Begriffe jeweils einmal passend den Aussagen zu (je Zeile 1 Punkt, max. 16 Punkte).
AIDA, Amortisation, Artefakt, Backlog, Kanban, Kick-off, Kritischer Pfad, Lastenheft, Meilenstein, Netzplan, PAP, Gantt, Pflichtenheft, Projekt, PSP, SMART, Sprint
Siehe auch Jahrgangsband 1, Lernfeld 2, Kapitel 2.5.3 und 2.6.2 sowie Jahrgangsband 2, Lernfeld 8, Kapitel 3.1.2.

Aussage	Begriff
Bezeichnung nach DIN 69901 für begrenztes, einmaliges Einzelvorhaben	
Bezeichnung der Anforderungsbeschreibung nach dem Was/Wofür?	
Bezeichnung der Anforderungsbeschreibung nach dem Wie/Womit?	
Im Projekt ein Ereignis besonderer Bedeutung	
In agilen Projekten nach Scrum ein Arbeitszyklus für eine Teilaufgabe	
Für das Verständnis im Team ein wichtiges Produkt, z. B. Terminplan, Report, Netzplan	
Projektbezogene Aufgaben, die noch zu erledigen sind	
Pull-Steuerung mittels Karten auf einem Board im Projektmanagement	

Aussage	Begriff
Kriterien für gut formulierte Ziele	
Start-/Auftaktveranstaltung eines neuen Projektes	
Rückfluss/Tilgung/Ertrag in Geld oder Zeit aus einer Investition	
Darstellung der Teilprojekte und Arbeitspakete funktions-/phasen-/objektorientiert	
Darstellung der Arbeitspakete bzw. Vorgänge im Zeitablauf mit Dauer, FAZ	
Darstellung der Arbeitspakete/Vorgänge zeitlich mit Dauer, FAZ, Puffer	
Zeitkritische Vorgänge ohne Pufferzeiten	
Phasen/Prinzip für ein abschlussorientiertes Verkaufs- und Beratungsgespräch	

Erreichte Punktzahl:	

2 Erstellen Sie einen (zeitlichen) Netzplan für das Kundenprojekt „Netzoptimierung X" (max. 30 Punkte).

a) Folgende Vorgangsliste liegt Ihnen nach Auftragserteilung des Kunden gemäß Lastenheft vor. Ergänzen und vervollständigen Sie den Netzplan mit weiteren Knoten. (22 Punkte)

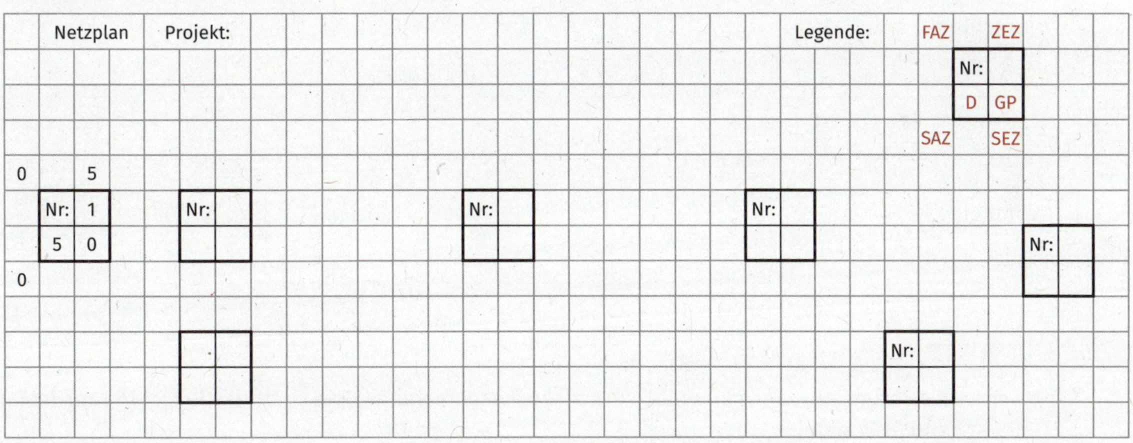

b) Berechnen Sie den frühesten Schulungstermin in (Werk-)Tagen von Beginn (0) des Projekts (Vorgang 1) (2 Punkte).

c) Welche Vorgänge liegen nicht auf dem kritischen Pfad (1 Punkt)?

d) Ergänzen Sie unten in der Tabelle die fehlenden Gesamtzahlen und Prozentangaben (blau unterlegt, max. 1 Punkt für Zeile Gesamt und max. 2x 2 Punkte für richtige Prozentangaben, insgesamt max. 5 Punkte)

Vorgangsliste Projekt Netzoptimierung X							
Vorgang	**Vorgangsbezeichnung**	**Vorgänger**	**Nachfolger**	**Dauer Tage**	**Stundenkalkulation**	**Stunden-Ist**	**Stunden abgerechnet**
1	Bestellung einer Projektleitung, Teambildung		2	5	2	1	2
2	Ist-Analysen	1	4	4	8	12	10
3	Konzeptentwicklung	1	4	6	6	10	6
4	Milestone: Genehmigung	3	5	4			
5	Bestellung/Lieferung/Bereitstellung IT	4	6, 7	10	2	2	2
6	Installation Neunetz	5	8	1			
7	Umbau Altnetz	5	8	1			
8	Test, Übergabe	6, 7	9	1	6	8	8
9	Schulung	8	11	1	5	6	5
10	Remarketing Altteile, Rechnung	6	11	1			
11	Abrechnung, Rechnung	9, 10		1	8	10	8
			Gesamt:				
	Stunden-Ist: Veränderung zur Stundenkalkulation in %: Stunden abgerechnet: Minus an nicht abgerechneten Stunden in %:						

e) Machen Sie zu zwei Vorgängen je einen sinnvollen Vorschlag, wie man das Stunden-Ist gegenüber der Stundenkalkulation arbeitsmäßig verbessern kann (4 Punkte).

Vorschlag 1:

____

____

Vorschlag 2:

____

____

f) Machen Sie insgesamt vier sinnvolle Verbesserungsvorschläge, wie man die Projektdauer in Tagen verkürzen kann (8 Punkte).

Vorschlag 1:

____

____

Vorschlag 2:

____

____

Vorschlag 3:

____

____

Vorschlag 4:

____

____

Erreichte Punktzahl:	

3 Kalkulieren Sie die einzusetzenden Ressourcen für das Kundenprojekt „Netzoptimierung X" und beantragen Sie das Budget (insgesamt 40 Punkte).

a) Führen Sie einen Angebotsvergleich der Komponenten aufgrund der vorliegenden Konditionen durch (18 Punkte).

Angebotsvergleich					
		Netzwerke GmbH		**Hard&Soft AG**	
Kalkulation		**Konditionen**	**Rechnung**	**Konditionen**	**Rechnung**
Listeneinkaufspreis	IT-Komp.	10.000,00 €	10.000,00 €	11.000,00 €	
– Liefererrabatt		5 %		10 %	
= Zieleinkaufspreis					
– Liefererskonto		2 %		3 %	
= Bareinkaufspreis					
+ Bezugskosten (Transport)		50		100	
= Bezugspreis (Einstandspreis)					
Rangfolge (Note) quantitativer Vergleich					
Qualitativer Vergleich:	**Gewichtung**	Bewertung Schulnoten 1 bis 6 (unbekannt: 3)			
– Preis	40	1		2	
– Produktqualität	15	3		2	
– Nachhaltigkeit	15	3		1	
– Kompetenz	10	2		2	
– Verhalten bei Reklamationen	10	3		2	
– Service u. Support	10	3		2	
= Summe	100				
Ergebnis:					

(Max. Punkte: Bezugspreis richtig 2x 5 Punkte, Q-Vergleich Summen: 2x 3 Punkte, Ergebnissatz: 2 Punkte)

b) Kalkulieren Sie die Verkaufspreise der Komponenten (14 Punkte).

Zuschlagskalkulation	**Vorgaben**	**Rechnung**
Listeneinkaufspreis	10.000,00 €	10.000,00 €
– Liefererrabatt	20 %	
= Zieleinkaufspreis		
– Liefererskonto	3 %	
= Bareinkaufspreis		
+ Bezugskosten	40,00 €	
= Bezugspreis		

Zuschlagskalkulation	Vorgaben	Rechnung
+ Handlungskosten	70 %	
= Selbstkosten		
+ Gewinnzuschlag	10 %	
= Barverkaufspreis		
+ Kundenskonto (vom ZVK)	2 %	
= Zielverkaufspreis (ZVK)		
+ Kundenrabatt (vom LVK)	10 %	
= Listenverkaufspreis (LVK)		

c) Kalkulieren Sie die Arbeitsstunden (2 Punkte).

Kalkulation Personaleinsatz	Rechnung
Stundensatz Fachkraft:	70,00 €
Stundensatz Auszubildender:	30,00 €
Anzahl Stunden Fachkraft:	40
Anzahl Stunden Auszubildender:	20
Barpreiskalkulation insgesamt:	

Hinweis: Stundensatz netto inkl. 10 % Gewinnaufschlag auf Selbstkosten. Siehe auch Jahrgangsband 1, Lernfeld 2, Kapitel 2.7.4, Kapitel 2.8.2, bis 2.8.4, Kapitel 2.9.2 bis 2.9.4 sowie Jahrgangsband 2, Lernfeld 9, Kapitel 4.4 bis 4.5.

d) Geben Sie an, ob die Aussagen rechtlich richtig oder falsch sind (6 Punkte)

Aussagen	richtig	falsch
Wenn AGB/SLA vereinbart wurden, müssen sie beachtet werden.	☐	☐
AGB können durch Einzelvereinbarung ersetzt werden.	☐	☐
Bei einem Werkvertrag muss ein vereinbartes Ergebnis geliefert werden.	☐	☐
Bei einem Werkvertrag ist der Erfolg nicht zwingend vereinbart.	☐	☐
Bei einem Dienstvertrag/Stundenvertrag muss ein positives Ergebnis geliefert werden.	☐	☐
Bei einem Dienstvertrag/Stundenvertrag ist der Erfolg nicht zwingend vereinbart, sondern nur eine normale Stundenleistung.	☐	☐

Erreichte Punktzahl:	

Notenschlüssel						
Note	sehr gut	gut	befriedigend	ausreichend	mangelhaft	ungenügend
Punkte	ab 92 P.	ab 81 P.	ab 67 P.	ab 50 P.	ab 30 P.	darunter
					Eigene Punktzahl	

Grundlagen des Projektmanagements vertiefen

S **Die Auszubildenden der JIKU IT-Solutions überprüfen und vertiefen ihr erarbeitetes Wissen zum Projektmanagement.**

Holger Lübberstedt: In diesem Lernfeld sollen wir möglichst viel in Projekten arbeiten oder über Projektmanagement Kompetenzen vertiefen.

Jürgen Pollina: Das Prüfungsprojekt rückt immer näher.

Levi Kramer: Wir haben doch schon viel über Projektmanagement gelernt. Wir sollten uns speziell auf Projekte für Systemintegration oder auch digitale Vernetzung ausrichten.

Holger Lübberstedt: Wie schon mitgeteilt, werden wir uns später speziell mit technischen Fragen zu Beispielprojekten der Vernetzung auseinandersetzen. In der ersten Lernsituation wollen wir vorhandenes Wissen aufbereiten und uns übergreifend zum Projektmanagement und zum Prüfungsprojekt vorbereiten. Da das Prüfungsprojekt 50 % der Gesamtbewertung in der Prüfung ausmacht, müssen wir uns dafür intensiv vorbereiten. Das zu behandelnde Thema Schulung soll ebenfalls in der ersten Lernsituation berücksichtigt werden.

Jürgen Pollina: Sind denn im Prüfungsprojekt nur technische Fragen der Vernetzung wichtig?

Holger Lübberstedt: Nein, es sollen auch wirtschaftliche und qualitative Aspekte berücksichtigt werden. Diese werden wir übergreifend in dieser Lernsituation behandeln.

Aufgabe 2: **Bearbeiten Sie im Plenum, in Gruppenarbeit mit Präsentationen und Besprechungen oder als größeres Projekt folgende drei Arbeitspakete.**

SB 5.1.1

1 Nennen Sie Empfehlungen und Unterstützungsmaßnahmen, die Arbeit in Teams zu verbessern und helfen, Teamkonflikte zu vermeiden.
Berücksichtigen Sie aus Jahrgangsband 1, Lernfeld 1, Kapitel 1.5.1 sowie Kapitel 2.5.1 (5) und (6).

Problem oder Konflikt	Empfehlungen/Maßnahmen in Stichworten
Zielstellungen unklar	
Team zu klein oder zu groß	
Teamzusammensetzung wird kritisiert	
Projektleitung wird kritisiert	
Kommunikation schlecht	

2 Tragen Sie zur Klärung der Anforderungen bei und nennen Sie konkret Klärungs- und Prüfaspekte anhand von Beispielen, wie z. B. Beschaffung neuer Server, Serverdienste, Load Balancer, NAS, Firewall, Netz-/Abteilungsdrucker, VLAN, VPN, sicheres Netz, Admin-Automation etc.
Arbeiten Sie in Kleingruppen, präsentieren und diskutieren Sie, planen Sie größer mit IPERKA.
Siehe auch Jahrgangsband 1, Lernfeld 2, Kapitel 2.6.3.

Besprechungspunkte	Klärungs- und Prüfaspekte

3 Prüfen Sie die Vorlagen für Projekte im Downloadbereich. Diskutieren Sie diese in der Klasse und stimmen Sie ab, welche Vorlagen Ihrer Meinung nach am besten geeignet sind für Projekte.
Bezeichnung besonders nützlicher Vorlagen:

Aufgabe 3: Unterstützen Sie die Hausmesse mit der Planung verschiedener Projekte in Arbeitsgruppen. Als Projektaufträge könnten folgende Vorschläge berücksichtigt werden.

SB 5.1.1

Ihr Unternehmen will eine Hausmesse für Netzwerktechnik durchführen. Eine Ideensammlung mit Diskussion hat folgende Themen ergeben, die die Kunden auf der Hausmesse interessieren könnten, die eine Teilnahme sicherstellen und auch Folgeaufträge ermöglichen könnten.

Evtl. kommen noch weitere für Kunden interessante Messethemen dazu. Teilen Sie sich in Gruppen auf und unterstützen Sie Vertrieb/Marketing in der technischen Ausgestaltung der Messe. Zielgruppe: technisch versierte Mitarbeitende, Unternehmerinnen und Unternehmer sowie Administratoren.

Ideensammlung?

JIKU

Wir planen unser Hausmesse zur Netzwerktechnik:

Samstag, 12.02.20.., 10.00–16.00 Uhr, 200 Kunden (vertreten durch Geschäftsführer, Abteilungsleiter, Admins) haben Teilnahme zugesagt.
Im Kick-Off-Meeting priorisierte Kundenrückmeldungen:

Sicheres Gebäude, gut vernetzt
Neue Filiale, neues Netzwerk on-premise
Cloudeinsatz für Kleinbetriebe, wozu?
Hilfe, unser Admin geht!?
Unsere IT ist sicher, oder?
Softwareemigration in die Cloud, jetzt?
Hilfe, unser Netz gewährleistet keinen Datenschutz nach DSGVO
30 % unserer Mitarbeiter vernetzt im Homeoffice oder unterwegs, Optimierungspotenzial?

Planen Sie das Gesamtprojekt „Technische Ausgestaltung der Hausmesse“ mit Teilprojekten wie in der Tabelle näher erläutert. Falls Fragen oder Entscheidungen anstehen, sollte eine Lenkungsgruppe oder die Lehrkraft einbezogen werden. Jede Teilgruppe sollte eine Projektleitung bestimmen. Evtl. ist das IPERKA-Formular im Downloadbereich einzusetzen.

Mögliche Themenbereiche auf der Hausmesse mit Aufträgen für Teilprojekte	Vorgaben
1. **Sicheres Gebäude gut vernetzt:** Schutz vor unberechtigtem Zutritt, Einbruch, Wasserschaden, Feuer. Angebot eigener Server mit NAS, Kameras, Zutrittskontrollen, Kundenraum; interner Bereich, IT-Bereich besonders geschützt Standardangebot mit Gesprächsrunde, evtl. E-Book zum Thema anbieten	Intern: Vertrieb/Marketing: • Kundeninfo (Ziele, Angebote) • Messeplatz • Ressourcen • Kosten • Nutzen/Risiken • Online-Unterstützung
2. **Neue Filiale, neues On-Premise-Netzwerk** Was müssen wir im Fullservice liefern für die Vernetzung und Arbeitsplatzausstattung einer Filiale mit 5 Standardarbeitsplätzen (ERP), Lager mit Lagersoftware, Bare Metal/On-Premise? Standardangebot mit Gesprächsrunde	
3. **Cloudeinsatz für Kleinbetriebe, wozu?** Einsatzmöglichkeiten, Vor- und Nachteile, Kosten Vorführung in Einzelberatung und im Vorführraum (angemeldete Kleingruppen max. 6 Personen), E-Book, Gesprächsrunde mit Kunden vorbereiten	
4. **Softwaremigration in die Cloud, jetzt?** Vorteile der Cloud-Administration und Monitoring in Zusammenarbeit mit dem Systemhaus an Anwenderbeispielen: ERP (mind. Auftragsbearbeitung, Lagerhaltung), Webserver, Kassensysteme, Datensicherung, u. a. E-Book 4-Seiten, Rollenspiel?	
5. **Unsere IT ist sicher, oder?** **Überprüfung der eigenen IT mit Checkliste, Penetrationstest, Vorschläge für bessere IT (DMZ, NGenF, PAP, Datensicherung, Faktor Mensch)** E-Book 4-Seiten	
6. **Hilfe, unser Netz gewährleistet keinen Datenschutz nach DSGVO** Was gehört zur Istanalyse/Schutzbedarfsanalyse im Bereich der Netzwerktechnik?	
7. **30 % unserer Mitarbeitenden vernetzt im Homeoffice oder unterwegs, Optimierungspotential?** Beispiel mit neuester Technologie 4-seitiges E-Book für Kunden, Vorführung am Messetag (max. 30 Min.)	

Mögliche Themenbereiche auf der Hausmesse mit Aufträgen für Teilprojekte	Vorgaben
8. **Hilfe, unser Admin geht. Wie können wir zukünftig unser Netzwerk und Unterstützung sicherstellen?** 4-seitiges E-Book für Kunden, Vorführung am Messetag (max. 30 Min.)	
9. **Sonstige Schwachstellen/Unterstützung** Vorschläge bitte an Vertrieb/Marketing, z. B. Messestände mit technischen Neuerungen	

Aufgabe 4: **Recherchieren Sie, welche Projektmanagementsoftware eingesetzt wird.**

SB 5.1.1

a) Benennen Sie die Projektmanagementsoftware, die Ihr Ausbildungsbetrieb verwendet.

b) Recherchieren Sie die fünf bekanntesten kommerziellen Projektmanagementprogramme mit kostenlosen Basisversionen.

c) Recherchieren Sie die bekanntesten Open-Source-Programme für das Projektmanagement.

d) Erstellen Sie Präsentationen und eine Vergleichsübersicht zu Projektmanagementsoftware.

Prüfungsprojekte planen und dokumentieren

S **Die Auszubildenden der JIKU IT-Solutions sollen sich auf die Projektarbeit und die Projektbeantragung bei der IHK vorbereiten.**

Holger Lübberstedt: Wir wollen uns nun den Anforderungen der IHK in den Prüfungsprojekten zuwenden. Wichtig ist, dass wir uns auf der Webseite unserer IHK und beim Ausbildungsberater erkundigen, was für das Prüfungsprojekt zu beachten ist. Geprüft werden die Projektarbeit, die abzugebende Dokumentation, die Präsentation vor dem Prüfungsausschuss und das Fachgespräch mit einer Bewertungsmatrix. Diese Bewertungsmatrix müssen wir uns genau anschauen und unbedingt beachten. Wichtig ist aber zunächst, dass wir pünktlich den Projektantrag einreichen und den Antrag so stellen, dass er genehmigt wird.

Jürgen Pollina: Gibt es eine eigene Bewertungsmatrix für die Fachinformatiker?

Holger Lübberstedt: Nein, die Bewertungsmatrix wird für alle IT-Berufe gleichermaßen eingesetzt. Gleichwohl wird gefordert, dass Dokumentation und Präsentation adressatengerecht erstellt werden. Wir müssen uns also darüber unterhalten, was damit gemeint ist. Wichtig ist, dass als Projekt ein Kundenauftrag zugrunde gelegt wird. Dieser darf erst nach der Antragsgenehmigung bearbeitet werden und er muss im Zeitfenster bis zum vorgegebenen Abgabetermin der Dokumentation bearbeitet worden sein.

Levi Kramer: Das ist ganz schön schwierig. Wie umfangreich muss die Projektarbeit sein?

Holger Lübberstedt: Darüber gibt es Vorgaben. Wir müssen sie einzeln durchgehen und uns rechtzeitig vorbereiten. Als erstes habe ich eine Checkliste erstellt, nach der wir vorgehen können. Wir sollten erst einmal feststellen, wie die Projektbeantragung bei unserer IHK zu erfolgen hat und was dazu anzugeben ist.

Aufgabe 5: Bearbeiten Sie für die Überprüfung und Genehmigung des Projektantrags folgende Checkliste.

SB 5.1.2

Informieren Sie sich bei Ihrer zuständigen IHK, wie die Projektbeantragung zu erfolgen hat. Holen Sie über eine Internetrecherche bei Ihrer IHK oder über die zuständige Ausbildungsberatung Informationen zur Projektbeantragung ein. Prüfen Sie die Informationen und die Projektbeantragung mit folgender Checkliste. Informieren Sie sich übergreifend auch schon über die Projektdokumentation und die Projektpräsentation (folgende Aufgaben), da Projektantrag, Projektdokumentation und Projektpräsentation inhaltlich über dasselbe Projekt informieren und damit einheitlich strukturiert werden sollten.

Checkliste für die Projektbeantragung	geprüft
Sind Informationen auf der Website der zuständigen IHK erhältlich?	
Sind Informationen auf sonstigen Wegen von der IHK-Ausbildungsberatung erhältlich?	
Wie erfolgt die Beantragung (per Formular, über Online-Portal u. a.)?	
Wann muss der Projektantrag spätestens eingereicht werden? Datum:	
Ist eine Betreuungsperson im Betrieb für die Projektarbeit bestimmt? Name:	
Mindestanforderungen an einen Projektantrag	
Formale Voraussetzungen	
Sind alle Daten der/des Prüfungsteilnehmenden genannt?	
Wurde der IHK der Durchführungszeitraum mitgeteilt?	
Ist die Freigabe durch den Ausbildungsbetrieb erfolgt/bestätigt?	
Ausgangssituation	
Sind der Istzustand und das Projektumfeld dargestellt?	
Sind die Anforderungen umfassend dargestellt?	
Sind die Geschäftsprozesse bzw. Arbeitspakete erkennbar?	
Ist der Auftrag im Prüfungsprojekt bzw. das Teilprojekt inhaltlich abgegrenzt?	
Sind Zulieferungen von anderen und Schnittstellen zu Kunden/anderen erkennbar?	
Sind technische, wirtschaftliche, nachhaltige Themen berücksichtigt?	
Ist der Prüfungsumfang von 40 Stunden erkennbar und angemessen?	
Passt der Auftrag zum Ausbildungsberuf dieses Fachinformatikers?	
Projektziele	
Sind die Ziele des Projektauftrags und der Nutzen für den Auftraggeber erkennbar?	
Sind qualitätsrelevante Merkmale und der Projektabschluss festgelegt?	
Wurden die Bewertungskriterien für die Projektdokumentation (s. u.) beachtet?	
Zeitplanung	
Sind die Projektphasen und Kernaufgaben verständlich aufgeführt?	
Wurde bei Projektphasen der Zeitaufwand in Stunden genannt?	
Ist die Projektarbeit im vorgegebenen Zeitrahmen durchführbar?	
Sonstige Forderungen der IHK:	

Aufgabe 6: Informieren Sie sich bei der zuständigen IHK über Vorgaben zur Projektdokumentation, die verwendete Bewertungsmatrix und den (evtl. voraussichtlichen) Abgabetermin. Bearbeiten Sie zur Vorbereitung folgende Teilaufgaben.

SB 5.1.2

1. Erläutern Sie die Vorgaben für die Projektdokumentation anhand von Vorgaben der eigenen IHK bzw. der IHK allgemein (vgl. Kap. 5.1.2) und ergänzen Sie zu den Punkten 1 bis 10 wichtige Erfolgsfaktoren.

Zielgruppengerechte Projektdokumentation

Erfolgsfaktoren
1.
2.
3.
4.
5.
6.
7.
8.
9.
10.

2 Ergänzen Sie in folgender Checkliste weitere Anforderungen, die Ihrer Meinung nach für eine erfolgreiche Projektdokumentation geprüft werden sollten. Prüfen Sie die formalen Vorgaben der IHK.
Prüfen Sie Ihre Vorarbeit für ein Prüfungsprojekt anhand folgender Checkliste.

Checkliste für die Projektdokumentation	geprüft
Welcher späteste Abgabetermin für die Projektdokumentation ist genannt?	
Wie muss die Projektdokumentation abgegeben/übermittelt werden?	
Gibt es Informationen über Vorgaben der zuständigen IHK?	
Ist die allgemeine Bewertungsmatrix oder eine spezielle Matrix der IHK bekannt?	
Anforderungen an die Projektdokumentation	
Formale Voraussetzungen	
Hochformat, Querformat nur bei notwendigen Darstellungen	
Deckblatt mit Name, Projektbezeichnung, Ausbildungsbetrieb, Abgabedatum, Fachrichtung und Jahr der Prüfung	
Kopf-/Fußzeile mit Name, Projektbezeichnung, Seitenangabe (z. B. 2 von 10)	
Randeinstellung z. B. ca. 2 – 2,5 cm links und ca. 1,5 cm rechts	
Einstellung Flattersatz/Blocksatz mit Silbentrennung, Absätze/Zeilen normal	
Gut lesbare Schriftgröße 10-12 pt. und passende Schriftart (Überschrift, Text)	
Inhaltsverzeichnis zwingend, bei digitalen Dokumenten verlinkt, mit Anhang, Quellen	
Grafiken und Text in guter Qualität und übernommene Quellen zitieren	
Länge der Dokumentation ohne Anhang max. 10 Seiten, inkl. Anhang max. 20 Seiten	
Bei digitaler Dokumentation vorgeschriebene max. Dateigröße eingehalten?	
Vertrauliche/datenschutzrelevante Daten gekennzeichnet und unkenntlich gemacht?	
Inhalte	
Thema des Projektes passend, z. B. Ziel oder Art des Projektes	
Inhaltsverzeichnis passend und logisch, s. o.	
Betrieb, Kunde (extern/intern), Projektumfeld (Ansprechpartner, Einstieg, Ausstieg): Wichtige Angaben kurz beschrieben	
Ausgangssituation, Auftrag, Ist-Analyse: kurz beschrieben evtl. mit Anhang belegt	
Ziele/Soll-Analyse, Kundenwünsche, Abweichungen zum Projektantrag, Konzept, Arbeitspakete/Teilaufgaben, Schnittstellen begründet	
Ressourcen- und Ablaufplanung: Termin-, Sachmittel-, Personal-, Kostenplanung, Ablaufplan	
Durchführung/Umsetzung, Herausforderungen/Abweichungen, Anpassungen	
Projektergebnisse: Auftragsergebnis, Soll-Ist-Vergleich	
Fazit: Ergebnisse der Überprüfung/Bewertung der Zielerreichung/Abweichungen	
Bewertungsmatrix: Sind alle Bewertungskriterien hinreichend berücksichtigt?	
Projektdokumentation: Was gehört in die Projektakte, was gehört für die Abgabe entsprechend den Vorstellungen der Empfänger/Zielgruppe in die Dokumentation?	
Projektdokumentation/Projektpräsentation: Ist eine Abstimmung erfolgt?	
Anhang: Ergänzende wichtige Unterlagen des Projekts, Projektstrukturplan, Artefakte/Originalunterlagen, Kopien Ausschreibungen, Formulare, Angebote, Nutzwertanalyse, Reports, Netzpläne, Skripte, etc., Glossar, Abkürzungsverzeichnis	
Betreuungsperson und Kontrolle	
Ist die Betreuungsperson hinreichend informiert und einbezogen?	
Ist die Betreuungsperson mit der Dokumentation einverstanden?	
Ist die Dokumentation von Sachverständigen sowie orthografisch geprüft worden?	

Checkliste für die Projektdokumentation	geprüft
Sonstiges: Welche sonstigen Vorgaben und Hinweise sollten beachtet werden?	
z. B. möglichst moderner, innovativer, anspruchsvoller Projektauftrag	
Ziele ausführlich genug, mit Lasten-/Pflichtenheft o. Ä.,	
Schreibweise: Präteritum-/Vergangenheits-/Erzählform, indirekte Form: z. B. „Das Projekt wurde vom .. März bis zum .. April durchgeführt.", Adressat bzw. Zielgruppe ist der Kunde als Empfänger der Doku.	
Keine falschen, unpassenden, falsch geschriebenen Begriffe	
Projektphasen gut gewählt, Alternativen einbezogen	
Wirtschaftliche Betrachtung (Kosten Soll/Ist, Nutzwertanalyse, Amortisation etc.) und Nachhaltigkeit (z. B. Energieeinsparung, CO_2, Abfall, Green-IT) sowie Qualitätssicherung (Kriterien, Tests) berücksichtigt?	
Dokumentation macht professionellen Eindruck in Inhalt und Form?	
Haben Sie daran gedacht, dass die Prüfer (Zielgruppe) vor der Präsentation und dem Fachgespräch die Dokumentation durchgearbeitet haben, evtl. nicht viel Zeit haben, sich aber schnell ein paar Notizen oder Anmerkungen gemacht haben, die die Bewertung beeinflussen, Fragen im Fachgespräch bewirken können? Haben Sie sich evtl. eine zweite erweiterte Dokumentation mit evtl. Antworten auf mögliche Fragen im Fachgespräch erstellt?	
Sonstige Anforderungen der eigenen IHK:	

3 Nennen Sie in Stichworten Mängel in einer Projektarbeit/Projektdokumentation, die sich entsprechend der Bewertungsmatrix schlecht auf die Bewertung auswirken werden.

Muster Bewertungsmatrix betriebliche Projektarbeit (Stand 03/2020)

Anforderungen/ Punkte	Sehr gut: 100–92	Gut: 91–81	Befriedigend: 80–67	Ausreichend: 66–50	Mangelhaft: 49–30	Ungenügend: 29–0
1 Ausgangssituation			*Anforderungen Gewichtung 15 %*			
• Projektziel und Teilaufgaben (ggf. Abweichungen zum Projektantrag), Kundenwünsche • Projektumfeld, Prozessschnittstellen (Ansprechpartner, Einstieg, Ausstieg)	Ziele, Kundenwünsche und Teilaufgaben sind umfassend dargestellt, Umfeld und Schnittstellen sind umfassend beschrieben	Die wesentlichen Ziele, Kundenwünsche und Teilaufgaben sind dargestellt, Umfeld und die wesentlichen Schnittstellen sind beschrieben	Ziele, Kundenwünsche und Teilaufgaben sind erkennbar, Umfeld und Schnittstellen sind erkennbar	Ziele, Kundenwünsche und Teilaufgaben sind erschließbar, Umfeld und Schnittstellen sind erschließbar	Ziele, Kundenwünsche und Teilaufgaben sind bedingt erschließbar, Umfeld und Schnittstellen nicht oder nicht zutreffen beschrieben	Ziele, Kundenwünsche und Teilaufgaben fehlen/sind nicht erschließbar, Umfeld und Schnittstellen fehlen
2 Ressourcen- und Ablaufplanung			*Anforderungen Gewichtung 15 %*			
• Personal-, Sachmittel-, Termin- und Kostenplanung • Ablaufplan	Ressourcen umfassend angeführt, Termine und Kosten transparent dargestellt, Ablauf klar und übersichtlich	Ressourcen im wesentlichen angeführt, Termine und Kosten dargestellt, Ablauf übersichtlich	wichtige Ressourcen angeführt, wichtige Termine und Kosten ablesbar, Ablauf erkennbar	wichtige Ressourcen erschließbar, Termine und Kosten erschließbar, Ablauf erschließbar	Ressourcen bedingt erschließbar, Termine und Kosten unvollständig, Ablauf bedingt erschließbar	Ressourcen nicht erschließbar/genannt, Termine und Kosten fehlen oder nicht sachgerecht, Ablauf nicht erschließbar oder nicht dargestellt

Anforderungen/ Punkte	**Sehr gut: 100–92**	**Gut: 91–81**	**Befriedigend: 80–67**	**Ausreichend: 66–50**	**Mangelhaft: 49–30**	**Ungenügend: 29–0**
3 Durchführung und Auftragsbearbeitung			***Anforderungen Gewichtung 30 %***			
• Prozess-Schritte, Vorgehensweise • Abweichung, Anpassungen, Entscheidungen	Durchführung der Prozess-Schritte umfassend dargestellt, Anpassungen und Folgen umfassend begründet und berücksichtigt	Durchführung der wesentlichen Prozessschritte dargestellt, wesentliche Anpassungen und Folgen begründet und berücksichtigt	Durchführung der Prozessschritte erkennbar, Anpassungen und Folgen erkennbar	Durchführung von Prozessschritten erschließbar, Anpassungen und Folgen erschließbar	Durchführung von Prozessschritten bedingt erschließbar, Anpassungen und Folgen bedingt erschließbar	Durchführung nicht angesprochen/nicht erschließbar, Anpassung und Folgen nicht an angesprochen/ nicht erschließbar
4 Projektergebnisse			***Anforderungen Gewichtung 15 %***			
• Soll-Ist-Vergleich, Qualitätskontrolle, Abweichungen, Anpassungen	Abnahme umfassend dargestellt, Prozess und Ergebnis umfassend bewertet	Abnahme im Wesentlichen dargestellt, Prozess und Ergebnis im Wesentlichen bewertet	Abnahme erkennbar dargestellt, Bewertung von Prozess und Ergebnis in Teilen erkennbar bewertet	Abnahme erschließbar, Bewertung von Prozess und Ergebnis erschließbar	Abnahme bedingt erschließbar, Bewertung von Prozess und Ergebnis mit erheblichen fachlichen Mängeln	Abnahme nicht angesprochen/ nicht erschließbar, Bewertung nicht angesprochen oder fachlich nicht haltbar
5 Gestaltung des Portfolios			***Anforderungen Gewichtung 15 %***			
• Äußere Form (Gestaltung von Text, Tabellen, Grafiken etc.)	Insgesamt überzeugende Gestaltung	Im Wesentlichen überzeugende Gestaltung	In wesentlichen Teilen ansprechend	Noch akzeptabel	Nicht ansprechend	Nicht annehmbar
• Inhaltliche Form (Strukturierung, fach- und normgerechte Darstellung, etc.)	Fachgerechte Struktur und Darstellung, dem Inhalt optimal angepasst	Fachgerechte Struktur und Darstellung	Struktur und Darstellung weitgehend fachgerecht	Struktur erschließbar, Darstellung mit fachlichen Mängeln	Struktur nicht erschließbar, Darstellung mit erheblichen fachlichen Mängeln	Struktur nicht vorhanden, Darstellung fachlich nicht haltbar
6 Kundendokumentation			***Anforderungen Gewichtung 10 %***			
• Kundengerechte Anfertigung, Zusammenstellung und Modifizierung	Auftragsgerecht, gut strukturiert und deutlich nachvollziehbar	Im Wesentlich auftragsgerecht, strukturiert und nachvollziehbar	In wesentlichen Teilen auftragsgerecht, im Allgemeinen strukturiert und nachvollziehbar	Noch auftragsgerecht, wenig strukturiert, aber noch erschließbar	Teilweise nicht auftragsgerecht, strukturelle Mängel, kaum erschließbar	Nicht auftragsgerecht

Quelle: BIBB, vgl. Umsetzungshilfen der IT-Berufe über www.bibb.de
Wichtiger Hinweis: *Die tatsächlichen Kriterien und Gewichtungen der Bewertung können sich je nach Kammerbezirk (IHK) bzw. Prüfungsausschuss unterscheiden und sind bei diesen Institutionen bei Bedarf einsehbar, Angaben ohne Gewähr.*

Mängel in einer Projektdokumentation/Projektarbeit, die sich negativ auf die Bewertung auswirken werden (Stichworte):

Prüfungsprojekte präsentieren und im Fachgespräch erläutern

S **Die Auszubildenden der JIKU IT-Solutions informieren sich darüber, wie eine Projektpräsentation zu erstellen ist und was bezüglich des Fachgesprächs zu beachten ist.**

Holger Lübberstedt: Auch zur Projektpräsentation müssen Sie Vorgaben Ihrer IHK beachten. Für den Vortrag steht ein Zeitfenster von höchstens 12–15 Minuten zur Verfügung. Danach kommt noch das Fachgespräch. Während der Präsentation werden i. d. R. keine Fragen von den Prüfern gestellt. Der Vortrag soll adressatengerecht erfolgen. Also vertreten die IHK-Prüfer im Kundenauftrag den Kunden.

Jürgen Pollina: Ohne Probe kann viel schiefgehen. Können wir eventuell eine Probepräsentation und ein Probefachgespräch durchführen?

Holger Lübberstedt: Meines Erachtens spricht nichts dagegen, soweit die Dokumentation und die Erstellung der Präsentation eine eigene Leistung des Prüfungsteilnehmers sind. Auch in der Praxis rate ich bei Vorträgen vor wichtigen Kunden, sich gut vorzubereiten und Ratschläge von Kolleginnen und Kollegen einzuholen. Es zeigt sich immer wieder, dass man in der Probepräsentation mit weniger Minuten auskommt als in der Prüfungspräsentation. Es ist also besser, den Umfang der Folien, Inhalte und Vorträge so zu bemessen, dass man in der Probe mit etwa 12 bis 14 Minuten auskommt. Es wäre auch schade, wenn die Prüfer die Präsentation abbrechen müssen, um noch genügend Zeit für das Fachgespräch zu haben.

Levi Kramer: Gibt es auch dafür eine Bewertungsmatrix?

Holger Lübberstedt: Ja, ich habe in folgenden Aufgaben wichtige Informationen aufbereitet. Wir müssen aber noch einmal prüfen, ob hier alles berücksichtigt ist, was unsere zuständige IHK fordert. Sie sollten sich alle Aufgaben erst einmal durchlesen, da auch hier wieder Zusammenhänge zu beachten sind. Wichtig ist, dass Präsentation und Dokumentation zueinander passen müssen. Wurden im Vergleich zum Projektantrag Abweichungen festgestellt, müssen diese genannt werden. Es geht nicht so sehr darum, dass das Projekt erfolgreich gelaufen ist. Wichtig ist, dass man sachlogisch vorgegangen ist, auch Alternativen berücksichtigt und begründet ausgeschlossen hat und dass man die Projektarbeit gut reflektieren kann. Denken Sie auch daran, dass sich die Prüfer bei Durchsicht der Dokumentation und während der Projektpräsentation Fragen notieren, die sie im Fachgespräch stellen werden. Man sollte sich daher in die Lage der Prüfer versetzen, um evtl. herauszubekommen, was sie fragen könnten. Ich habe einmal ein paar Beispielfragen vorgegeben. Mehr technische Fragen können wir später gerne klären.

Aufgabe 7: Ermitteln Sie, welche Anforderungen und Kriterien an eine gute Projektpräsentation gestellt werden.

1 Erläutern Sie folgende Bewertungsmatrix des BIBB für die Projektpräsentation.
Prüfen Sie, ob diese Bewertungsmatrix auch von der zuständigen IHK verwendet wird oder welche alternative Bewertungsmatrix eingesetzt wird. SB 5.1.3

Muster Bewertungsmatrix Präsentation (Stand 03/2020)

Anforderungen/ Punkte	Sehr gut: 100–92	Gut: 91–81	Befriedigend: 80–67	Ausreichend: 66–50	Mangelhaft: 49–30	Ungenügend: 29–0	Gewichtung
Aufbau und inhaltliche Struktur • Sachliche Gliederung, • Logik, • Zielorientierung	dem Thema optimal angepasste Gliederung und logische richtige Darstellung, streng zielorientiert	Zweckmäßige Gliederung und logisch richtige Darstellung, zielorientiert	Sinnvolle, jedoch nicht optimale Gliederung, Darstellung im allgemeinen logisch, Zielorientierung vorhanden	Umständlich, leichte Fehler in der logischen Darstellung, Zielorientierung erkennbar	Sinnvolle Gliederung kaum erkennbar, teilweise logische Fehler, Zielorientierung kaum erkennbar	unsystematisch, unlogisch, zufällige Aneinanderreihung von Fakten, keine Zielorientierung	33,3 %
Sprachliche Gestaltung • Ausdrucksweise, • Satzbau, • Stil	Ausdrucksweise, Satzbau und Stil vorbildlich	einwandfreie Ausdrucksweise, guter Satzbau und Stil	Ausdrucksweise weitgehend passend, meist richtiger Satzbau, flüssiger Stil	leichte Schwächen in der Ausdrucksweise, Satzbau teilweise fehlerhaft, teilweise stilistische Fehler	erhebliche Schwächen in der Ausdrucksweise, grobe Fehler im Satzbau, erhebliche stilistische Fehler	Unverständliche Ausdrucksweise, grobe Fehler im Satzbau, geringer Wortschatz	33,3 %
Zielgruppengerechte Darstellung • Medieneinsatz, • Visualisierung, • Körpersprache	durchgängig situationsgerecht, prägnant, immer optimal zum Inhalt passend	situationsgerecht prägnant und dem Inhalt angemessen	Überwiegend situationsgerecht, meist passend zum Inhalt	im Allgemeinen nicht situationsgerecht oder schlecht zum Inhalt passend aber trotzdem verständlich	im Allgemeinen nicht situationsgerecht oder schlecht zum Inhalt passend, so dass die Verständlichkeit leidet	Medieneinsatz und Visualisierung falsch oder fehlend, verwirrende unangemessene Darstellung	33,3 %

Quelle: BIBB

Hinweise: *Die tatsächlichen Kriterien und Gewichtungen der Bewertung können sich je nach Kammerbezirk (IHK) bzw. Prüfungsausschuss unterscheiden und sind bei diesen Institutionen bei Bedarf einsehbar, Angaben ohne Gewähr.*

2 Stellen Sie bezogen auf ein bestimmtes Projekt eine Notizenliste/Foliensammlung mit Anforderungen (Überschriften, Texte, Grafiken etc.) zusammen, die mindestens in der Präsentation und bezogen auf die Präsentationszeit (Testpräsentation etwa 12–14 Minuten) einbezogen werden sollen. Verwenden Sie dazu folgendes Schaubild. 5.1.3

Zielgruppengerechte Präsentation

Aufgabe 8: Bearbeiten Sie folgende Teilaufgaben.

SB 5.1.3

1. Planen Sie eine Präsentation. Vergleichen Sie folgende Folienvarianten und stellen Sie fest, welche Variante für Ihre Präsentation infrage kommen kann. Erläutern Sie, warum Sie diese Auswahl treffen würden. Entwickeln Sie evtl. einen eigenen Folienablauf.

Variante 1: Folien für Titel, Agenda, 10 Inhaltsfolien, 5 Zwischenfolien, am unteren Rand mitlaufende Agenda, gewählte Agenda

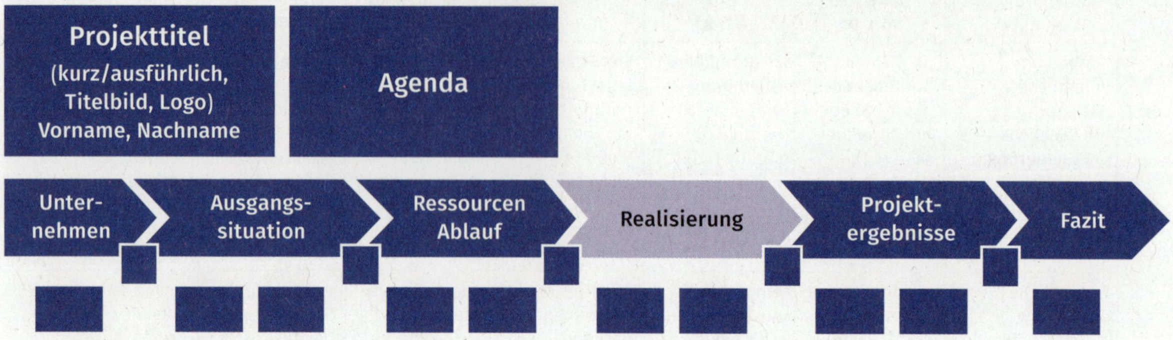

Variante 2: Folien für Titel, 6 Inhaltsfolien ohne Zwischenfolien, am unteren Rand mitlaufende Agenda, gewählte Agenda

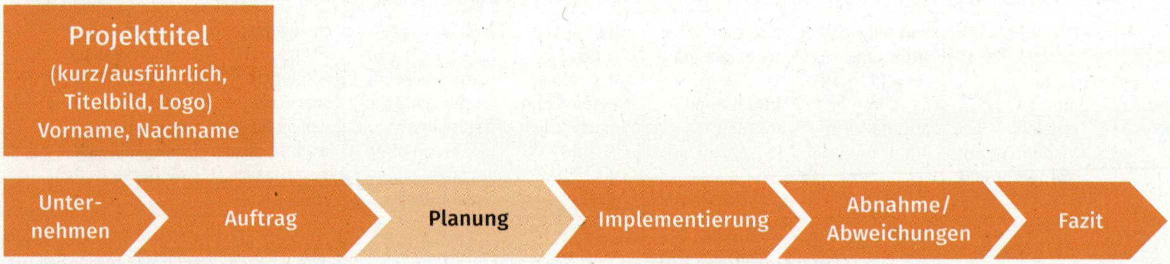

Variante 3: Folien für Titel und Agenda, 6 Inhaltsfolien ohne Zwischenfolien, am unteren Rand mitlaufender Fortschrittsbalken

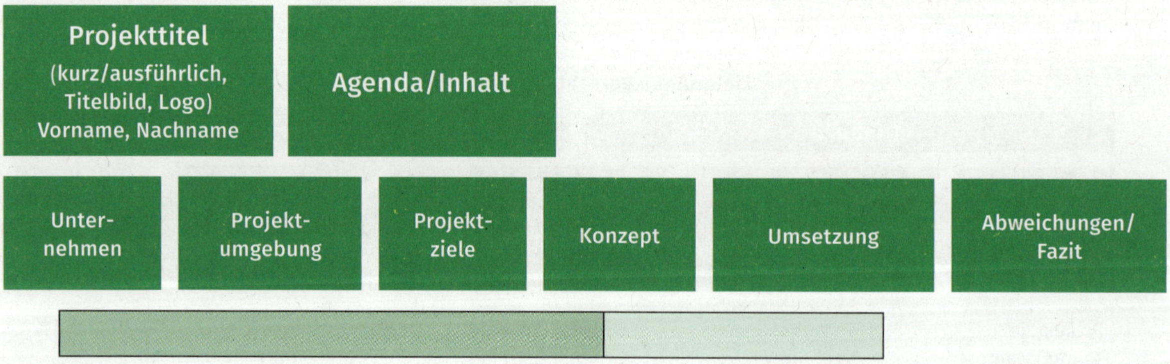

Variante 4: Folien für Titel und Agenda, 11 Inhaltsfolien mit 5 Zwischenfolien, ohne mitlaufende Agenda oder Fortschrittsbalken

Welche Variante sollte gewählt werden oder eine alternative Variante? Bitte geben Sie auch eine kurze Begründung in Stichworten.

2 Erarbeiten Sie in Gruppenarbeit eine Testpräsentation für ein Projekt. Präsentieren, bewerten und reflektieren Sie diese (evtl. Folien/Zusatzzettel verwenden).

Thema der Testpräsentation:

Wichtige Stichworte aus der Reflexion:

3 Erstellen Sie zur Unterstützung der Präsentationen Notizen (entweder als Notizenergänzung der Folienpräsentation oder auf Karteikarten). Stellen Sie diese vor, besprechen und verbessern Sie sie.

NOTIZEN

4 Testen Sie die Präsentation vor einem ausgewähltem Fachpublikum und lassen Sie die Präsentation mit der Bewertungsmatrix oben bewerten. Reflektieren Sie die Bewertung und verbessern Sie Präsentation und Notizen.

NOTIZEN

Aufgabe 9: Erläutern Sie eine Bewertungsmatrix für das Fachgespräch und erstellen Sie für ein bestimmtes Projekt Ausarbeitungen zur Vorbereitung und Unterstützung im Fachgespräch.

SB 5.1.3

1 Erläutern Sie folgende Bewertungsmatrix des BIBB für das Fachgespräch.
Prüfen Sie, ob diese Bewertungsmatrix auch von der zuständigen IHK verwendet wird oder welche alternative Bewertungsmatrix eingesetzt wird.

Muster Bewertungsmatrix Fachgespräch (Stand 03/2020)

Folgende Aspekte sind im Fachgespräch zu berücksichtigen und werden in die Gesamtbewertung einfließen. Diese sind stets den örtlichen und individuellen Gegebenheiten anzupassen:

- Transferleistung der zu prüfenden Person
  → In welchem Maße ist sie oder er in der Lage, Prozesse, Verfahren und Erkenntnisse auf andere berufliche Handlungen zu übertragen?
- Wertschätzende Kommunikation
  → Ethische, nachhaltige und wertschätzende Aspekte und Kommunikation sind integrativer Bestandteil der fachlichen Argumentation und Begründung.
- Qualitätsgerichtetes Vorgehen
  → Sofern es im Projekt noch nicht erwähnt wurde, ist die Berücksichtigung alternativer Handlungsoptionen und die begründete Auswahl dieser zu thematisieren.

Anforderungen/ Punkte	Sehr gut: 100–92	Gut: 91–81	Befriedigend: 80–67	Ausreichend: 66–50	Mangelhaft: 49–30	Ungenügend: 29–0	Gewichtung
Beherrschung des für die Projektarbeit relevanten Fachhintergrundes	der für die Projektarbeit relevante Fachhintergrund wird sicher und überzeugend beherrscht	der für die Projektarbeit relevante Fachhintergrund wird beherrscht	der für die Projektarbeit relevante Fachhintergrund wird im Allgemeinen beherrscht	der für die Projektarbeit relevante Fachhintergrund wird im allgemeinen beherrscht, wenige Zusammenhänge werden aber falsch oder nicht erkannt	der für die Projektarbeit relevante Fachhintergrund wird nicht sicher beherrscht, Zusammenhänge werden oft falsch oder nicht erkannt	der für die Projektarbeit relevante Fachhintergrund wird nicht beherrscht, Zusammenhänge werden im Allgemeinen nicht oder falsch erkannt	33,3 %
Problemerfassung und Problemdarstellung und Problemlösung	Probleme werden selbständig und sicher erkannt und Lösungen fachlich überzeugend dargestellt	Probleme werden sicher erkannt und Lösungen fachlich einwandfrei dargestellt	Probleme werden fast immer richtig erkannt und Lösungen meist fachlich angemessen dargestellt	Probleme werden im Allgemeinen richtig erkannt und Lösungen fachlich im Allgemeinen richtig dargestellt	Selbst einfache Probleme werden nicht immer richtig erkannt, die fachliche Darstellung der Lösungen überzeugt im Allgemeinen nicht	Selbst einfache Probleme werden nicht richtig erkannt, Lösungen können nicht fachlich einwandfrei dargestellt werden	33,3 %
Argumentation und Begründung	fachliche Argumente und Begründungen werden immer richtig und überzeugend vorgetragen	fachliche Argumente und Begründungen werden sicher und richtig vorgetragen	fachliche Argumente und Begründungen werden richtig und überwiegen angemessen vorgetragen	fachliche Argumente und Begründungen werden zwar meist richtig, aber oft unangemessen vorgetragen	fachliche Argumente und Begründungen werden nur teilweise richtig und umständlich oder unangemessen vorgetragen	fachliche Argumente und Begründungen werden meist falsch, nicht oder unangemessen vorgetragen	33,3 %

Quelle: BIBB

Hinweise: *Die tatsächlichen Kriterien und Gewichtungen der Bewertung können sich je nach Kammerbezirk (IHK) bzw. Prüfungsausschuss unterscheiden und sind bei diesen Institutionen bei Bedarf einsehbar.*

NOTIZEN

2 Erstellen Sie bezogen auf ein bestimmtes Projekt eine Notizensammlung-/Anforderungsliste, um in einem Fachgespräch umfassend nach den Bewertungskriterien schnell, kurz, präzise, adressatengerecht, evtl. mit Medienwechsel, zu antworten.
Präsentieren, besprechen, reflektieren und evaluieren (verbessern) Sie die Sammlung.

Fachgespräch zum Fachhintergrund und zur Projektarbeit

Transferleistung: Prozesse, Verfahren, Erkenntnisse auf andere berufliche Handlungen übertragen

Qualitätsgerichtetes Vorgehen: alternative Handlungsoptionen, begründete Auwahl

Wertschätzende Kommunikation inhaltlich: ethische, nachhaltige und wertschätzende Aspekte und Kommunikation

Beherrschung des für die Projektarbeit relevanten Fachhintergrunds: **sicher und überzeugend beherrscht**	Problemerfassung Problemdarstellung Problemlösung: **selbstständig/sicher erkannt, fachlich überzeugend dargestellt**	Argumentation und Begründung: **richtig, überzeugend**	Wertschätzende Kommunikation in der Form im Fachgespräch, Fachausschuss führt das Gespräch!

Vorbereitung und auch (spontane) Zusatzerläuterung mit Medienwechsel (z. B. Flipchart) vorbereiten, Zeitlimit

Doku/Präsi fachlich prüfen und Wissen/Zusatzwissen auf mögliche Fragen aufbereiten	Mögliche Fragen der Folieninhalte, Ergebnisse, Anhang, Alternativen, aus Folien oder Doku noch zu besprechende Aspekte vorbereiten	Im Gespräch darauf achten, exakt auf Fragen zu antworten, nicht abzuschweifen, evtl. nachzufragen	Zeitlimit insgesamt (Präsi + FG = 30 Minuten) beachten, evtl. Gesprächspausen aktiv unterstützen

NOTIZEN

Aufgabe 10: Bereiten Sie mögliche Fragen im Fachgespräch vor.

SB 5.1.3

1 Gehen Sie konkret bezogen auf Ihr Projekt und Ihre Projektziele ein. Wiederholen und vertiefen Sie projektbezogen Jahrgangsband 1, Lernfeld 1, Kapitel 1.3.3. Geben Sie Kurzantworten wie in einem Fachgespräch.

Nachfragen im Fachgespräch	Ihre Kurzantworten (Stichworte)
Wer sind die Stakeholder im Projekt?	
Ist eine Vision oder ein Leitbild für das Projekt zu beachten?	

Nachfragen im Fachgespräch	Ihre Kurzantworten (Stichworte)
Wie können Ziele im Projekt SMART formuliert werden?	
Inwieweit sind ISO-Zertifizierungen im Projekt zu beachten?	
Welches sind die Formalziele für das Projekt?	
Welches sind die Sach- oder Leistungsziele für das Projekt?	
Wie ist der Qualitätsbegriff definiert?	
Nennen Sie konkret Qualitätsverbesserungsmaßnahmen.	
Welche Maßnahmen zum Schutzbedarf und zur DSGVO sind konkret zu beachten?	
Welche Maßnahmen verbessern konkret die Nachhaltigkeit (Green-IT)?	
Nennen Sie wirtschaftliche Ziele für das Projekt.	

2 Zur Selbstreflexion für ein Fachgespräch sollen folgende Kriterien dienen. Prüfen Sie die Kriterien in einer Selbstreflexion und ergänzen Sie weitere fachliche Kriterien.

Fragen zur Bewertung im Fachgespräch	Bewertung in der Testphase
Können Sie sich auf ein adressatengerechtes Fachgespräch ausrichten?	
Haben Sie bezogen auf die Dokumentation und Präsentation Kurzdefinitionen oder Kurzerläuterungen vorbereitet zu auffallenden Begriffen bzw. dem Fachhintergrund?	
Können Sie Definitionen oder Erklärungen von Sachverhalten oder Methoden nach Aufforderung richtig und kurz beantworten?	

Fragen zur Bewertung im Fachgespräch	Bewertung in der Testphase
Halten Sie bei Ausführungen Blickkontakt zu allen Gesprächspartnern?	
Sind Sie im Handling der Präsentationssoftware und im Anschluss des Beamers sicher?	
Können Sie bei Nachfragen zu bestimmten Folien diese Folien schnell aufrufen und erneut präsentieren?	
Können Sie Nachfragen zu Problemen des Projekts (Problemerfassung, Problemdarstellung, Problemlösung) präzise sowie fach- und zeitgerecht beantworten?	
Können Sie Nachfragen zu Entscheidungen und Lösungen (Begründungen) gut beantworten?	
Können Sie auf Nachfrage Alternativen nennen oder auf Alternativen vertiefend eingehen?	
Können Sie ziel- und qualitätsorientiert argumentieren?	
Ist es gelungen, den Nachweis zu erbringen, dass Sie mit eigenen Handlungen das Projekt umgesetzt haben?	
Können Sie knapp ein gutes Fazit abgeben bzw. dazu ergänzen?	
Können Sie wertschätzend in einem Fachgespräch sein?	

3 Erläutern Sie gegebene Antworten auf mögliche Fragen im Fachgespräch und ergänzen Sie eigene Antworten sowie zusätzliche mögliche Fragen mit Antworten im Fachgespräch.

Fragen z. B.	Vorbereite Antworten
Was verstehen Sie unter Nachhaltigkeit und CO_2-Emissionen? Wie erfolgt eine Verminderung des Energiebedarfs?	
Erläutern Sie, wie Sie auf die Stundensätze für Mitarbeitende und Auszubildende gekommen sind.	
Was versteht man unter Wirtschaftlichkeit und Amortisation?	
Erläutern Sie das magische Dreieck von Kosten, Qualität und Zeit 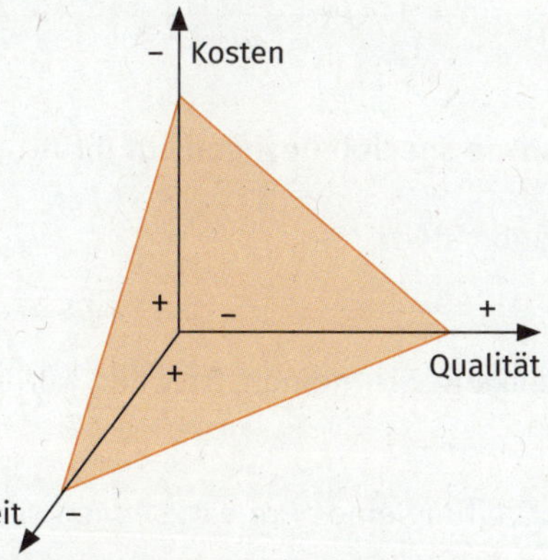 	
Wieso gibt es bei Ihnen keine Abweichungen zwischen Zielsetzung und Durchführung?	
Erläutern Sie, warum oder nach welchen Kennzahlen Sie Ihr Projekt als vorteilhaft bewerten?	
Nennen Sie Erfolgsfaktoren und Hindernisse, die ihr Projekt begleitet haben.	

Fragen z. B.	Vorbereite Antworten
Wie setzen sich Ihre Kosten zusammen?	
Was haben Sie durch Monitoring in der Ist-Analyse festgestellt?	
Mögliche technische Fragen zu Ihrem Projekt:	
Mögliche organisatorische Fragen zu Ihrem Projekt:	

Aufgabe 11: Reflektieren Sie Ihre Projektarbeit im Allgemeinen sowie speziell bezogen auf Ihr Projekt.

SB 5.1.3

1 Diskutieren Sie im Plenum die folgenden Aussagen von Herrn Lübberstedt.

Herr Lübberstedt: Ich weiß, Sie halten Prüfungen evtl. für eine Schikane. Sie meinen, freiwillig würden Sie viel mehr und Besseres leisten. Ich bin der Meinung,

1. dass die geforderte Prüfungsleistung der selbstständigen Bearbeitung eines Projektes Ihnen sehr viel für Ihre zukünftige Arbeit in Projekten bringen wird.

2. dass ein Mensch i. d. R. freiwillig nicht diese erhebliche Lernleistung erbringen würde, wenn er nicht mit überprüfbaren Kriterien zur Leistung angehalten und ihm hohe Anforderungen gestellt und überprüft werden. Es ist ähnlich wie beim Sport, auch hier müssen Sie sich anstrengen, und nur wer dazu in der Lage ist, kann sich über einen sportlichen, gesunden, aktiven Körper freuen.

3. dass Sie sich noch häufig an Ihre Prüfungen und Prüfungsvorbereitungen im positiven Sinne erinnern werden und dass Sie auch ein wenig stolz sein werden, dass sie diese Leistungen erbringen konnten.

4. dass Sie bis zur letzten Prüfungsleistung nicht nachlassen sollten und alles geben sollten, um zu zeigen, was Sie können. Ansonsten ist der Schmerz nach einer schlechten Prüfungsleistung häufig schlimmer als der Schmerz während der Prüfungsvorbereitungen.

5. dass die Prüfer Sie bei Ihrem Lebensweg unterstützen wollen, sich mit Ihnen freuen, wenn Sie gute und sogar großartige Leistungen bringen. Nehmen Sie daher z. B. Unterstützungsangebote bei ergänzenden Anforderungen zur Projektgenehmigung oder zu Fragen im Fachgespräch positiv an.

6. Streben Sie an, zu den Besten zu gehören, bewerben Sie sich damit bei der IHK für eine Auswahl der Landesbesten und weiter der Bundesbesten. Wir würden uns sehr freuen! Denken Sie daran, dass gute Prüfungsergebnisse sich auch auf eine gute Einstiegsvergütung auswirken können.

NOTIZEN

2 Vervollständigen Sie folgende Tabelle mit Stichworten zu Strategien im Allgemeinen und speziell zu Ihrem Projekt.
Siehe auch Jahrgangsband 1, Lernfeld 1, Kapitel 1.5.3.

Strategien zur Reflexion und Regulation anwenden		
Strategie	**Aufgaben allgemein**	**Maßnahmen speziell**
Reflexions-strategie		
Regulations-strategie		
Feedback-kultur	*Sich offen, transparent und vertrauensvoll über das Arbeits- und Kommunikationsverhalten im Unternehmen auszutauschen und regelmäßig eine Rückmeldung zu geben.*	
Lessons Learned **Review, Retro-spektive (Scrum)**	*Bewusstes Lernen aus Erfahrungen, Herausforderungen, Projekten; systematische oder gezielte Analyse von guten Aktionen, Verfahren oder Prozessen und Fehlern, Fehlentwicklungen oder Fehlverhalten, um daraus lernen, weiterhin gut zu arbeiten bzw. negative Entwicklungen zu vermeiden und Risiken zu senken*	

Strategien zur Reflexion und Regulation anwenden		
Strategie	**Aufgaben allgemein**	**Maßnahmen speziell**
Best Practices	*Methode, die bestmöglichen Praktiken, Abläufe, Verfahren, Kontrollmechanismen zu identifizieren und als beste, bewährte Vorgehensweise im Vergleich und zur Orientierung (Benchmarking) einzusetzen.*	

Schulungen planen und umsetzen

S Die Auszubildenden der JIKU IT-Solutions planen Schulungen.

Holger Lübberstedt: In oder nach Projekten ist es häufig notwendig, Mitarbeiter des Kunden in der Handhabung einer neuen Technologie zu schulen. Für JIKU gehören Schulungsmaßnahmen bereits zum Portfolio. Wir wollen uns aber einmal ganz neutral mit diesem Thema beschäftigen und prüfen, ob Sie Vorschläge für innovative und effektive Schulungsmaßnahmen haben.

Jürgen Pollina: Viele Mitarbeiter arbeiten heute von unterwegs oder von zu Hause. Schulungen können damit nicht mehr so leicht an einem Ort und zu einer Zeit erfolgen.

Holger Lübberstedt: Was schlagen Sie vor? Haben Sie Erfahrungen gemacht, wie man es besser hinbekommt?

Levi Kramer: Ich habe schon an Schulungen teilgenommen. Dabei werden Präsenzveranstaltungen mit Onlineveranstaltungen und Phasen des Selbstlernens kombiniert. Erst einmal gibt es eine kombinierte Auftaktveranstaltung, dann unterstützende Onlineveranstaltungen und wenn nötig wieder eine Präsenzveranstaltung.

Holger Lübberstedt: Es gibt mittlerweile sehr große Fortschritte bei Schulungen. Wenn wir zu den besten Schulungsanbietern gehören wollen, müssen wir uns mit Lernmanagement-Systemen (LMS), Web Based Training (WBT), Massive Open Online Courses (MOOC), Micro Learning, Screencasts und E-Books auskennen. Wir sollten uns einmal die Zeit nehmen, und in Arbeitsgruppen Prototypen für gute Schulungen erstellen.

Aufgabe 12: Ordnen Sie folgende Begriffe den Erklärungen aus dem Schulungs- und Lernbereich richtig zu.

SB 5.1.4

70:20:10, Badge, Bankettbestuhlung, Blended Learning, CBT, Chevron Style, E-Book, Forum, Glossar, LMS, Micro Learning, MOOC, OER, Screencasts, WBT

Erklärung	Begriff
Plattform, App, Software zum Lernen mit vielen Lernvarianten und Benutzerverwaltung	
Tisch-/Bestuhlungsform (für eine Schulung) an runden Tischen für z. B. je 8 Teilnehmer	
Tisch-/Bestuhlungsform im Fischgrätmuster	
Training, Kurse bzw. Schulungen über Browseranwendungen	
Training, Kurse bzw. Schulungen über Computer	
Onlinevorträge, -kurse und -schulungen als offene Massenveranstaltungen	

Erklärung	Begriff
Kurze Lern- oder Schulungseinheiten online	
Traditionelles Offlinelernen mit Onlinelernen verknüpft	
Erklärvideos, in denen Wissen durch Animationen vermittelt wird	
Traditionelles Faktenlernen gut kombiniert mit Kompetenzlernen aus und in der Praxis	
Liste von erklärten Fachbegriffen	
Liste von kommentierten Fragen, Meinungen, Diskussionen	
Informationsschriften, mit E-Readern oder im PDF-Format aufzurufen	
Digitale Abzeichen als Zertifikate für erfolgreiches E-Learning	
Lernmaterialien mit offenen, freien Rechten	

Aufgabe 13: Bearbeiten Sie in Arbeitsgruppen Aufträge zu Schulungsmaßnahmen, z. B. Schulungsthemen aus den Lernfeldern 10 und 11 oder Schulungsthemen aus Projektthemen.

SB 5.1.4

Beachten Sie Urheberrechte verwendeter Quellen, Texte und Bilder (siehe auch Jahrgangsband 2, Lernfeld 6, Kapitel 1.1.4). Verwenden Sie möglichst selbsterstellte Texte und Schaubilder etc. Organisieren Sie als Projekt.

1. Formulieren Sie zunächst drei Schulungsziele und notieren Sie anschließend drei konkrete Aufträge für Schulungsmaßnahmen. Beziehen Sie evtl. Aufgabe 3 mit ein.

2. Erstellen Sie die Schulungsmaterialien möglichst als OER (Open Educational Resources, vgl. https://de.creativecommons.net/ bzw. https://creativecommons.org oder Jahrgangsband 2, Lernfeld 6, Kapitel 1.1.4). Nennen Sie Vorteile und Hindernisse, Schulungsmaterialien als OER zu erstellen.

NOTIZEN

3 Richten Sie ein Lernmanagementsystem (LMS) ein oder unterstützen Sie ein vorhandenes LMS, und erstellen Sie speziell dafür Content und Schulungseinheiten.

NOTIZEN

Lernsituation 2: Wir identifizieren die Projektziele und Anforderungen

S **Nachdem im ersten Abschnitt die wesentlichen Themen zur Projektleitung und zum Abschlussprojekt betrachtet wurden, informieren sich die Auszubildenden der JIKU IT-Solutions nun über mögliche Prüfungsthemen.**

Holger Lübberstedt: Zur Vorbereitung auf die Prüfung schlage ich vor, dass Sie sich anhand der einzelnen Projektschritte mit möglichen Prüfungsthemen beschäftigen.

Nico Reimers: Sie meinen sicher die Schritte Informieren, Planen, Auswählen, Implementieren und Testen.

Holger Lübberstedt: Ja, genau wie im Abschlussprojekt. Sie werden sich also nicht themenweise vorbereiten, sondern nach Projektschritten.

Stefan Köhler: Wäre es nicht besser, Thema für Thema zu behandeln?

Holger Lübberstedt: Grundsätzlich kann man natürlich Thema für Thema abarbeiten. Wenn Sie die Themen aber immer wieder in anderen Projektschritten neu betrachten, werden sie häufiger wiederholt.

Jürgen Pollina: Das ist eine interessante Überlegung. Damit vergessen wir die Themen, die wir zu Beginn behandelt haben, nicht wieder.

Holger Lübberstedt: Genau. Häufiges Wiederholen in anderen Zusammenhängen festigt das Gelernte.

Levi Kramer: Ich plane, mir auch die vergangenen Prüfungen nochmal anzuschauen. Dann wiederhole ich viele Themen aus dem Bereich Netzwerktechnik. Zusätzlich werde ich mir die Industrie 4.0 und cyberphysische Themen ansehen.

Holger Lübberstedt: Sehr gut. Sie können gerne jederzeit bei Fragen auf mich zukommen.

5.2 Über allgemeine Prüfungsthemen informieren

S **Die Auszubildenden der JIKU IT-Solutions informieren sich unter anderem über Datenspeicherung, Sicherheit und Netzwerkthemen und bearbeiten Aufgaben dazu.**

Holger Lübberstedt: Da Sie alle unterschiedliche Schwerpunkte in Ihren Abschlussprojekten haben, können Sie sich gut ergänzen.

Nico Reimers: In meinem Projekt habe ich mich eher mit den Bereichen Programmierung, Sicherheit und Datenspeicherung auseinandergesetzt. Dazu werde ich Themen zusammenstellen.

Stefan Köhler: Mein Projekt bewegt sich eher im Netzwerkbereich. Hier muss ich noch einige Themen vertiefen. Diese werde ich vorbereiten.

Jürgen Pollina: Für mein Projekt kamen neben Cloud- auch Serveraspekte in Spiel. In diesem Bereich können wir uns auch noch die Internetanbindung sowie Firewall und sichere Datenverbindungen über VPN ansehen.

Levi Kramer: Ich werde mir zusätzlich noch allgemeine CPS-Themen ansehen.

Aufgabe 1: **Informieren Sie sich über Programmiersprachen, Sicherheitsrisiken und über die Verwendung von Datenbanken.**

SB 5.2.1

1 a) Ein Auszubildender aus dem ersten Ausbildungsjahr hat ein Programm zur Abfrage von Messwerten begonnen. Er bittet Sie um Hilfe.
Den nachfolgenden Programmcode hat er schon in der Programmiersprache C# erstellt:

```
class SensorMesswert
{
   private double myMesswert;

   public double GetMesswert()
   {
       return myMesswert;
   }

   public void SetMesswert(double tmpMesswert)
   {
       myMesswert = tmpMesswert;
   }
}

public class Messwertanalyse
{
     public static void Main(string[] args)
     {
         SensorMesswert mySensorMesswert = new SensorMesswert();
     }
}
```

aa) Beschreiben Sie, wie Sie aus der Methode „Main“ der Variablen „myMesswert“ einen Wert zuweisen können und den Wert der Variable auslesen können.

ab) Testweise möchte Ihr Kollege der Variablen den Wert 15,5 zuweisen, diesen Wert wieder auslesen und ausgeben. Mit der Eingabe von „Console.WriteLine(Wert);" kann eine Testausgabe erzeugt werden. Erstellen Sie den nötigen Programmcode.

b) Beim Lesen des Programmcodes haben Sie gesehen, dass die Klassen und Methoden in der „UpperCamelCase"-Schreibweise (z. B. „class SensorMesswert") notiert wurden, die Variablen hingegen in der Schreibweise „LowerCamelCase" (z. B. „double mySensorMesswert").
Beschreiben Sie, welche Vorteile diese Verfahrensweise bietet.

c) Ihnen liegt das Array „myCalcArray" mit 32 Messwerten vor. Das Array wurde mit dem nachfolgenden Programmcode erzeugt:

```
int [] myCalcArray = new int [32];
```

Sie möchten den Mittelwert der im Array mit dem Namen „myCalcArray" hinterlegten Werte berechnen. Geben Sie die Berechnung in Pseudocode an.

d) Der Auszubildende hat auch ein Graphical User Interface (GUI) für die Eingabe von Messwerten erstellt.

Geben Sie an, um welche Elemente es sich handelt.

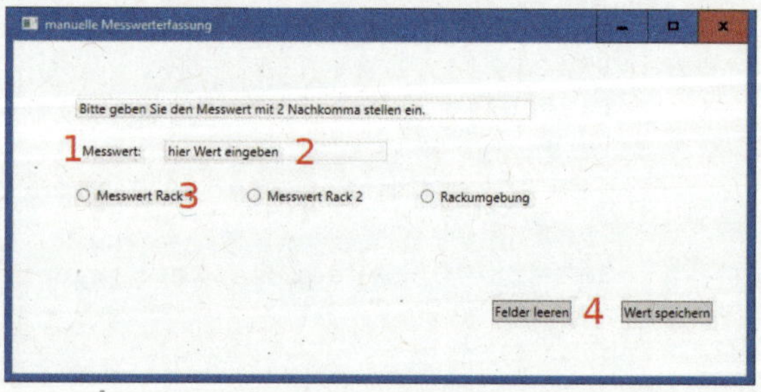

Nummer	Element
1	*Text-Label*
2	
3	
4	

2 a) Sie sollen einen Auszubildenden zu möglichen Sicherheitsrisiken unterrichten. Dazu informieren Sie sich über gängige Malware und Angriffe.
Ordnen Sie den Aussagen die Art der Malware des Angriffs zu.

Aussage	Malware
Eine E-Mail, die Empfänger dazu verleiten soll, bestimmte Daten, wie z. B. Passwörter, zu verraten.	
Malware, die als nützliches Programm getarnt ist und einem Angreifer einen Zugang zum System gibt.	
Malware, die sich ohne Benutzeraktion im Betriebssystem installiert. Versucht sich über E-Mails, Netzwerkfreigaben u. Ä. weiterzuverbreiten.	
Malware, die andere Dateien oder den Bootsektor eines Systems infiziert. Die Malware verbreitet sich z. B. durch das Kopieren infizierter Daten.	
Malware, die Daten verschlüsselt und ggf. vom angegriffenen System herunterlädt. Gegen Bezahlung von Lösegeld werden die Daten „zurückgegeben".	

b) Die Daten eines Kunden wurden durch eine Ransomware verschlüsselt. Der Kunde soll einen hohen Geldbetrag für die Entschlüsselung an die Angreifer bezahlen. Nach einiger Recherche ist herausgekommen, dass ein Mitarbeiter in einer E-Mail mit unbekanntem Absender ein angehängtes Dokument geöffnet hat und durch dieses Dokument die Ransomware ins Netzwerk gekommen ist.
Beschreiben Sie eine Möglichkeit, ein System vor Ransomware zu schützen.

c) Der neue Virenscanner kann gepackte Anhänge in einer sogenannten „Sandbox" öffnen und die entpackten Dateien auf Schadcode untersuchen. Beschreiben Sie einen Vorteil einer solchen „Sandbox" in diesem Zusammenhang.

3 Daten sind das zentrale Element der IT-Systeme. Sie können in Datenbanken oder als Dateien auf Speichermedien gespeichert werden. Beantworten Sie die Fragen in Bezug auf Datenbanken und Dateien.

a) Datenbanken sind ein wichtiger Bestandteil moderner IT-Systeme. Damit mit den gespeicherten Daten zuverlässig gearbeitet werden kann, müssen beim Einfügen, Ändern und Löschen von Datensätzen einige Regeln berücksichtigt werden. Erläutern Sie den Begriff der sogenannten referenziellen Integrität.

b) Die referenzielle Integrität einer Datenbank kann durch Anomalien gestört werden. Diese Anomalien werden im Wesentlichen in drei Bereiche klassifiziert. Erklären Sie die Begriffe Einfüge-, Änderungs- und Löschanomalie. Geben Sie jeweils ein Beispiel an.

SB1 5.7.3

c) Zur Speicherplatzoptimierung stehen Deduplizierung und Komprimierung zur Auswahl. Geben Sie an, ob es sich bei den folgenden Szenarien um Deduplizierung, Komprimierung oder keines der Verfahren handelt.

Szenario	Verfahren
Ein Dateianhang einer E-Mail wird als ZIP-Archive auf dem Datenserver abgelegt.	
Ein Dateianhang einer E-Mail wird in einer Datenbank abgelegt und als Referenz bei Weiterleitungen angegeben.	
Ein Bild wird vom JPG-Format in das BMP-Format umgewandelt.	
Eine Audiodatei wird vom WAV-Format in das MP3-Format umgewandelt.	
Dateien in unterschiedlichen Benutzerunterordnern werden als symbolische Links auf einem Datenserver abgelegt.	

d) Relationale Datenbanken werden sehr häufig für klar und gleichförmig strukturierte Daten genutzt. Daneben gibt es einige andere Ansätze, Datensätze zu speichern. Geben Sie mindestens drei nicht-relationale Datenbanktypen an. Erklären Sie kurz deren Ansatz.

e) Beantworten Sie die Fragen zu Archivierungssystemen.

ea) Erklären Sie den Unterschied zwischen „Archivierung“ und „Backup“.

eb) Nennen Sie zwei Arten von Daten, von denen ein revisionssicheres Backup erstellt werden muss.

ec) Sie möchten ein WORM-System zu Erstellung der revisionssicheren Archivierung verwenden. Erklären Sie die Abkürzung WORM.

f) Sie suchen RAM-Module für die Erweiterung eines Server. Ihnen liegt ein Datenblatt vor:
DDR5 ECC 32GiB, DDR5-4800 PC5-3800R reg ECC DIMM
Beschreiben Sie nachfolgende Eigenschaften:

ECC	

DDR5	
4800	

g) Nachdem Daten nicht mehr benötigt werden, müssen sie korrekt gelöscht werden (z. B. personenbezogene Datensätze von Kunden). Ein Kollege aus dem ersten Ausbildungsjahr behauptet, dass mit dem Kontextmenü „Löschen" eine Datei vollständig gelöscht wird. Erklären Sie, warum diese Aussage falsch ist.

h) Nicht benötigte Speichermedien (Festplatten, SSD) sind korrekt zu entsorgen. Geben Sie für die vorgeschlagenen Vorgehensweisen an, ob diese infrage kommen, und begründen Sie.

Festplatte mechanisch (z. B. mit einem Hammer/Bohrer) zerstören	
Festplatte mit einem Magneten löschen	
SSD mit einem Magneten löschen	
Daten durch Formatierung löschen	
Daten auf einer Festplatte durch mehrfaches Beschreiben mit Nullen oder Nonsense-Daten löschen	

4 a) Aus ökologischen Gründen möchten Sie das Energiekonzept im Serverraum langfristig verändern. Beschreiben Sie zwei Möglichkeiten, um im Serverraum weniger Energie zu benötigen.

b) Sie suchen ein Konzept für eine Zugriffskontrolle. Ordnen Sie die Aussagen den Konzepten „Mandatory Access Control (MAC)“, „Discretionary Access Control (DAC)“ und „Role-Based Access Control (RBAC)“ zu.

Aussage	MAC	DAC	RBAC
Benutzer haben Kontrolle über die Zugriffe auf bestimmte Ressourcen.	☐	☐	☐
Benutzer, auch Administratoren, können die festgelegten Richtlinien nicht ändern. Diese werden zentral festgelegt.	☐	☐	☐
Bestimmte Personengruppen bekommen Rechte an bestimmten Ressourcen zugewiesen.	☐	☐	☐
Sicherheitsklassen werden auf Objekte und Benutzer angewendet.	☐	☐	☐
Benutzer werden Rollen zugewiesen. Eine Rolle bekommt z. B. die Berechtigung, eine Datei zu lesen.	☐	☐	☐
Die Zugriffsregelung auf Ressourcen wird auf Basis von Dateien und Ordner umgesetzt.	☐	☐	☐

c) Bei der Recherche nach Backup-Medien finden Sie die nebenstehende Anzeige.

Nennen Sie drei Gründe, warum LTO-Magnetbänder (Linear Tape-Open) oftmals als Backup-Medien eingesetzt werden.

> Das neue LTO-9 Tape stellt sich vor:
>
> - mehr als 16 TiB Kapazität
> - mit Komprimierung über 40 TiB Kapazität
> - Übertragungsrate: 400 MB/s
> - Backup und Archivierung
> - speichert bis zu 40 Jahre sicher die Daten
>
> Aktionspreis: nur 149,95 Euro

____

____

____

____

Aufgabe 2: **Sie vertiefen Ihre Fachkenntnisse, indem Sie sich über IP-Adressen, den Einsatz der VLAN-Technik, die Verwendung von SNMP sowie die WLAN-Technik mit Authentifizierung informieren.**

SB 5.3.1

❶ a) Ein Client kann nicht auf die Server zugreifen. Sie lassen sich die IP-Einstellungen anzeigen.

```
Ethernet adapter Ethernet:

   Connection-specific DNS Suffix  . :
   Link-local IPv6 Address . . . . . : fe80::a148:4faa:afd5:829f%3
   Autoconfiguration IPv4 Address. . : 169.254.130.159
   Subnet Mask . . . . . . . . . . . : 255.255.0.0
   Default Gateway . . . . . . . . . :
```

Analysieren Sie die IPv4-Adresse und geben Sie eine Einschätzung des Problems ab.

____

____

____

b) Ihr Internet Service Provider (ISP) bietet Ihnen IPv6-Adressen an. Geben Sie zwei Gründe an, die für den Einsatz von IPv6, auch im internen Netzwerk, sprechen.

____

____

____

____

c) Sie lassen sich die IP-Adresse eines Clients anzeigen. Interpretieren Sie die Ausgabe und bestimmen Sie die Adressart und die Herkunft der Adresse.

```
1 link/ether bc:5f:f4:2c:04:36 brd ff:ff:ff:ff:ff:ff
2 inet 192.168.0.74/24 brd 192.168.0.255 scope global dynamic enp4s0
3 inet6 fd00::be5f:f4ff:fe2c:436/64 scope global dynamic mngtmpaddr
4 inet6 2001:a62:323:5f01:be5f:f4ff:fe2c:436/64 scope global dynamic mngtmpaddr
5 inet6 fe80::be5f:f4ff:fe2c:436/64 scope link
```

Zeile	Adressart	Herkunft
1		
2		
3		
4		
5		

d) Sie verwenden in Ihrem lokalen Netzwerk statisches Routing. Dazu haben Sie bei vier Routern die Routing-Tabellen per Hand gepflegt. Das Netzwerk soll um weitere Router erweitert werden und Sie überlegen, ob Sie den Routing-Prozess nicht auf dynamisches Routing umstellen.
Geben Sie je zwei Vorteile und zwei Nachteile des dynamischen Routings an.

Vorteile	Nachteile

e) Gegeben ist das folgenden Netzwerk beim Endkunden.

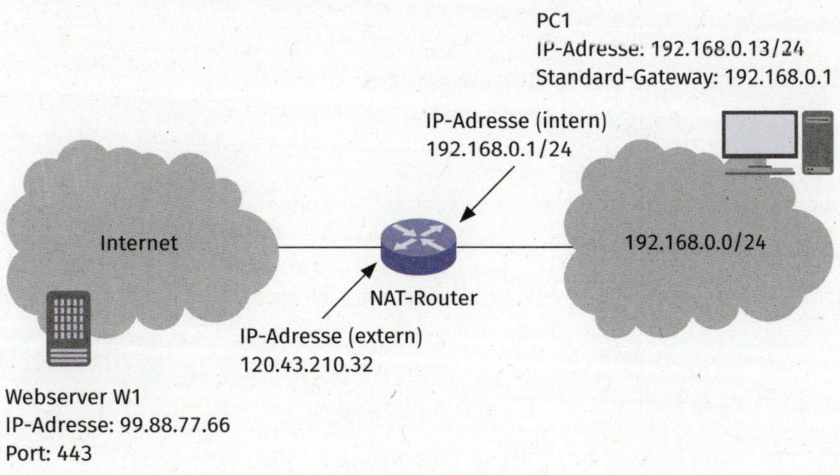

ea) Erklären Sie, warum die NAT-Technik hier zum Einsatz kommt.

eb) Der Client PC1 möchte mit dem Webserver W1 eine Verbindung aufbauen. Geben Sie die Teile des IP-Pakets an, die durch NAT jeweils beim Versenden bzw. Empfangen verändert werden.

ec) Im internen Netzwerk soll ein Server installiert werden. Dieser nimmt auf Port 25565 eingehende Verbindungen entgegen. Der Server soll aus dem externen Netzwerk erreichbar sein. Beschreiben Sie die Einstellung, die hierzu im NAT-System vorgenommen werden muss.

f) Ihnen liegt ein Auszug eines englischen Textes vor.

Englischer Text zu IPv4- und IPv6-Adressen
A device on an IP network can have many IP addresses. If it supports IPv4, the local loopback address is always configured, which is 127.0.0.1. Of course, the system also has to have a unique IPv4 address in order to be addressable by other devices. Often, this address is from one of the private IPv4 address ranges: 10.0.0.0/8, 172.16.0.0/12, or 192.168.0.0/16. In addition to that, there are IPv4 multicast addresses. For IPv4, most devices have the multicast address 224.0.0.1 configured. This address is used to reach all systems on the subnet. Another multicast address is 224.0.0.251, which is a multicast DNS (mDNS) address. It is responsible for resolving all names ending in .local. Under IPv6, a device usually has a public IPv6 address with the prefix 2000::/3. Then it generates an address with the prefix fe80::/10 by itself. This address is called the link local address. Furthermore, in addition to the public IPv6 address, the device can have a private IPv6 address. This address has the prefix fc00::/7. It also gets assigned a bunch of multicast addresses, one of which is ff02::1. A message to this address reaches all IPv6 nodes in the network. As with IPv4, each device has an IPv6 loopback address as well, which is ::1.

fa) Nennen Sie die beiden Loopback-Adressen (IPv4 und IPv6), die ein System haben kann.

fb) Geben Sie zwei Beispiele für private IP-Adressen (IPv4 und IPv6) eines Clients an.

fc) Beschreiben Sie die Aufgabe der mDNS-Multicast-Adresse.

2 Bei Echtzeitdatenverkehr sind besondere Kriterien zu beachten. Sie sollen sich über diese Kriterien informieren.

a) Kreuzen Sie an, welche Aussagen richtig und welche Aussagen falsch sind.

Aussage	richtig	falsch
Paketlaufzeiten haben geringen Einfluss auf HTTP-Verbindungen.	☐	☐
Paketlaufzeiten haben geringen Einfluss auf VoIP-Verbindungen.	☐	☐

Aussage	richtig	falsch
Jitter bezeichnet die Flankenschwankungen bei einem Echtzeitdatenverkehr.	☐	☐
Mit der Bit Error Rate (BER) werden die Fehler auf Schicht 3 festgestellt.	☐	☐
Unter dem Round Trip Delay (RTD) versteht man die benötigte Zeit, die ein Paket vom Sender bis zum Empfänger benötigt.	☐	☐

b) Erklären Sie den Begriff Quality of Service (QoS).

c) Bei Echtzeitdatenverkehr wie VoIP wird häufig die VLAN-Technik zur Realisierung von QoS eingesetzt. Erklären Sie, wie dies durch VLAN umgesetzt werden kann.

3 a) Zur Authentifizierung im Netzwerk soll ein Triple-A-System eingesetzt werden. Sie fragen einen Kollegen, was die Abkürzung AAA bedeutet. Er antwortet Ihnen mit „Authentication", „Authorization" und „Accounting".

aa) Unterscheiden Sie die Begriffe „Authentication" und „Authorization" voneinander.

ab) Geben Sie ein Beispiel für eine Funktion, die unter den Begriff „Accounting" fällt.

b) Bei der Absicherung des WLAN soll WPA3 in der Enterprise-Variante zum Einsatz kommen. Der Standard IEEE802.1x gibt feste Rollen (Authenticator, Supplicant, Authentication Server) vor.

ba) Ordnen Sie diese Rollen den Geräten im Netzwerk zu.

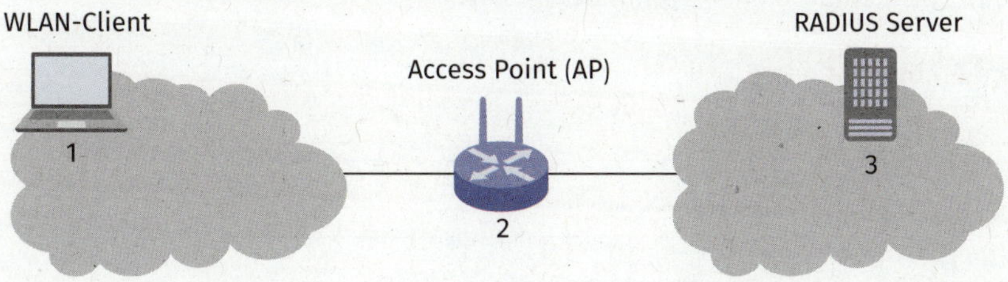

1: ______

2: ______

3: ______

bb) Beschreiben Sie die Aufgabe des Authenticators.

____

____

c) Für das Gäste-WLAN wollen Sie ein Ticketsystem (voucher-basiert) einsetzen. Geben Sie die Reihenfolge an, in der ein Gast ein Ticket verwenden kann.

Nummer	Beschreibung
	Der Gast kann nun das WLAN für einen definierten Zeitraum oder eine festgelegte Datenmenge verwenden.
	Der Gast gibt den Code des Tickets (Voucher) ein.
	Der Code des Tickets (Voucher) wird überprüft.
	Der Gast erhält ein Ticket (Voucher) mit einem Code.
	Der Gast wählt das richtige WLAN (SSID) aus und verbindet sich damit.
	Der Gast kann das WLAN nicht weiter verwenden.
	Die Nutzungsbedingungen (Zeit oder Datenmenge) des Tickets (Vouchers) sind abgelaufen.

d) Ein Kunde möchte ein neues Netzwerk anlegen. Er steht vor der Entscheidung, für die Anbindung der Clients ein WLAN oder ein kabelgebundenes LAN zu verwenden.
Geben Sie je zwei Vor- und Nachteile an.

Vorteil LAN	Nachteil LAN

Vorteil WLAN	Nachteil WLAN

e) Der Kunde entscheidet sich für den Einsatz einer WLAN-Technik für die Clients. Für den Anschluss der beiden Access Points (AP) empfehlen Sie ihm PoE.

ea) Erklären Sie die Abkürzung PoE.

____

____

eb) Beschreiben Sie die Funktionsweise von PoE.

____

____

f) Für die Absicherung des WLAN stehen die Modi „PSK“ und „Enterprise“ zur Verfügung. Erläutern Sie ein Beispiel, bei dem der Vorteil von „Enterprise“ deutlich wird.

g) Sie wollen beim Kunden den Standard IEEE802.1X umsetzen. Es ist folgende Zuordnung von Geräten und Rollen anzunehmen:

Gerät	Rolle
WLAN-Client	Supplicant
Access Point (AP)	Authenticator
RADIUS-Server	Authentication Server

Ordnen Sie den Punkten den Ablauf im Message Sequence Chart (MSC) zu.

A = Der Sitzungsschlüssel ist ausgetauscht. Der WLAN-Client kann nun gesicherten Datenverkehr mit dem AP austauschen.
B = Der RADIUS-Server überprüft die Identität des WLAN-Client.
C = Der WLAN-Client sendet einen Verbindungswunsch an den Access Point (AP).
D = Der AP leitet die Anfrage des WLAN-Clients an den RADIUS-Server weiter.
E = Der RADIUS-Server teilt dem AP mit, ob die Authentifizierung erfolgreich war.
F = Der AP sendet dem WLAN-Client einen Sitzungsschlüssel.
G = Der RADIUS-Server sendet dem WLAN-Client eine Auswahlmöglichkeit mit Authentifizierungsmethoden.
H = Der WLAN-Client sendet die Wahl der Authentifizierungsmethode an den RADIUS-Server.

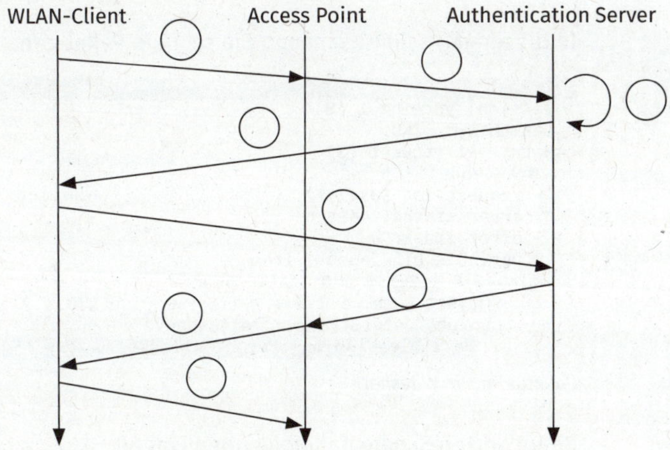

Tragen Sie die Buchstaben in der richtigen Reihenfolge in die Kreise ein.

3 a) In Ihrem Unternehmen wird eine SNMP-Monitoring-Lösung eingesetzt. Kreuzen Sie an, welche Aussagen zu dieser Software richtig sind.

Aussage	richtig
Durch die Lösung werden Video (Video over IP) und Telefonie (Voice over IP) gemanagt.	☐
Eine Monitoring-Lösung kann primär Angriffe auf ein Netzwerk erkennen.	☐
Mit einer Monitoring-Lösung können Koppelelemente teilweise konfiguriert werden.	☐

Aussage	richtig
Eine Monitoring-Lösung kann die Leistungsfähigkeit von Systemen im Netzwerk überwachen.	☐
Eine SNMP-Monitoring-Lösung kann zum Erstellen einer „Daisy-Chain“ verwendet werden.	☐
Mit einer Monitoring-Lösung können Warnmeldungen im Netzwerk gesendet werden.	☐

b) Sie möchten mittels Simple Network Management Protocol (SNMP) einen Parameter eines Koppelelements setzen.

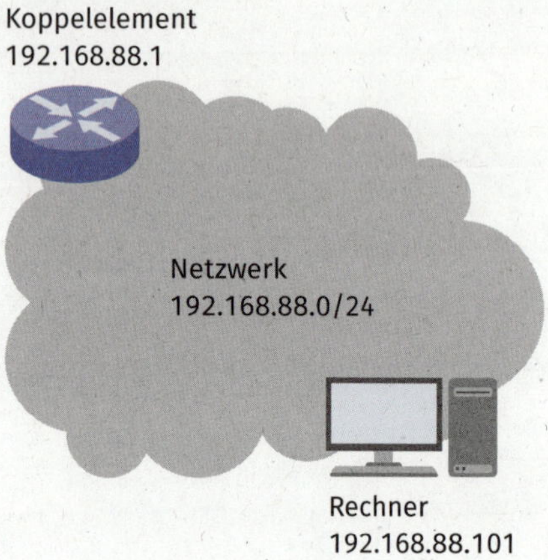

Sie schneiden den Verkehr mit dem Programm „Wireshark“ mit.

No.	Source	Destination	Protocol	Length	Info
1	192.168.88.101	192.168.88.1	SNMP	91	set-request 1.3.6.1.2.1.1.5.0
2	192.168.88.1	192.168.88.101	SNMP	91	get-response 1.3.6.1.2.1.1.5.0
3	192.168.88.101	192.168.88.1	SNMP	85	get-request 1.3.6.1.2.1.1.5.0
4	192.168.88.1	192.168.88.101	SNMP	93	get-response 1.3.6.1.2.1.1.5.0

In diesem Mitschnitt schauen Sie sich ein Paket genauer an.

```
Simple Network Management Protocol
  version: version-1 (0)
  community: JIKU
 ▾ data: set-request (3)
   ▾ set-request
      request-id: 30341472
      error-status: noError (0)
      error-index: 0
     ▾ variable-bindings: 1 item
       ▾ 1.3.6.1.2.1.1.5.0: "AllesNeu"
          Object Name: 1.3.6.1.2.1.1.5.0 (iso.3.6.1.2.1.1.5.0)
         ▾ Value (OctetString): "AllesNeu"
            Variable-binding-string: AllesNeu
```

Paketdetails in Wireshark

Beantworten Sie die nachfolgenden Fragen.

ba) Geben Sie an, unter welcher IP-Adresse der Agent zu finden ist.

____

bb) Nennen Sie den Port (Schicht 4), auf dem ein SNMP-Agent auf Abfragen wartet.

____

bc) Bestimmen Sie die verwendeten Community-Strings.

____

bd) Benennen Sie die Object-ID und den zugewiesenen Wert.

____

c) Im Netzwerk eines Kunden wird eine Vielzahl von Geräten mittels SNMP überwacht. Bei jedem Gerät werden regelmäßig mehrere OID-Werte abgefragt.

ca) Beschreiben Sie eine typische Abfrage eines Agents. Verwenden Sie zur Beschreibung gängige Fachsprache.

____

____

____

cb) Erklären Sie einen Nachteil, wenn im Netzwerk viele Geräte mittels SNMP überwacht werden.

____

____

____

____

cc) Beschreiben Sie die Funktionsweise einer SNMP-Trap.

____

____

Aufgabe 3: **Vor der Planung bestimmter Sicherheitsmaßnahmen informieren Sie sich über Firewall-Systeme, den Einsatz von VPN-Szenarien und die Verwendung von Zertifikaten. Sie sollen außerdem einen Kunden bei der Planung einer Migration in die Cloud unterstützen.**

SB 5.4.1

1 a) Bei einem Kunden soll ein neues Sicherheitskonzept eingeführt werden. Mithilfe des Konzepts „Zero Trust“ soll die Sicherheit im Netzwerk weiter erhöht werden.
Kreuzen Sie an, welche Aussagen zum Konzept „Zero Trust“ passen.

Aussage	Zero Trust
Daten werden im gesamten Netzwerk verschlüsselt.	☐
Benutzer innerhalb eines Netzwerks gelten als vertrauenswürdig.	☐
Nach einer Anmeldung im Netzwerk bekommt ein Benutzer Rechte an verschiedenen Ressourcen im Netzwerk.	☐
Das Netzwerk wird in viele Segmente eingeteilt. Jedes Segment wird als eigenständige Sicherheitszone gewertet.	☐
Verbindungen in das externe Netzwerk stehen nicht im Fokus.	☐
Netzwerkverkehr wird ständig überwacht, um verdächtigen Datenverkehr zu erkennen.	☐

b) Neben dem Einsatz von Firewall-Techniken werden zum Schutz der Clients auch Virenscanner eingesetzt. Moderne Virenscanner verwenden die Verfahren „Signaturvergleich“ und „Verhaltensüberprüfung“ zur Erkennung von Viren.
Erstellen Sie einen Programmablaufplan (PAP) für das Vergleichen der Daten mit der Signaturdatenbank des Virenscanners.

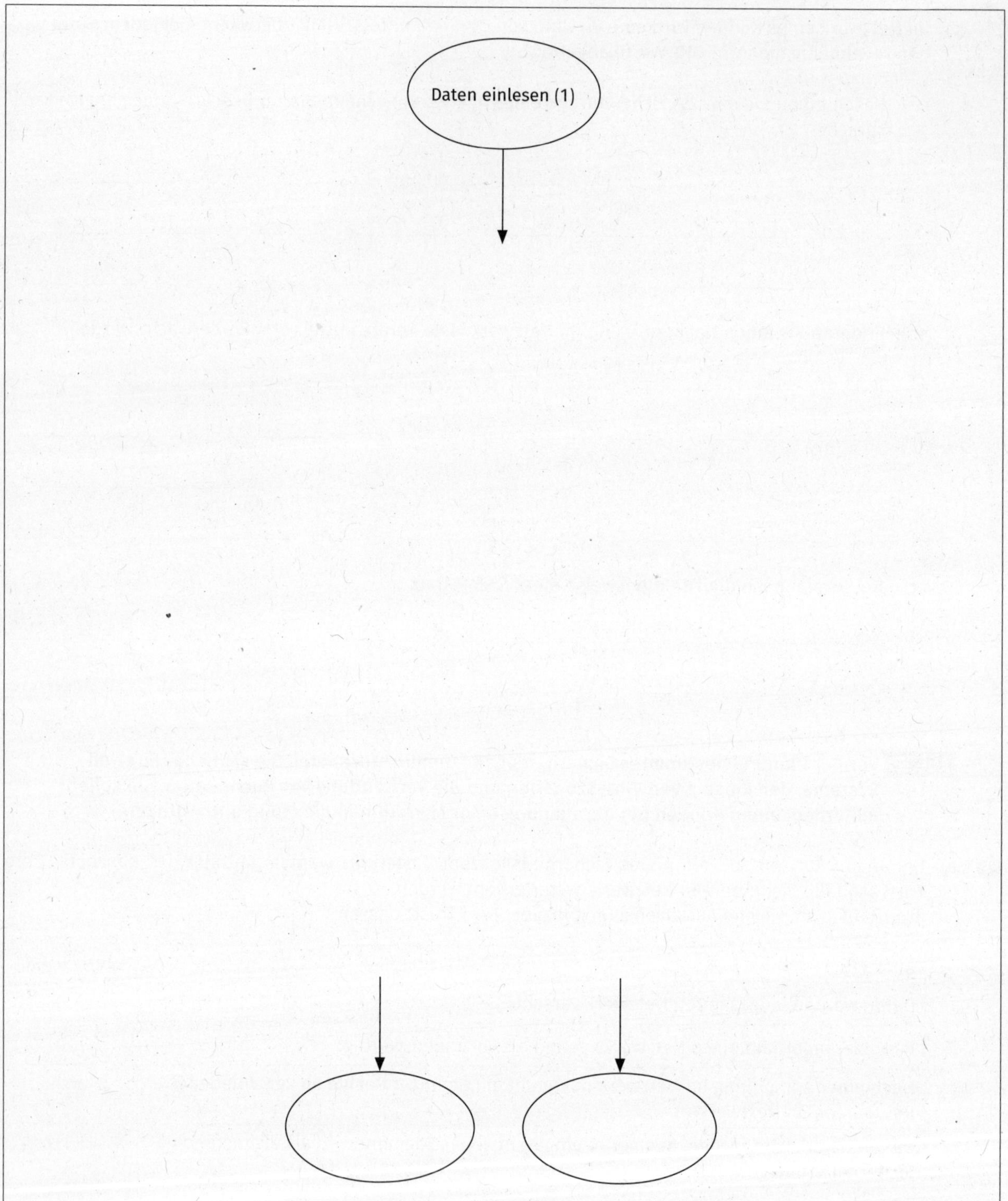

c) Zur Realisierung der P-A-P-Struktur des BSI entscheiden Sie sich für eine Paketfilter-Firewall mit Stateful Packet Inspection (SPI).

ca) Beschreiben Sie den Vorteil einer SPI gegenüber einer reinen Paketfilter-Firewall.

cb) Nennen Sie zwei Verbindungszustände, die von einer SPI-fähigen Firewall beachtet werden.

d) Für die Umsetzung der P-A-P-Struktur stehen Sie vor der Kaufentscheidung, ein Application Layer Gateway (ALG) oder eine Next Generation Firewall (NG FW) anzuschaffen.
Erläutern Sie zwei Merkmale, die eine NG FW von einem ALG unterscheiden.

e) In den letzten Jahren gab es einen starken Anstieg an Angriffen auf Netzwerke und Programme.

Auszug aus dem Bericht „Die Lage der IT-Sicherheit in Deutschland 2022".

Ein Kunde möchte Angriffen auf sein Netzwerk vorbeugen und eine Angriffserkennung im Netzwerk implementieren. Dabei gibt es zwei Möglichkeiten. Es kann ein Intrusion Detection System (IDS) oder ein Intrusion Prevention System (IPS) installiert werden.
Unterscheiden Sie IDS und IPS anhand der vorgegebenen Kriterien.

Kriterium	IDS	IPS
Aktion bei einem erkanntem Angriff		
Funktion		
Konfiguration		
Einschätzung der Sicherheit		

2 Für den sicheren Zugang von Mitarbeitenden zum Firmennetz oder bei der Anbindung von weiteren Standorten kann ein VPN-Tunnel eingesetzt werden.

a) Geben Sie drei Kriterien an, die ein VPN-Tunnel erfüllen muss.

______

______

______

b) Geben Sie Eigenschaften eines kryptografischen Prüfsummenverfahrens (Hash-Funktion) an.

______

______

______

c) Erklären Sie den Unterschied zwischen einfachen (z. B. CRC) und kryptografischen Prüfsummenverfahren (z. B. HMAC-SHA3).

______

______

______

d) Der dargestellte Netzwerkplan zeigt Varianten von VPN-Verbindungen (rot). Nennen Sie den jeweiligen VPN-Verbindungstyp.

Variante 1:

______

Variante 2:

______

Variante 3:

______

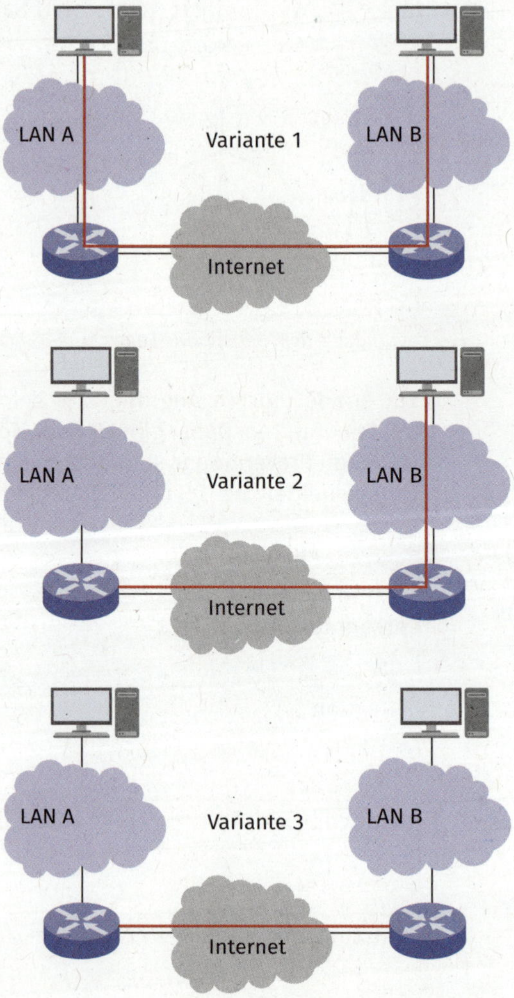

e) Bei einer VPN-Verbindung soll IPsec im Tunnel-Mode mit AH (ohne ESP) und PSK eingesetzt werden. Erläutern Sie die Konsequenzen anhand der drei Kriterien eines VPN-Tunnels.

______

______

______

______

______

______

f) Geben Sie für die Sicherheitsalgorithmen jeweils den Einsatzbereich und die Sicherheit an.

Algorithmus	Einsatzbereich	Sicherheit
DES	*Verschlüsselung*	*unsicher*
3DES		
HMAC-SHA1		
HMAC-MD5		
AES		
Blowfish		
HMAC-SHA2		
HMAC-SHA3		

3 a) Sie benötigen ein Zertifikat für einen internen Webserver. Dazu ist es nötig, dass Sie an die interne Zertifizierungsstelle einen „Certificate Signing Request“ (CSR) stellen. Aus diesem wird das Zertifikat generiert. Ordnen Sie die Schritte in die richtige Reihenfolge.

Beschreibung	Schritt
Eigene Informationen I mit dem privaten Schlüssel ($K_{privateA}$) signieren.	
Zertifizierungsstelle überprüft die Signatur der signierten Informationen I.	
Schlüsselpaar (K_{pubA} + $K_{privateA}$) erzeugen.	
Zertifizierungsstelle signiert die Informationen I und die weiteren Informationen J mit dem privaten Schlüssel der Zertifizierungsstelle ($K_{privateCA}$).	
Eigene Informationen I, wie z. B. Name, Einsatzzweck und öffentliche Schlüssel (K_{pubA}) zusammenstellen.	
Signierte Informationen I an die Zertifizierungsstelle senden.	
Zertifizierungsstelle fügt weitere Informationen J (z. B. Seriennummer, Ablaufdatum) hinzu.	

b) Sie analysieren ein Zertifikat.
Auszug Zertifikat:

```
Zertifikat des Herausgebers
Version:    1
Seriennummer:   61 70 CB 49 8C 5F 98 45 29 E7 B0 A6 D9 50 5B 7A
Nicht gültig vor:   1999-10-01
Nicht gültig nach:  2036-07-17

Zertifikat-Fingerprints
SHA1:   61 EF 43 D7 7F CA D4 61 51 BC 98 E0 C3 59 12 AF 9F EB 63 11
MD5:    F8 BE C4 63 22 C9 A8 46 74 8B B8 1D 1E 4A 2B F6
Informationen zum öffentlichen Schlüssel
Schlüssel-Algorithmus:  RSA
Schlüsselparameter: 05 00
Schlüssellänge: 2048
SHA1-Fingerprint des Schlüssels:  5A [...] E3
Öffentlicher Schlüssel: 30 [...] 01

Signatur
Signatur-Algorithmus: SHA1 mit RSA
Parameter der Signatur: 05 00
Signatur: 34 [...] 2A
```

ba) Beschreiben Sie folgende Bestandteile des Zertifikats.

Bestandteil	Erklärung
Seriennummer	
Fingerprint	
SHA1	
RSA	
Schlüssellänge	

bb) Ein Zertifikat kann Authentizität und Vertraulichkeit gewährleisten. Geben Sie an, mit welchen Zertifikatsbestandteilen Authentizität und Vertraulichkeit sichergestellt werden.

Aspekt	Zertifikatsbestandteil
Authentizität	
Vertraulichkeit	

c) Eine Funktion von Zertifikaten ist die Sicherstellung der Authentizität. Beschreiben Sie, wie ein Client die Authentizität eines Webservers feststellen kann. Erklären Sie, wie dabei das (Stamm-)Zertifikat und die Signatur des zu validieren Zertifikats verwendet werden.

4 a) Ein Kunde betreibt u. a. zwei Server, die in der nächsten Zeit den Zustand EOL (End of Life) erreichen. Der Kunde ist sich unsicher, ob er zwei neue Systeme anschaffen soll oder ob er die Dienste in die Cloud migrieren soll.
Geben Sie Vorteile an, die durch die Verschiebung der Dienste in die Cloud entstehen.

b) Der Kunde möchte die Systeme in die Cloud migrieren. Er fragt sie, ob er sich für eine Public Cloud-Lösung oder für eine Private Cloud-Lösung entscheiden soll.
Unterscheiden Sie die beiden Cloud-Ansätze anhand der gegebenen Kriterien.

Kriterium	Private Cloud	Public Cloud
Zugriff	*Zugriff ist auf Benutzer/Kunden des Betreibers beschränkt*	
Konfigurations-möglichkeiten		
Kontrolle über Daten		
Wartung		

c) Der Kunde wünscht sich, dass sein System hochverfügbar ist. Die Verfügbarkeit muss bei 99,9995 % liegen.

ca) Erklären Sie den Begriff Hochverfügbarkeit.

cb) Nennen Sie zwei Möglichkeiten, um die Verfügbarkeit zu steigern.

cc) Berechnen Sie, wie viele Minuten pro Jahr das System nicht erreichbar sein darf.

d) Im Zusammenhang mit der Migration der Systeme in die Cloud hat der Kunde den Begriff „Edge" gelesen. Er bittet Sie den Begriff zu erklären.
Erklären Sie den Begriff „Edge-Computing".

5 a) Auf der Transportschicht (OSI-Schicht 4) werden im wesentlichen TCP und UDP eingesetzt. Beide Protokolle haben Vor- und Nachteile, können daher nicht für jede Anwendung eingesetzt werden.

aa) Ordnen Sie die Anwendungen den Protokollen TCP bzw. UDP durch Ankreuzen zu.

Anwendung	**TCP**	**UDP**
Webserver HTTP/HTTPS	☐	☐
VoIP SIP/RTP	☐	☐
E-Mail POP3/IMAP	☐	☐
Routing BGP	☐	☐
Namensauflösung DNS	☐	☐
Zeitabfrage NTP	☐	☐
Echtzeitanwendungen, Online Gaming	☐	☐

ab) Erklären Sie die Unterschiede zwischen den beiden nebenstehenden Szenarien. Gehen Sie dabei auf die Begriffe „Root-Hint" und „Forwarder" ein.

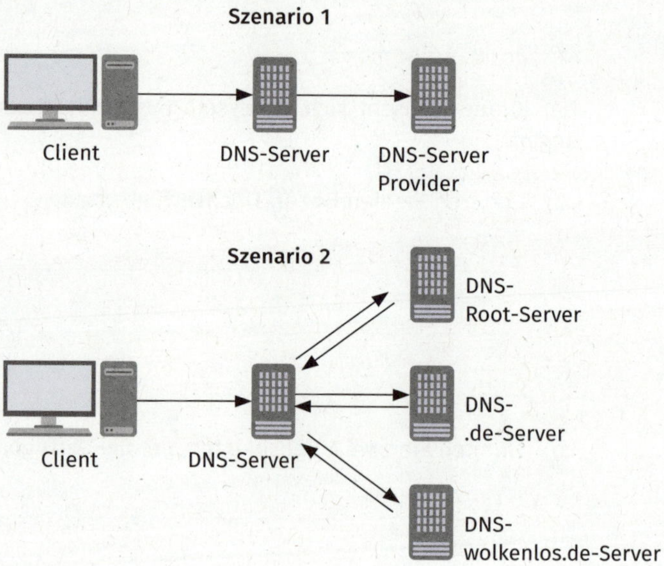

b) Geben Sie drei E-Mail-Protokolle, ihre Ports und ihre wesentlichen Aufgaben an.

c) Bei Cyberattacken wird häufig von „DDoS mit SyncFlooding" gesprochen. Erklären Sie in eigenen Worten die Abkürzung „DDoS" und wie ein Angriff mittels „SyncFlooding" abläuft.

d) Proxy-Server werden meist für Verbindungen aus dem LAN in das öffentliche Netz (Internet) eingesetzt. Ein Reverse-Proxy kontrolliert Verbindungen aus dem Internet in Richtung LAN. Erklären Sie, wie ein Reverse-Proxy zum Schutz gegen Attacken mittels „SyncFlooding" eingesetzt werden kann.

e) Erklären Sie für die folgenden Szenarien, an welcher Stelle ein Single Point of Failure (SPoF) entstehen kann und mit welcher Maßnahme sich dieser verhindern lässt.

Szenario	Maßnahme
Internetanschluss	
Server-Stromversorgung	
Datenbank	
Speichermedien (Festplatte oder SSD)	

Aufgabe 4: Sie informieren sich über cyber-physische-Systeme. Insbesondere betrachten Sie die eingesetzten Protokolle und die verwendeten Prozesse.

SB 5.5.1

1 Produktionsanlagen befinden sich seit einigen Jahren in einer Umbruchphase.

a) Erläutern Sie in diesem Zusammenhang den Ausdruck „Stand der Technik".

b) Ordnen Sie den Begriffen „Kritikalität", „Verfügbarkeit" und „Vertraulichkeit" die jeweiligen Maßnahmen zu, indem Sie sie mit Linien verbinden.

Begriffe	Maßnahmen
Kritikalität	Verschlüsselung
	Redundante Serverinfrastruktur und Anbindung
Verfügbarkeit	Zugriffsbeschränkung
	Backup-Systeme
Vertraulichkeit	Redundante Speicherung von Nutzdaten

c) Im Zusammenhang mit dem Begriff „Big Data" wird häufig zur Abgrenzung von herkömmlicher Datenverarbeitung von den drei „V's" gesprochen. Benennen Sie die drei V-Aspekte und erklären Sie deren Bedeutung.

____

____

____

d) Im Bereich moderner Produktionsanlagen kommen die Technologien Fog-, Edge- und Cloud-Computing zum Einsatz. Ordnen Sie die Technologien im folgenden Schaubild zu und erläutern Sie kurz die Latenzen, die in der Verarbeitung von Daten auf den unterschiedlichen Ebenen vorzufinden sind.

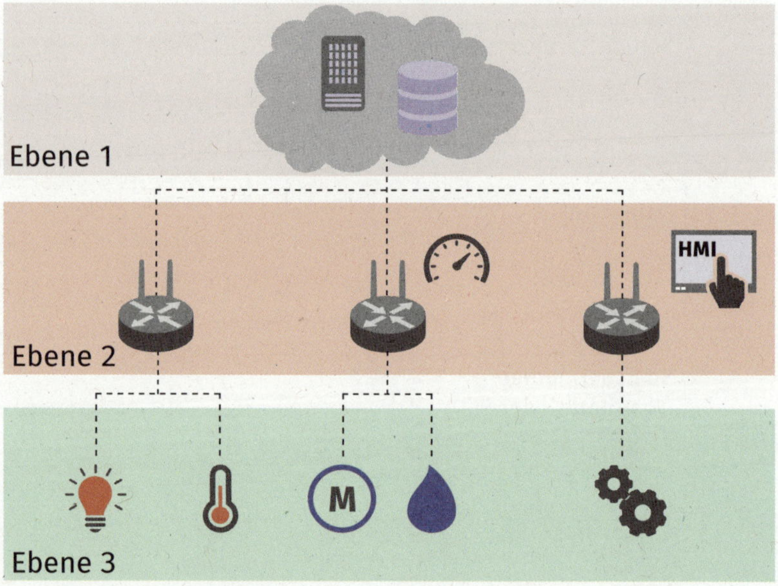

Ebene 1: ______________________________

____

Ebene 2: ______________________________

____

Ebene 3: ______________________________

2 Im Bereich Industrie 4.0 kommen unterschiedliche Protokolle und Netzwerktechnologien zum Einsatz.

a) Geben Sie für jeden Begriff das entsprechende Einsatzgebiet sowie ein Merkmal an.

Begriff	Einsatzgebiet	Merkmal
MQTT	*Kommunikation zwischen Sensorik/ Aktorik und zentralem Server*	*Message Queue Telemetry Transport; keine direkte Kommunikation zwischen Endpunkten*
OPC-UA		

Begriff	Einsatzgebiet	Merkmal
LoRaWAN		
Sigfox		
NFC		
LPWAN		

b) Das Protokoll MQTT benötigt einen sogenannten „Broker". Erläutern Sie die Funktionsweise des Brokers bei MQTT.

c) Der dargestellte Nachrichtenmitschnitt ist leider unvollständig. Ergänzen Sie die fehlenden Nachrichten.

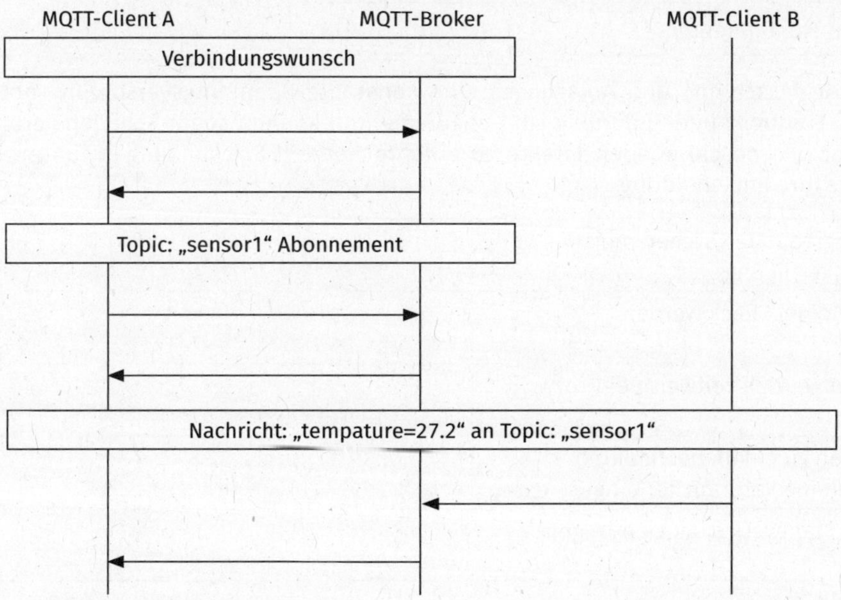

d) In modernen Webanwendungen wird häufig eine REST-API (Representational State Transfer Application Programming Interface) eingesetzt.
Erklären Sie die Funktionsweise und Besonderheit dieser Schnittstellen.

3 Neben der reinen Datenerfassung sind im Bereich Cyber-physische Systeme (CPS) und Industrie 4.0 die strukturierenden Prozesse von großer Bedeutung.

a) Erklären Sie die Bestandteile des sogenannten PDCA-Zyklus in eigenen Worten.

b) Geben Sie für die folgenden Begriffe an, ob es sich um Disaster Recovery-Maßnahmen handelt.

Begriff	**Disaster Recovery ja/nein**
Datenwiederherstellung	
Vergrößerung der Oberlichter	
redundante IT-Standorte	
zusätzliches IT-Personal	
zusätzliches Reinigungspersonal	
Lagerung von Ersatzkomponenten	

c) Für den Betrieb von Maschinen und Anlagen ist eine konstante Spannungsversorgung notwendig. Schwankungen bei Frequenz und Spannung sind ungünstig und können sogar Schäden verursachen. Entscheiden Sie, ob die beschriebenen Effekte zu entsprechenden Schwankungen führen können. Begründen Sie kurz Ihre Entscheidung.

Regenerative Energiequellen stehen meist nicht kontinuierlich zur Verfügung.	
Mehrere Server in einem Rack werden eingeschaltet.	
Große Verbraucher werden zeitweise ein- bzw. ausgeschaltet.	
Im Gebäude werden zu einem bestimmten Zeitpunkt einige kleine Verbraucher eingeschaltet.	
Ein benachbartes Stahlwerk setzt Lichtbogenhochöfen ein.	

d) Bei großen Katastrophen kann es zum Ausfall von Netzinfrastruktur und Anlagen kommen. Für einen solchen Fall sollte ein Disaster Recovery Plan existieren. Geben Sie mindestens vier Aspekte an, die in einem solchen Plan berücksichtigt werden müssen.

Lernsituation 3: Wir planen die Projektdurchführung

S **Die Auszubildenden der JIKU IT-Solutions bearbeiten die planerischen Aspekte einer Projektdurchführung.**

Holger Lübberstedt: Nachdem Sie im letzten Abschnitt viele Themen wieder aufgefrischt haben, schlage ich vor, dass Sie sich jetzt mit den planerischen Aspekten auseinandersetzen.

Nico Reimers: Bei der Planung ist einiges auch zu berechnen, darauf freue ich mich schon.

Stefan Köhler: Wir müssen aber auch Best Practice-Vorgehensweisen anwenden.

Jürgen Pollina: Gut, dass wir in den vergangenen Jahre auch viele kleinere Projekte durchgeführt haben, bei denen wir schon Erfahrung mit Planungen sammeln konnten.

Levi Kramer: Bei cyberphysischen System wird sehr viel im Vorfeld geplant, damit die Ausfallzeiten für die Umsetzung möglichst klein ausfallen.

Holger Lübberstedt: Gehen Sie bitte bei Detailfragen auch auf unsere Kollegen in den Planungsteams zu. Sie können dann von deren großer Erfahrung profitieren.

5.3 Serverdienste und Plattformen planen

S **Die Auszubildenden der JIKU IT-Solutions planen WLAN-Infrastrukturen, Stromversorgungen, Firewalls und IP-Netze.**

Nico Reimers: Beim Planen muss man die verfügbaren Informationen anwenden und mögliche Szenarien bedenken. Ich werde mir hier nochmal die Themen DNS und Stromversorgung ansehen.

Stefan Köhler: Im Netzwerkbereich sollten wir sicher mit IP-Adressen umgehen können, damit wir die Netzwerke anforderungsgerecht planen.

Jürgen Pollina: Für Cloud-Dienste müssen die Abrechnungsmodelle in der Planung berücksichtigt werden. Die Planung von Firewall-Regeln zur Absicherung der IT-Infrastruktur sowie VPN-Verbindungen müssen wir uns ebenfalls genauer ansehen.

Levi Kramer: Einige Themen wie das Planen eines Datacenters und die Ausfallsicherheit sind für Euch auch interessant. Das Planen von MQTT-Strukturen wird in meinem Schwerpunkt ausführlich behandelt.

Aufgabe 1: **In der Planungsphase beschäftigen Sie sich mit netznahen Diensten, planen den Einsatz von Programmen und Datenbanken und beschäftigen sich mit Sicherheitsaspekten. Zusätzlich sollen Sie den Einsatz einer Stromversorgung planen.**

SB 5.2.2

1 Die Werbeagentur Bildschön beauftragt Ihr Unternehmen, einige Anpassungen ihres Internetzugangs vorzunehmen. Die zwanzig Mitarbeitenden des Unternehmens sollen von zu Hause auf das Netzwerk der Firma zugreifen können. Dazu soll ein VPN-Gateway per FQDN vom Internet erreichbar sein. Den Internetzugang hat die Firma über einen lokalen Internetanbieter, der jedoch eine Zwangstrennung in einstellbaren Intervallen erfordert. Sie sollen das Unternehmen beraten, wie mithilfe eines dynDNS trotzdem das Firmennetzwerk per FQDN erreichbar gemacht werden kann.

a) Erklären Sie, wie mithilfe von dynDNS einem Internetzugang mit Zwangstrennung (Zuordnung einer neuen IP-Adresse) ein FQDN zugeordnet werden kann und welcher Ablauf dabei stattfindet.

b) Der bisherige Zugangsrouter mit integrierter Firewall soll ersetzt werden durch einen Router und eine Next-Generation-Firewall. Bei der Konfiguration des integrierten DNS-Resolvers kommt die Frage auf, ob ein **Forwarder** eingerichtet werden soll oder **Root Hint** verwendet werden soll.
Beschreiben Sie, welche Funktion ein **Forwarder** (Weiterleitung) übernimmt und wie sie sich von der **Root-Hint**-Funktion unterscheidet.

c) Die Chefin der Werbeagentur fragt Sie, ob die Agentur im Zusammenhang mit dem neuen DNS-Resolver vor DNS-Poisoning geschützt ist.
Erklären Sie den Ablauf von DNS-Poisoning im Zusammenhang mit einem DNS-Resolver. Beschreiben Sie Möglichkeiten zum Schutz vor DNS-Poisoning.

d) Neben DNSSEC hat die Chefin der Werbeagentur auch die Begriffe DNS over HTTPS (DoH) und DNS over TLS (DoT) gehört und würde gern wissen, ob diese Funktionen implementierbar sind und welchen Schutz sie bieten.
Erklären Sie, an welcher Stelle in einer DNS-Abfrage die Technologien DoH und DoT stehen und welchen Vorteil sie bieten.

2 a) Sie möchten ein Programmteil erstellen, bei dem Benutzername und Passwort eingegeben werden. Anschließend wird ein Hash-Wert H1 des Passworts erstellt. Im nächsten Schritt wird überprüft, ob der Benutzername in der Datenbank DB hinterlegt ist. Dann wird der Hash-Wert H1 mit dem Hash-Wert H2 in einer Datenbank verglichen, der mit dem Benutzernamen dort verknüpft ist. Sind beide Hash-Werte gleich, gilt der Benutzer als authentifiziert und es wird eine entsprechende Meldung erzeugt. Wenn die Hashwerte nicht identisch sind oder der Benutzer nicht in der Datenbank hinterlegt ist, wird wieder nach Benutzername und Passwort gefragt.
Erstellen Sie für diesen Vorgang einen Programmablaufplan (PAP).

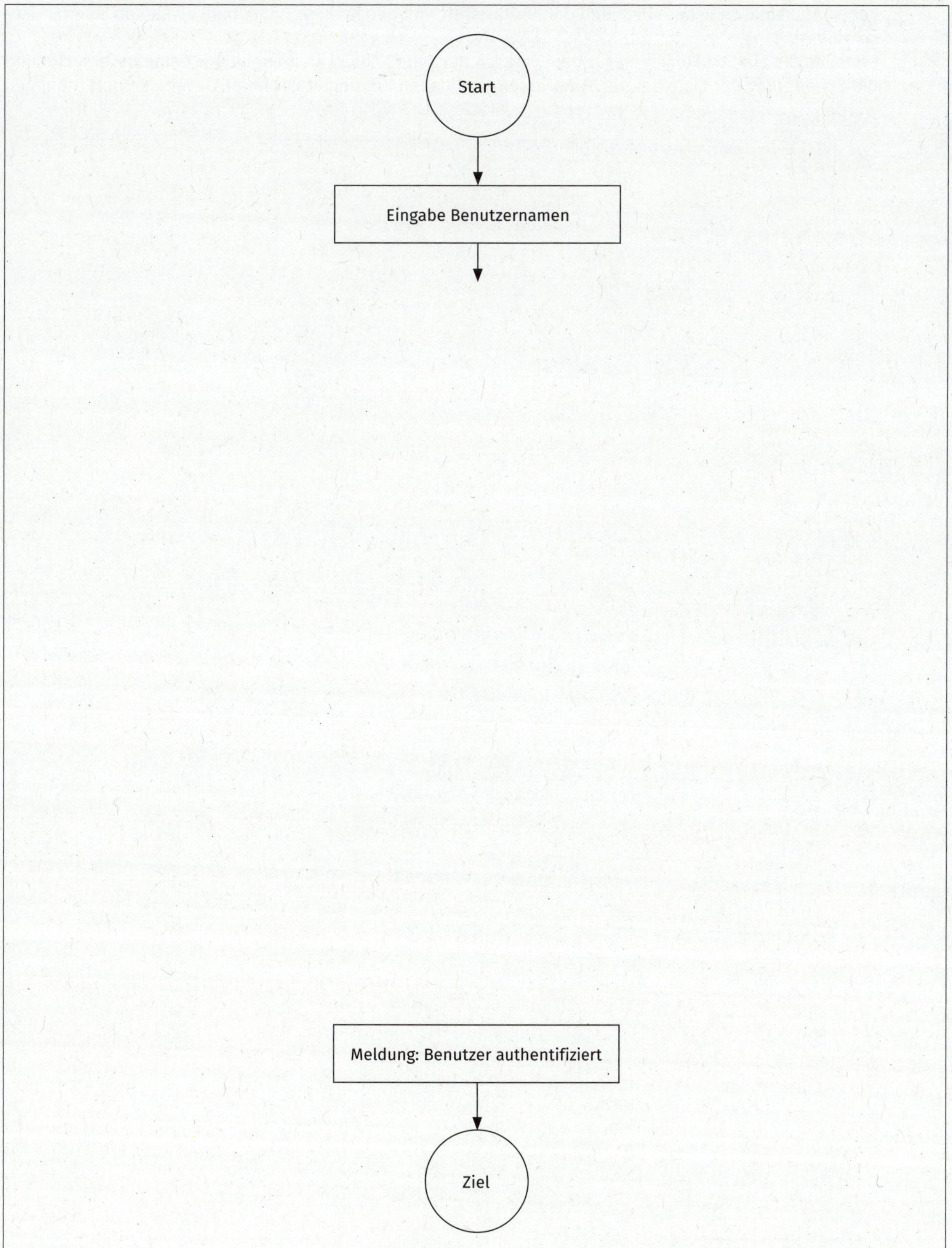

b) Ihnen liegt der Inhalt einer log-Datei des SSH-Dienstes vor.

```
Datum,Zeit,Prozess-ID,Nachricht,IP-Adresse,Port,Ziel-Dienst
Jun 26,17:07:44,sshd[6936]:,Accepted password for root
   from,185.17.204.214,51508,ssh2
Jun 26,17:08:41,sshd[7170]:,Failed password for root
   from,61.177.172.160,17286,ssh2
```

Sie möchten ein Programm erstellen, das diese Datei einliest und analysiert. Sie sollen die fehlgeschlagenen Anmeldeversuche zählen und die IP-Adressen, von denen diese Anmeldungen kamen, in eine Liste schreiben.
Erstellen Sie ein Struktogramm für das Einlesen der Datei, das Zählen ungültiger Anmeldeversuche und die Erweiterung der Liste um die IP-Adressen, von denen ein ungültiger Anmeldeversuch unternommen wurde.

c) Für die Umsetzung einer Authentifizierung mittels RADIUS liegt Ihnen ein UML-Anwendungsfalldiagramm vor.

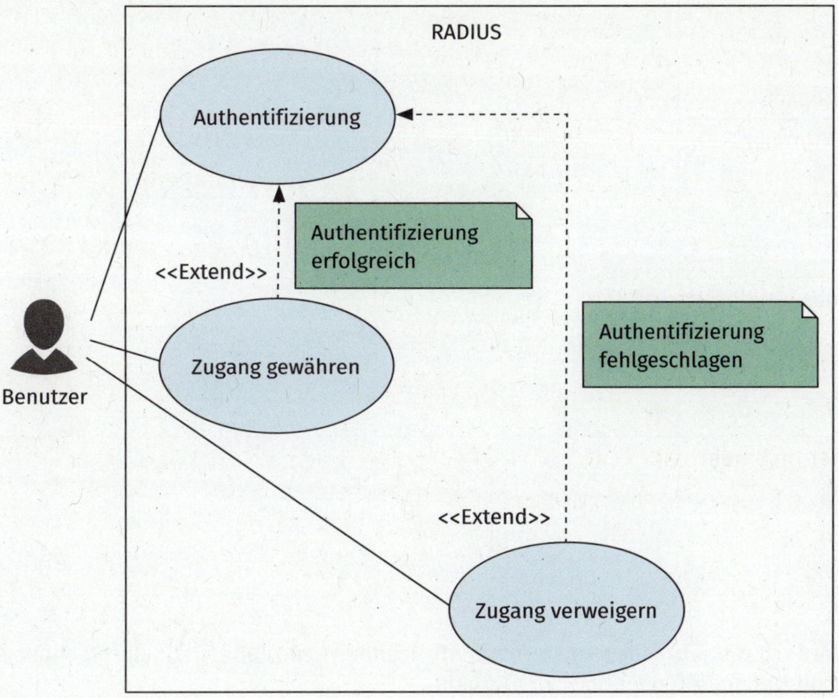

Beschreiben Sie den Anwendungsfall mit eigenen Worten.

d) Erklären Sie den Unterschied zwischen Primary Key (Primärschlüssel) und einem Foreign Key (Fremdschlüssel) anhand eines Beispiels.

e) Sie sollen eine relationale Datenbank planen. Ihnen werden verschiedene Informationen als Primary Key angeboten. Entscheiden Sie, ob die Informationen hierfür geeignet sind. Begründen Sie kurz.

Information	Primary Key	Begründung
Personalausweisnummer	*ja, aber eingeschränkt*	*ist bundesweit eindeutig; international nicht verwendbar*
Steuernummer		

Information	Primary Key	Begründung
Geburtsdatum		
Fortlaufende Nummer		
Matrikelnummer (Student)		
Kundennummer (in einem Unternehmen)		

3 Sie wurden aufgefordert, die jährlichen Kosten von 10 Rechnern zu planen. Für die Rechner stehen Ihnen zwei unterschiedliche Netzteile Typ A und B zu Auswahl.
Die folgenden Kenndaten der PCs sind bekannt. Die PCs sollen drei Jahre eingesetzt werden.

Kenndaten	Wert
Anzahl Rechner	10 Stück
Energiebedarf pro Rechner	220 Watt
Strompreis	32,2 Cent pro kWh
Laufzeit pro Jahr	210 Tage
Laufzeit pro Tag	7 Stunden

	Typ A	Typ B
Marke	EnerPlus	SuperGreen
Nennleistung	350 W	300 W
Preis	49,00 €	35,00 €
	Wirkungsgrad	
40–74,9 % Last	93,3 %	81,3 %
75–100 % Last	95,6 %	88,6 %

a) Berechnen Sie die jährlichen Energiekosten für diese beiden Netzteile.

b) Wählen Sie das für den geplanten Einsatz kostengünstigste Netzteil aus. Geben Sie weitere Kriterien an, die bei einer Entscheidung beachtet werden sollten.

4 a) Die Abbildung zeigt einen Dialog, der bei Formatierung eines Datenspeichers erscheint. Hierbei ist die **Größe der Zuordnungseinheiten (Clustergröße)** festzulegen.
Beschreiben Sie die Auswirkung, die diese Zuordnungseinheit auf den Lese- und Schreibzugriff auf dem Datenspeicher hat.

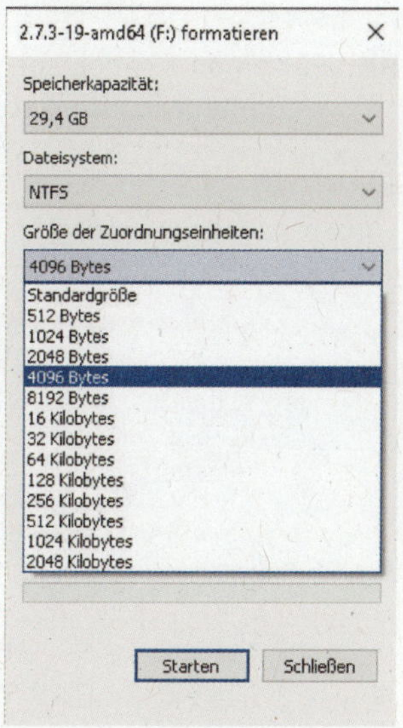

Dialog zur Formatierung einer Festplatte

b) Die Abbildung zeigt den Dialog der Eigenschaften einer Datei. Angezeigt werden die beiden Werte:
- Größe: 4,13 GB (4.441.097.216 Bytes)
- Größe auf dem Datenträger: 4,13 GB (4.441.100.288 Bytes)

Erklären Sie, wie die unterschiedlichen Byte-Werte zustande kommen.

c) In der vorherigen Abbildung wird die Größe der Datei angegeben mit Größe: 4,13 GB (4.441.097.216 Bytes).
Beschreiben Sie, ob es sich bei den 4,13 GB um Gigabyte (GB) oder um Gibibyte (GiB) handelt.

d) Das BSI hat aus dem Projekt „SiSyPHuS Win10: Studie zu Systemaufbau, Protokollierung, Härtung und Sicherheitsfunktionen in Windows 10" Richtlinien für die Härtung erstellt.
Erklären Sie, was unter Härtung eines Betriebssystems verstanden wird.

Aufgabe 2: **Sie sollen das Routing für das Netzwerk eines Kunden planen. Der Kunde möchte außerdem ein Gäste-WLAN anlegen, bei dessen Planung Sie ihn ebenfalls unterstützen sollen.**

SB 5.3.2

1 Für einen Kunden soll das interne Netzwerk sowie die Anbindung ans Internet geplant werden. Laut Netzwerkplan wird ein Webserver in der DMZ betrieben.

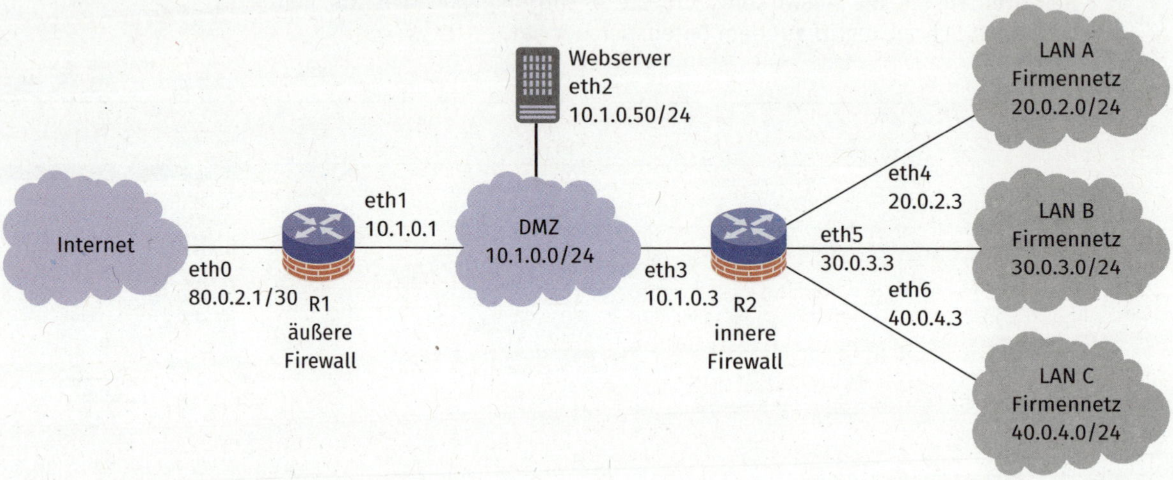

a) Nennen Sie Möglichkeiten, um ein internes IPv6-Netz an die alte IPv4-Infrastruktur anbinden zu können.

b) Ergänzen Sie die Routing-Tabelle für Router R1, sodass alle Netze über diesen erreicht werden können.

Zielnetz	Schnittstelle	Gateway
0.0.0.0	*eth0*	*80.0.2.2/30*
10.0.1.0/24		

c) Der Webserver in der DMZ verfügt über eine Netzwerkschnittstelle. Er soll über das für die Nutzdatenverbindungen eingesetzte VLAN sowie zu Administrationszwecken über ein weiteres VLAN angebunden werden. Geben Sie den Modus für die beiden VLANs an, mit dem die Netzwerkschnittstelle des Webservers und der entsprechende Switch-Port zu konfigurieren sind.

2 a) Ein Kunde möchte ein WLAN für Gäste anbieten. Die Gäste sollen die Möglichkeit haben, mit Ihren WLAN-fähigen Systemen Zugriff auf das Internet zu erhalten. Sie sollen dem Kunden eine Möglichkeit vorschlagen, wie der Datenverkehr der Gäste vom Datenverkehr der Mitarbeitenden abgegrenzt werden kann. Gäste sollen keinen Zugriff auf das interne Netzwerk erhalten.
Beschreiben Sie eine Möglichkeit.

b) Sie sollen für das Gästenetzwerk beim Kunden Access-Points (AP) installieren.
Nennen Sie drei Aspekte, die bei der Platzierung der APs beachtet werden müssen.

c) Ein anderer Kunde möchte eine große Lagerhalle mit WLAN-Technik ausstatten.
Die Access-Points sollen dabei im Mesh-Modus arbeiten. Beschreiben Sie drei Vorteile, die die Verwendung einer WLAN-Mesh bietet.

d) Für das WLAN in der Lagerhalle in Aufgabe c) soll ein Sicherheitskonzept erstellt werden.
Bewerten Sie jeweils die angegebene Sicherheitslösung. Kreuzen Sie zusätzlich die Lösung(en) an, deren alleiniger Einsatz ausreichend Sicherheit gewährleistet.

Sicherheitslösung	Bewertung	als Einzellösung nutzbar
HiddenSSID		
MAC-Filter		
WPA3 PSK		
WPA3 IEEE802.1X		

Aufgabe 3: **Sie planen die konkrete Implementierung von Firewall- und VPN-Technik. Zusätzlich sollen Sie den Einsatz von Cloud-Systemen vorbereiten.**

SB 5.4.2

1 Die Firewall und die VPN-Verbindung eines Kunden sollen im Detail geplant werden. Ein Teil der Firewall-Regeln wurden bereits definiert. Die VPN-Verbindung ist ebenfalls noch nicht vollständig geplant. Sie werden gebeten, den Kunden hierbei zu unterstützen.

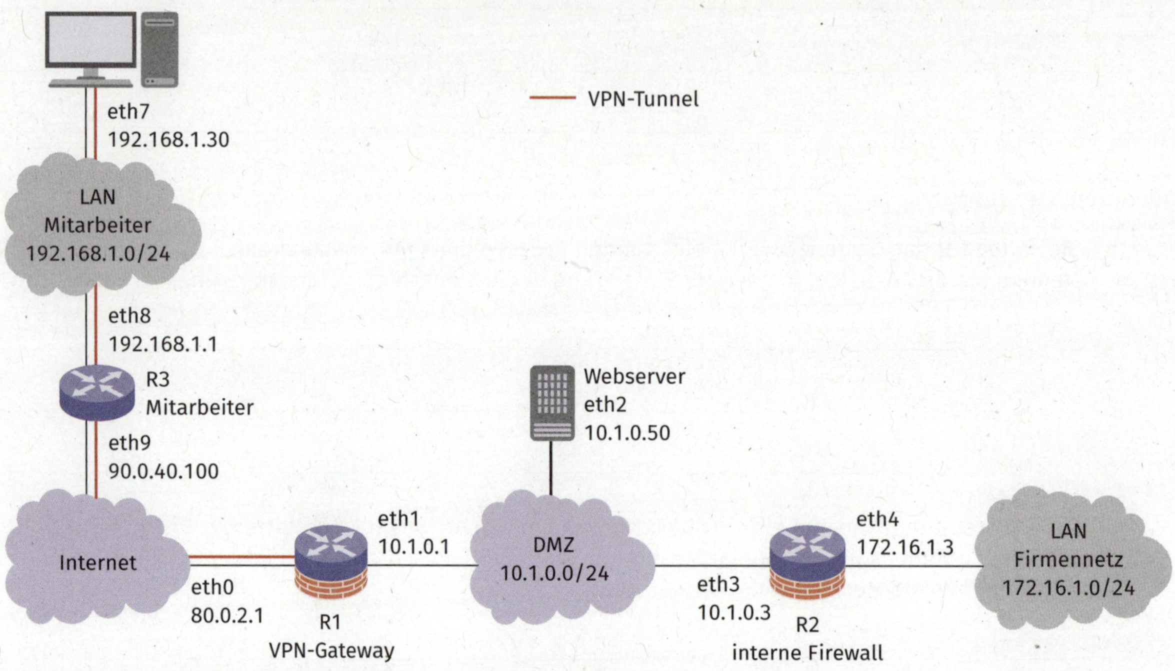

Netzwerkplan mit VPN-Verbindung und DMZ

a) Erläutern Sie anhand des Netzwerkplans den Begriff demilitarisierte Zone (DMZ).

____

____

____

b) Geben Sie für die folgenden Pakete an, ob diese die Firewall passieren können oder von dieser verworfen werden. Begründen Sie kurz anhand der entsprechenden Regel.

Regeln					
Nr.	**Quell-IP-Adresse**	**Ziel-IP-Adresse**	**Quell-Port**	**Ziel-Port**	**Aktion**
1	any	10.1.0.50	any	443	ACCEPT
2	any	172.16.1.0	any	any	DROP
3	172.16.1.0	any	any	443	ACCEPT
4	172.16.1.0	any	any	53	ACCEPT
5	any	any	any	any	DROP

An der Firewall ankommende Pakete				
Nr.	**Quelle**	**Ziel**	**Quell-Port**	**Ziel-Port**
A	90.0.1.1	10.0.1.50	2007	443
B	81.3.1.1	172.16.1.5	443	2007
C	172.16.1.0	80.5.1.3	1234	53
D	83.1.3.5	172.16.1.20	3456	443

Paket A: ______________________________

Paket B: ______________________________

Paket C: ______________________________

Paket D: ______________________________

c) Geben Sie den VPN-Tunneltyp und die IP-Adressen der Tunnel-Endpunkte an.

d) Geben Sie die Funktion des Routers R3 an, die für den fehlerfreien Betrieb des IPsec-basierten VPN-Tunnels konfiguriert werden muss.

e) Im VPN-Gateway muss die VPN-Verbindung zum Mitarbeiter konfiguriert werden. Geben Sie drei Parameter an, die bei IPsec zu konfigurieren sind.

2 a) Sie wollen 3 GiB Daten übertragen. Ihnen steht dafür ein DSL-Anschluss mit 50 MBit/s Datenrate zur Verfügung.
Berechnen Sie die Übertragungsdauer.

b) Sie bekommen einen Anruf von einem aufgebrachten Kunden. Die Rechnung für die verwendeten Cloud-Dienste ist ziemlich hoch. Unter anderem wurden fünf Rechnersysteme in der Cloud als VM testweise angelegt, aber eine längere Zeit nicht aktiv verwendet. Die VM liefen rund um die Uhr. Der Kunde hat das Abrechnungsmodell „Pay as you use" mit dem Cloud-Anbieter vereinbart.
Erläutern Sie diese Abrechnungsweise.

c) Für die Installation eines Servers möchten Sie einen RAID-Verbund anlegen. Sie entscheiden sich dafür, bei den Speichermedien für das Betriebssystem ein RAID 1 einzusetzen. Für das Abspeichern der Daten möchten Sie ein RAID 5 einsetzen.

ca) Nennen Sie die Vorteile, die durch den Einsatz der RAID-Technik entstehen.

cb) Ihnen stehen sieben gleiche Speichermedien mit je 1 TiB Speicherkapazität zur Verfügung. Berechnen Sie den verfügbaren Speicher für den Fall, dass alle Platten jeweils für das Betriebssystem oder für die Daten verwendet werden.

d) Sie benötigten viel Speicher zum Abspeichern großer Datenmengen. Zum schnelleren Abspeichern von Daten wird Ihnen ein RAID 0 empfohlen. In einem Internetforum lesen Sie den Begriff „JBOD“. Erläutern Sie den Unterschied zwischen RAID 0 und „JBOD“.

e) Für die Datensicherung virtueller Maschinen möchten Sie ein Programm einsetzen, das die virtuellen Maschinen klont.
Nennen Sie zwei Vorteile und zwei Nachteile einer Datensicherung von VMs mittels Klonen.

Vorteile	Nachteile

f) Bei der Technik Backup as a Service wird das Backup von Systemen nicht mehr lokal erstellt und gelagert, sondern in die Cloud geladen.
Nennen Sie zwei Nachteile eines solchen Dienstes.

3 a) Für die Absicherung einer Anmeldung wird eine Zwei-Faktor-Authentifizierung (2FA) verwendet. Beschreiben Sie, was dabei als Faktor verstanden wird und wie die beiden Faktoren sich unterscheiden müssen.

b) Geben Sie Vorkehrungen an, die in Bezug auf Zwei- oder Mehrfach-Authentifizierung zu treffen sind, damit ein Zugangsverlust zum Konto vermieden wird.

c) Das BSI definiert in seinem **Hochverfügbarkeitskompendium** unter **Hochverfügbarkeit** eine Verfügbarkeit von **99,99 %**.
Berechnen Sie, wie viele Minuten ein System insgesamt innerhalb eines Jahres ausfallen darf. Geben Sie Zeit pro Tag an, die das System ausfallen darf.

d) Die **Mean Time Between Failures (MTBF)** beschreibt die durchschnittliche Dauer, bis ein Fehler auftritt. Ein **System** ist im vergangenen Jahr zweimal ausgefallen. Das System arbeitet 24/7. Die Ausfälle fanden am 200. und 250. Tag des Jahres jeweils für 25 Minuten statt.
Berechnen Sie die MTBF für dieses System.

e) Die Zuverlässigkeit eines Systems erhöht sich, wenn Komponenten parallel geschaltet werden.
Nennen Sie zwei Maßnahmen, die zu einer höheren Zuverlässigkeit eines Serversystems beitragen, und erläutern Sie diese.

____

____

____

____

Aufgabe 4: **Sie sollen ein Projekt bei der Planung cyber-physischer-Systeme unterstützen. Dabei werden auch MQTT-Broker und USV eingesetzt.**

SB 5.5.2

1 Ein Datencenter für Automatisierungstechnik soll geplant werden. Sie werden gebeten, dabei zu unterstützen.

a) Ordnen Sie den folgenden Aussagen die Abkürzungen Recovery Time Objective (RTO) und Recovery Point Objective (RPO) zu.

1. Maximale Datenmenge, die innerhalb eines definierten Zeitraums nach einer Störung verloren gehen darf, ohne dass z. B. Produktionsabläufe Schaden nehmen.	
2. Zeitraum, bis ein Netzwerk bzw. eine Anwendung nach einer nicht geplanten Störung wieder Zugriff auf die für den Betrieb notwendigen Daten erlangt.	

b) Für die Meldungen der Sensorik soll MQTT zum Einsatz kommen. Um den Betrieb der Anlage zu gewährleisten, sollen die Mechanismen „Quality of Service (QoS)" und „Last Will Testament (LWT)" eingesetzt werden (vgl. Jahrgangsband 2, Lernfeld 7, Kap 2.2.2).
Erklären Sie beide Begriffe in eigenen Worten.

____

____

____

____

c) Ordnen Sie die drei QoS-Stufen den folgenden Nachrichtenabläufen zu. Beschreiben die Verlässlichkeit mit der Nachrichten der jeweiligen Stufe gesendet werden.

A

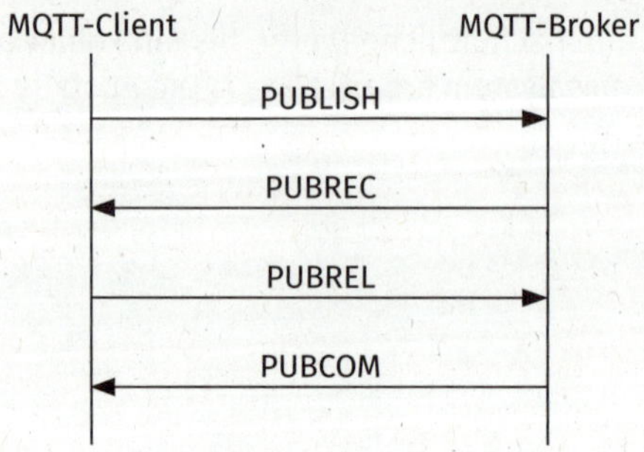

B

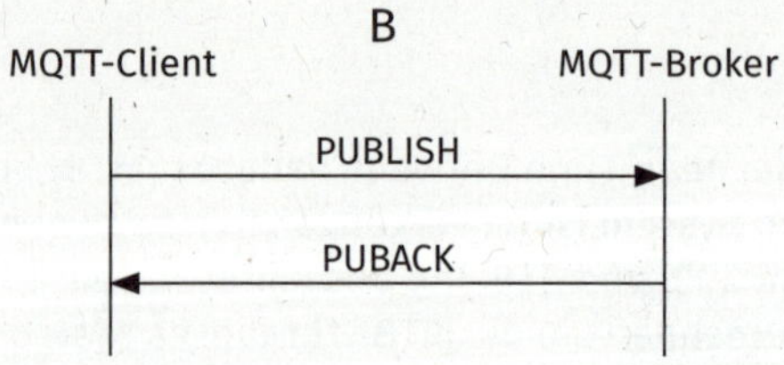

C

A: ____

B: ____

C: ____

d) Es soll für die folgenden Szenarien die beste QoS-Stufe (0-2) gewählt werden. Tragen Sie die jeweils sinnvolle QoS-Stufe in der Tabelle ein. Mehrfachnennungen sind möglich.

Szenario	QoS-Stufe
Bewegungsmelder im sensiblen Bereich eines Rechenzentrums	
Rauchmelder im Rechenzentrum	
Temperatur in einem Serverrack	
Anschaltung der Löschanlage	

e) Geben Sie vier Bereiche an, die bei der Planung eines Datacenters berücksichtigt werden müssen.

2 Für eine Rechenzentrumsüberwachung soll ein MQTT-Broker als zentrales System zum Austausch von Sensor- und Aktordaten geplant werden. Es werden MQTT-fähige Temperatursensoren in jedem Serverrack eingesetzt. Darüber hinaus wird jedes Rack mit einem Lüftungssystem, welches ebenfalls MQTT unterstützt, ausgestattet.

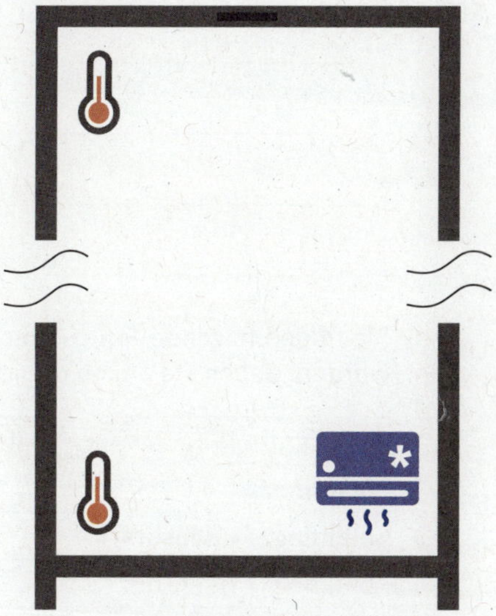
Anordnung der MQTT-Clients im Rack

a) Sie werden aufgefordert, die Topics für 10 Räume mit jeweils 50 Serverracks zu planen. Erstellen Sie eine geeignete Topic-Struktur.

```
serverraum01/
```

b) Für einen anderen Standort finden Sie folgende Struktur der MQTT-Topics vor.

```
building1/room1/sensors/temp/1
building1/room1/sensors/humi/1
building3/room4/sensors/temp/1
building3/room6/heating/1
building1/room1/heating/2
```

Das MQTT-Protokoll ermöglicht es, mehrere Topics gleichzeitig durch Wildcards zu abonnieren.
- einstufig: +
- mehrstufig: #
- Systemnachrichten: $

Geben Sie für die aufgeführte Struktur jeweils den möglichst kürzesten Topic-Ausdruck an.

1. alle Sensoren eines Gebäudes: ______________________

2. alle Heizungen: ______________________

c) Ein Auszubildender im ersten Ausbildungsjahr behauptet, dass Wildcards für Subscribe- und Publish-Nachrichten genutzt werden können.
Überprüfen Sie seine Behauptung.

____

____

____

____

d) Sie finden folgende Topic-Filter für die Struktur aus der vorigen Aufgabe, die von einem Kollegen erstellt wurden. Geben Sie an, ob der jeweilige Filter gültig ist.

Filter	gültig	nicht gültig
building/#	*X*	
building2/+/sensors/#		
building1/#/sensors		
building1/room+/heating#		
building+		

3 Es wird nun die USV geplant. Diese wird für die Absicherung von fünf Servern gegen Netzausfall benötigt. Folgende Eckdaten liegen Ihnen zu den Servern und der USV vor:

Eckdaten	Wert
Server	
Leistung eines Server-Netzteils (P_{Nenn})	600 W
USV	
Anzahl Akkus	10 Stück
Ladungsmenge (Q) pro Akku	110 Ah
Spannung (U)	12 V

Bei Netzausfall sind die Akkus der USV zu 95 % geladen. Die Akkus dürfen maximal bis 10 % entladen werden. Die Server werden mit einer Leistung von 80 % der Nennlast betrieben.

a) Berechnen Sie die angeschlossene Leistung (P), die gesamte Kapazität der Akkus (Q) sowie die elektrische Energie (W), die bei 12 V pro Stunde abgegeben werden kann.

b) Ermitteln Sie aus den berechneten Größe die maximale Überbrückungszeit (t) in Stunden und ganzen Minuten (gerundet).

Lernsituation 4: Wir erarbeiten Umsetzungsvarianten und wählen die geeignete unter Berücksichtigung der Anforderungen aus

S **Die Auszubildenden der JIKU IT-Solutions erarbeiten konkrete Umsetzungsvarianten und entscheiden sich entsprechend der Anforderungen für die geeignetste.**

Holger Lübberstedt: Der Vergleich von Umsetzungsvarianten ist sehr wichtig, damit die beste Variante ausgewählt werden kann.

Nico Reimers: Hier kann haufig ergänzend eine Nutzwertanalyse vorgenommen werden, wenn die Umsetzungsvarianten sehr nah beieinander liegen.

Stefan Köhler: Dabei werden wir auch wieder auf unser Wissen zurückgreifen und Details in unseren Büchern nachschlagen.

Jürgen Pollina: Damit wir eine gute Auswahl treffen können, müssen wir natürlich auch die Abkürzungen und Fachbegriffe aus den Datenblättern interpretieren können.

Levi Kramer: Bei cyber-physischen Systemen gibt es meist auch mehrere Alternativen, die hinsichtlich des Einsatzgebiets gegeneinander gestellt werden müssen.

5.4 Auswahl der günstigsten Umsetzungsalternative

S **Bevor die Maßnahmen umgesetzt werden, müssen die Auszubildenden der JIKU IT-Solutions aus verschiedenen technischen Alternativen die richtigen auswählen.**

Nico Reimers: In meinem Projekt wurden die Arbeitsplatzrechner vom Kunden bereitgestellt. Häufig müssen wir diese ja auch anhand von Datenblättern auswählen. Das Thema werde ich heraussuchen.

Stefan Köhler: Ich werde die Auswahlmöglichkeiten rund um WLAN vorbereiten.

Jürgen Pollina: Für Server ist meist die Auswahl der geeigneten Speichermedien wichtig. Das werde ich noch einmal aufbereiten.

Levi Kramer: Im Bereich cyber-physischer Systeme ist die Anbindung an die IT-Systeme zu betrachten. Da gibt es allein bei den Funkstandards sehr viele Optionen zu berücksichtigen.

Aufgabe 1: **Auf Wunsch eines Kunden unterstützen Sie ihn bei der Auswahl von Speichersystemen und helfen ihm, die richtige Hardware und die passenden Datenbanksysteme auszuwählen.**

SB 5.2.3

1. Ein Kunde möchte von Ihnen zu Speichersystemen beraten werden. Infrage kommen die beiden Technologien Storage Area Network (SAN) und Network Attached Storage (NAS). Ihre Gruppenleiterin hat Ihnen einen englischen Text zur Information gegeben und einige Fragen aufgeschrieben, die Sie zur Vorbereitung beantworten sollen (vgl. siehe auch Jahrgangsband 1, Lernfeld 2, Kapitel 2.4.7).

Storage Area Network (SAN) und Network Attached Storage (NAS)

In consumer computer systems, hard drives or solid-state disks (SSD) are usually connected to a motherboard with Serial AT Attachment (SATA). In professional computer systems, this is done by Serial Attached SCSI (SAS). The Small Computer System Interface (SCSI), pronounced [skazi], is a peripheral interface, including protocol, nowadays mostly used for storage systems. SCSI is the basic protocol used to transfer data via Fibre Channel (FC), which provides the basic network for Storage Area Networks (SAN). A SAN is a network that consolidates storage at a central point. With data rates over 100 Gbit/s and reachable distances up to 100 km. For a device such as a server to be connected to the SAN it needs a FC Host Bus Adapter (HBA).

The storage provided by a SAN is raw block storage, as if a hard drive or solid-state drive were connected locally to the server. Block storage means that a minimum amount of data has to be written to or read from a device. Originating in the way hard drives were built, 512 bytes in modern storage devices, 4096 bytes are the block size that needs to be read or written.

Hence, the provided storage appears as an unformatted volume and needs to be formatted with a file system. On Windows systems, this would probably be an NTFS or Resilient File System (ReFS). On Linux, typical file systems are ext4, btrfs or zfs.

As a FC based SAN has high data throughput, it allows in metropolitan areas to consolidate storage within a 100 km range, but the necessary hardware has a high price. For small or medium-sized businesses, this might not be a feasible investment. Here, a development took place to transfer SCSI frames over TCP/IP networks, allowing the use of more inexpensive Ethernet network components to connect the storage to a server. The resulting protocol is called iSCSI.

In contrast, a Network Attached Storage (NAS) is a dedicated hardware to provide a file server to an Ethernet network. Nowadays, a NAS has evolved to provide much more functionality than just a file server. The core feature, however, is file-level-based data access using protocols like Server Message Block (SMB) or Network File System (NFS).

When trying to understand what file-based data access is, the functionality of a Windows-based file explorer or a Linux-based equivalent, Nemo, can be helpful. The operations of a file explorer are:

- list content of a folder
- read a file
- save a file
- change into the folder
- create a new folder or file

- move a folder or file
- delete a folder or file
- copy a folder or file

A server or client connected to a NAS can use this functionality to access the storage through file-based data access. The connected server or client will mount the storage as a network share. It cannot decide on the used file system, as it is administered by the NAS. As the CPU of the NAS needs to handle all the data transfer between network and storage, its performance and network throughput are the bottlenecks for the data throughput of the device.

a) Beschreiben Sie, welcher Unterschied in der Datenübertragung zwischen einem SAN und einem NAS besteht und welches System das zur Speicherung verwendete Dateisystem festlegt.

b) Wird eine Datei in einem Dateisystem gelöscht, wird der Eintrag im Verzeichnis gelöscht und alle benutzten Datenblöcke für die zukünftige neue Speicherung freigegeben. Die eigentlichen Daten werden jedoch nicht überschrieben. Nach der ungewollten Löschung von Dateien kann mithilfe einer speziellen Software eine Rekonstruktion der Daten durchgeführt werden.
Die Abbildung zeigt den Server 1, der Speicher von einem SAN eingebunden hat, und den Server 2, der eine Netzwerkfreigabe von einem NAS eingebunden hat. Sowohl auf Server 1 als auch auf Server 2 wurden Dateien in dem jeweiligen Speicherbereich gelöscht.

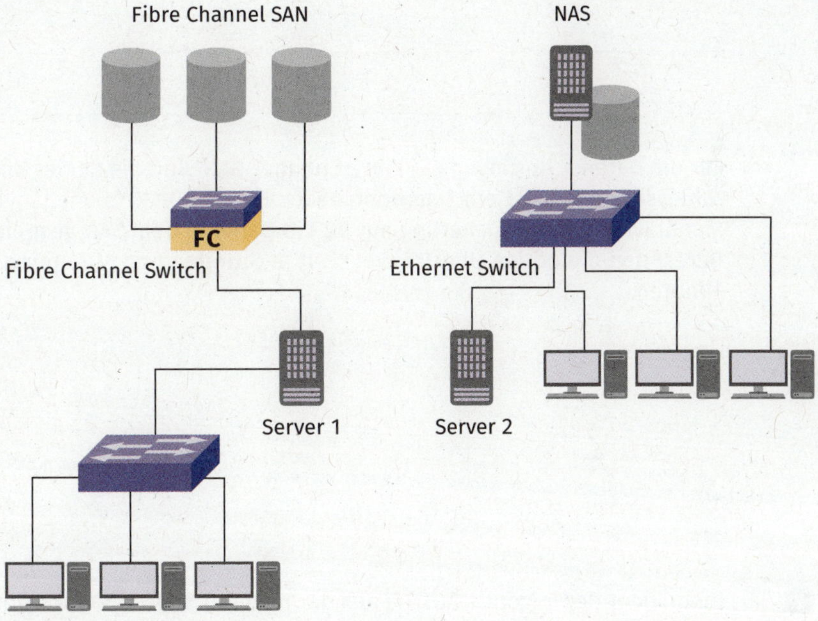

SAN im Vergleich zu NAS

Beschreiben Sie, ob auf Server 1 und 2 eine Software zur Rekonstruktion gelöschter Daten eingesetzt werden kann.

c) Beschreiben Sie den Unterschied bezüglich Datendurchsatz zwischen einem SAN und einem NAS.

d) Die Abbildung zeigt Server 1, der an ein Fibre Channel-SAN, und Server 2, der an ein iSCSI-SAN angeschlossen ist.
Beschreiben Sie, welche Unterschiede in der Datenübertragung bestehen und welcher preisliche Unterschied zwischen den beiden Konzepten steht.

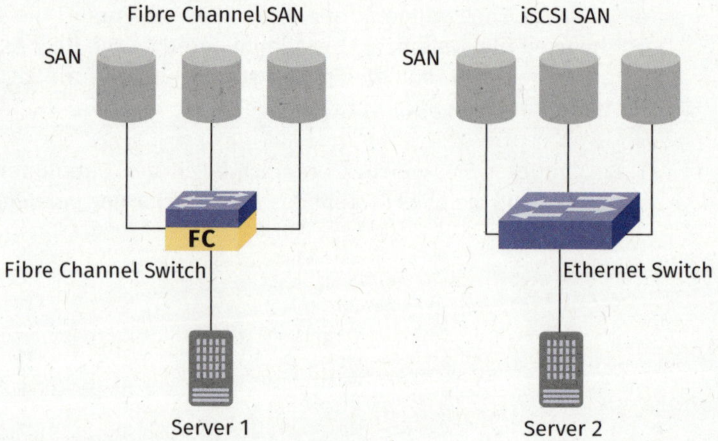

Fibre Channel und iSCSI SAN im Vergleich

e) Für die Datensicherung in ein Fibre Channel-SAN sind die Server mit einer 16 GBit/s FC-Anbindung angeschlossen. Damit ist ein Datendurchsatz von 1 600 MB/s (Megabyte pro Sekunde) möglich. Einmal pro Monat wird eine Vollsicherung mit 50 TiB Daten in dem SAN gespeichert.
Berechnen die nötige Übertragungszeit in Stunden und Minuten und runden Sie das Ergebnis auf volle Minuten.

2 a) Ihnen liegt der folgende Auszug aus der Inventarisierungsliste eines Kunden vor.

ID	System	Ausstattung	Standort	Betriebssystem
101	PC	CPU: i5-10400, RAM: 8 GiB	Raum: A104	Windows 10
102	PC	CPU: i3-9100, RAM: 4 GiB	Raum: A120	Windows 10
103	Switch	CPU: Dual Core 1,4GHz, RAM: 1 GiB	Raum: A101	Router OS
104	Server	CPU: Intel Xeon Gold 5122, RAM: 128 GiB	Raum: A101	Red Hat Linux
105	PC	CPU i5-10400, RAM: 8 GiB	Raum: A121	Windows 10

Bringen Sie die Tabelle in die dritte Normalform.
Verwenden Sie dazu die nachfolgenden Tabellen.

System	
System-ID	System
1	
2	
3	

Betriebssystem	
OS-ID	OS
1	
2	
3	

RAM	
RAM-ID	**RAM**
1	
2	
3	
4	

CPU	
CPU-ID	**CPU**
1	
2	
3	
4	

Ausstattung		
ID	**RAM-ID**	**CPU-ID**
1		
2		
3		
4		
5		

Raum	
Raum-ID	**Raum**
1	
2	
3	
4	

Inventar				
ID	**System-ID**	**Raum-ID**	**OS-ID**	**Ausstattung-ID**
101				
102				
103				
104				
105				

b) Beim Anlegen einer Tabelle in einer Datenbank müssen Sie die Datentypen der Spalten festlegen. Notieren Sie den möglichen Datentypen für jedes der genannten Attribute.
Datentypen: BOOLEAN, Date, INT-32, VARCHAR(10), VARCHAR(20), VARCHAR(30)

Attribut	DB-Datentyp
Index-Nummer	
Titel	
Erscheinungsdatum	
Verlag	
ISBN-10	
Autor (Nachname max. 20 Buchstaben)	
Ausleihstatus (verliehen?)	

c) Sie testen verschiedene Schleifenarten.
Variante 1:

```
int x=1;
int zaehler=0;
do
{
  x = x + 1;
  zaehler = zaehler + 1;
} while (x<10);
//Ausgabe
Console.WriteLine("Der Wert der Variable zaehler beträgt " + zaehler);
```

Variante 2:

```
int x=1;
int zaehler=0;
while(x<10)
{
  x = x + 1;
  zaehler = zaehler + 1;
}
//Ausgabe
Console.WriteLine("Der Wert der Variable zaehler beträgt " + zaehler);
```

ca) Bestimmen Sie die Ausgabe für die beiden Varianten.

Variante 1: ______________________________

Variante 2: ______________________________

cb) Unterscheiden Sie die Schleifenarten der beiden Varianten.

Kriterium	Variante 1	Variante 2
Name		
minimale Anzahl der Durchläufe des Schleifenkörpers		

d) Sie sollen vor den anderen Auszubildenden einen kurzen Input zum Thema UML halten. Dazu sollen Sie auch die Diagramme vorstellen.

da) Ordnen Sie die aufgeführten Diagramme den beiden Gruppen „Strukturdiagramm“ und „Verhaltensdiagramm“ zu.

Diagramm	Strukturdiagramm	Verhaltensdiagramm
Klassendiagramm		
Sequenzdiagramm		
Anwendungsfalldiagramm		
Aktivitätsdiagramm		
Objektdiagramm		

db) Sie möchten als Vorbereitung zur Erstellung eines Programms UML-Klassendiagramme und UML-Objektdiagramme verwenden. Unterscheiden Sie die beiden Diagrammtypen anhand der vorgegebenen Kriterien.

Kriterium	Klassendiagramm	Objektdiagramm
Aufgabe		*konkrete Objekte mit bestimmten Zuständen darstellen*
Anzeige der Vererbung	*zeigt Vererbung an*	
Zeitpunkt der Darstellung	*zeigt die Klasse vor der Kompilierung des Objekts*	
Beziehungen		*konkrete Beziehung zwischen Objekten*

e) Für Ihr nächstes Projekt, die Datenabfrage eines Active Directory-Verzeichnisdienstes, wollen Sie eine Skriptsprache verwenden. Sie haben gehört, diese sei dazu besser geeignet.

ea) Geben Sie jeweils zwei Vorteile einer Skriptsprache und einer Compiler-Sprache an.

Skriptsprache	Compiler-Sprache

eb) Geben Sie je ein Beispiel für eine Skriptsprache und eine Compiler-Sprache an.

Skriptsprache: ______________________________

Compiler-Sprache: ______________________________

f) Für den Austausch von Messdaten schlagen Sie eine CSV-Datei vor. Beschreiben Sie den Aufbau einer CSV-Datei mit folgenden Daten: Messwert, Zeitpunkt der Messung, Ort der Messung

____

____

____

3 Ihr Ausbilder bittet Sie, unterschiedliche Hardware auszuwählen sowie die Verwaltung der mobilen Endgeräte zu betrachten. Zunächst wird die Dimensionierung von Arbeitsplatzrechnern und deren Ausstattung mit neuen Webcams vorgenommen.

a) Der Leistungsbedarf für einen Arbeitsplatzrechner wurde auf 280 Watt kalkuliert. Es stehen drei Netzteile zur Auswahl mit unterschiedlichen 80-Plus-Zertifizierungen. Wählen Sie das Netzteil mit dem günstigsten Leistungsbedarf aus und begründen Sie Ihre Wahl.

	Super POWER 7 300 W	**Mega POWER 8 550 W**	**Giga POWER 9 650 W**
80 Plus-Zertifizierung	Bronze	Gold	Gold
Wirkungsgrad (%) bei 10 % Last	78,2	85,2	87,7
Wirkungsgrad (%) bei 20 % Last	84	89,3	91,5
Wirkungsgrad (%) bei 50 % Last	88,3	92,8	93
Wirkungsgrad (%) bei 100 % Last	86,4	90,9	91,2

b) Sie sollen die unterschiedlichen Boot-Technologien einordnen. Ordnen Sie hierzu die Boot-Technologie den Plattformen zu.

Boot-Technologie	**Windows**	**Android**	**MacOS**	**Linux**
UEFI				
TPM				
Secure Boot				
BIOS				
Boot Loader				

c) Für die Auswahl der Webcams soll eine Nutzwertanalyse durchgeführt werden. Die Webcams sollen täglich für längere Videokonferenzen genutzt werden. Dabei werden unter anderem den anderen Gesprächsteilnehmern reale Objekte gezeigt. Die Benutzer möchten ohne zusätzliches Headset kommunizieren. Es steht hinreichendes Budget bereit, da die Webcams ein wichtiger Teil eines jeden Arbeitsplatzes darstellen. Die Webcams werden sowohl an Arbeitsplätzen mit Windows, Linux sowie MacOS eingesetzt. Erstellen Sie eine geeignete Matrix mit entsprechenden Bewertungskriterien und Gewichtungen.

Kriterium	**Begründung**	**Gewichtung**
Auflösung	*Objekte sollen gut erkennbar sein*	*hoch*

d) Als letztes werden noch die mobilen Endgeräte betrachtet. Geben Sie drei Vorteile an, die durch den Einsatz eines Mobile Device Management (MDM) entstehen.

4 Sie sollen Unterschiede in der Auswahl zwischen Hypervisoren und Container-Virtualisierung treffen.

a) Für die Virtualisierung von Betriebssystemen wird als Grundlage ein sogenannter Hypervisor verwendet. Dabei unterscheidet man einen Hypervisor Typ 1 und einen Hypervisor Typ 2.
Beschreiben Sie den Unterschied zwischen Hypervisor Typ 1 und Typ 2 und nennen Sie jeweils ein Beispiel für jeden Typ.

b) Im Gegensatz zu virtuellen Maschinen gilt die Container-Virtualisierung als sehr ressourcensparend. Im Vergleich zu Gibibyte großen VM-Images sind Container-Images oft nur wenige hundert Kibibyte groß. Erläutern Sie Gründe für die Ressourceneinsparung bei der Container-Virtualisierung. Geben Sie Nachteile an, die sich daraus ergeben.

Aufgabe 2: Sie bilden IPv4- und IPv6-Subnetze und wählen WLAN-Komponenten aus.

SB 5.3.3

1 Innerhalb des Netzwerks eines Kunden sollen weitere Subnetze eingerichtet werden. Die Tabelle zeigt die Anzahl der Hosts innerhalb der jeweiligen Netze. Sie haben mögliche Subnetze erhalten, die Sie hierfür verwenden können.

a) Ordnen Sie die Subnetzadressen der jeweiligen Hostanzahl so zu, dass noch mindestens 10 % Reserve für Erweiterungen vorhanden sind. Begründen Sie Ihre Zuordnung.

Mögliche Subnetzadressen:
1. Subnetzadresse: 10.0.0.0/29
2. Subnetzadresse: 20.0.0.0/28
3. Subnetzadresse: 30.0.0.0/27
4. Subnetzadresse: 40.0.0.0/26
5. Subnetzadresse: 50.0.0.0/25
6. Subnetzadresse: 60.0.0.0/24
7. Subnetzadresse: 70.0.0.0/23
8. Subnetzadresse: 80.0.0.0/22
9. Subnetzadresse: 90.0.0.0/21

	Auswahl und Begründung der Subnetzadresse
Netz A: 14 Hosts	
Netz B: 220 Hosts	
Netz C: 68 Hosts	
Netz D: 25 Hosts	

b) Geben Sie für die angegebenen Subnetze jeweils die Netzmaske, die erste und letzte Hostadresse sowie die Broadcast-Adresse an.

Subnetz	Netzmaske	erster Host	letzter Host	Broadcast
20.0.0.0/28	*255.255.255.240*	*20.0.0.1*	*20.0.0.14*	*20.0.0.15*
30.0.0.0/27				
50.0.0.0/25				
70.0.0.0/23				
80.0.0.0/22				

c) In einem weiteren Netzbereich soll IPv6 eingesetzt werden. Hierzu ist ein bestehender Netzbereich 2001:cafe:0:1230::/60 in vier gleich große Subnetze aufzuteilen.

ca) Geben Sie das neue Präfix an: ______________________________

cb) Geben Sie für die vier neuen Subnetze jeweils die Subnetzadresse sowie die letzte mögliche Host-Adresse an.

Subnetzadresse	letzter Host
2001:cafe:0:1230::	*2001:cafe:0:1237:ffff:ffff:ffff:ffff*
2001:cafe:0:123_:______:______:______:______	2001:cafe:0:123_:______:______:______:______
2001:cafe:0:123_:______:______:______:______	2001:cafe:0:123_:______:______:______:______
2001:cafe:0:123_:______:______:______:______	2001:cafe:0:123_:______:______:______:______

d) Erstellen Sie einen Kriterienkatalog für einen DHCP-Server, der ca. 300 Clients bedienen soll. Ermitteln Sie den Stromverbrauch der Server im Jahr, wenn die verschiedenen Systeme 24/7 zur Verfügung stehen. Die folgenden DHCP-Server stehen zu Auswahl.

Server 1: Standardrechner		
Komponente	**Beschreibung**	**Werte**
CPU	Intel Xeon E Sockel ready	– ohne CPU
Mainboard	Sockel 1151, Intel H310	4 x RJ-45 1 000 Mbit/s 1 x Management Port 2 x USB 3.0 2 x USB 3.1
Grafik	Onboard	Intel UHD Graphics 610, 1 x DP, 1 x DVI
Arbeitsspeicher	Gesamtkapazität 64 GiB (0 GiB verbaut)	–, DDR4 (2 666 MHz)
Datenspeicher	HDD + SDD	1 x 3,5“ HDD 2 x 2,5“ SDD 2 x M.2 (NGFF 22110/2280/2242)
Laufwerke	–	–
Betriebssystem	Microsoft Windows Server 2016 RedHat Enterprise Linux SuSE Linux Enterprise Server CentOS, VMware, Citrix XenServer	–
Größe	19“ (1 HE) Rackmount	430 x 380 x 44 (B x T x H)
Netzteil	Leistungsaufnahme	250 W 80 Plus Bronze 350 W 80 Plus Gold
Preis	zzgl. MwSt	526,00 € (ohne CPU / RAM)
Gewicht	zzgl. Verpackung	7,5 kg

Router-Appliance		
Komponente	**Beschreibung**	**Werte**
CPU	IPQ-8064	2 Kerne, 1,4 GHz
Anschlüsse	Ethernet, LWL, Seriell	10 x RJ-45 10/100/1000 Mbit/s 1 x SFP Port (frei) 1 x seriell (via RJ-45) 1 x USB 3.0 PoE-Out auf Port 10
Grafik	Onboard	shared memory, keine direkte Ausgabe
Arbeitsspeicher	Gesamtkapazität	1 GiB
Switch	Chip	QCA8337-AL3C-R
Netzteil	Stromversorgung	24 V, 1.2 A oder passives PoE
Netzteil	Leistungsaufnahme	max. 10 W
Betriebssystem	MikroTik	RouterOS Level 5 Lizenz
Größe	19“ (1 HE) Rackmount	443 x 92 x 44 mm (B x T x H)
Preis	zzgl. MwSt	151,01 €
Gewicht	zzgl. Verpackung	1,71 kg

Server 2: Standardserver		
Komponente	**Beschreibung**	**Werte**
CPU	Intel Xeon E5-2603V4	6 Kerne, 1.7 GHz
Mainboard	Formfaktor HTPC, NUC 7	4 x RJ-45 10/100/1000 Mbit/s, 3 x USB 2.0 1 x USB 3.0
Grafik	NVIDIA Quadro P1000	4 GiB (GDDR5), 4x DP
Arbeitsspeicher	Gesamtkapazität 384 GiB (8 GiB verbaut)	8 GiB, DDR4 (2 400 MHz)
Datenspeicher	HDD	1 TiB
Laufwerke	DVD	DVD-Writer
Betriebssystem	kein Betriebssystem	–
Netzteil	Stromversorgung	495 W
Größe	19“ (2 HE) Rackmount	482 x 646 x 868 mm (B x T x H)
Preis	zzgl. MwSt	1 071,20 €
Gewicht	zzgl. Verpackung	14,2 kg

2 a) Für die Auswahl eines Access Point (AP) liegt Ihnen das Datenblatt mit technischen Spezifikationen vor.

Auszug Datenblatt Access Point:
Funkmodule: gleichzeitiger Dual-Band-Betrieb 5 GHz, 802.11ax, 2x2 MIMO für eine drahtlose Datenrate von bis zu 1,2 Gbit/s, mit Multi-User-MIMO-Unterstützung (Wi-Fi 6) 2,4 GHz, 802.11ax, 2 x 2 MIMO für eine drahtlose Datenrate von bis zu 574 Mbit/s (Wi-Fi 6) **Übertragungsleistungen:** 5-GHz-Band: +21 dBm (MIMO-Verstärkung von 3 dB) 2,4-GHz-Band: +21 dBm (MIMO-Verstärkung von 3 dB) **Schnittstellen:** Gigabit-Ethernet-Uplink-Port mit integrierter PoE-Unterstützung (802.3af) Gleichstromanschluss (12 V) Bluetooth Low Energy (BLE) Funk LED-Statusanzeigen Reset/LED-Steuertaste Kensington-Sicherheitsschlitz **Stromversorgung:** Power over Ethernet (PoE): 802.3af (Klasse 3) Gleichstrom (12 V) **Antennen:** Abwärts-Rundstrahlantennen für 2x2 MIMO mit dem höchsten Leistungsgewinn von 4,3 dBi bei 2,4 GHz und 5,6 dBi bei 5 GHz

Erklären Sie die in der Tabelle aufgeführten Begriffe

Begriff	**Erklärung**
MIMO	
Gigabit-Ethernet-Uplink-Port	
Power over Ethernet	
gleichzeitiger Dual-Band-Betrieb	

b) In WLANs mit vielen Access Points werden oft WLAN-Controller eingesetzt.
Unterscheiden Sie die Aufgaben eines Access Points (AP) von den Aufgaben eines WLAN-Controllers.

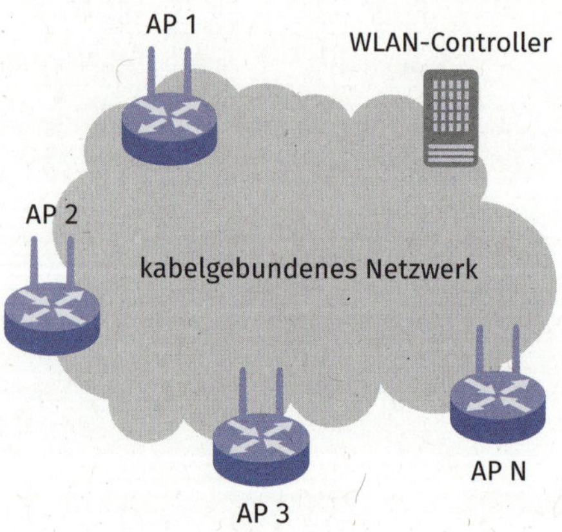

Netzwerk mit AP und WLAN-Controller

AP:

____

____

____

WLAN-Controller:

____

____

____

c) Für die Stromversorgung eines Access Point (AP) wird oft die Technik Power over Ethernet (PoE) eingesetzt. Dies hat den Vorteil, dass für den AP keine separate Stromversorgung nötig ist.
PoE gibt es in drei Varianten. Ordnen Sie die bereitgestellte Spannung (in V) und den Strom (in mA) den Standards zu.
Spannung: 36–57 V, 42,5–57 V, 42,5–57 V
Strom: 350 mA, 600 mA, 960 mA

Standard	Spannung (in V)	Strom (in mA)
PoE		
PoE+		
4-pair PoE		

d) Sie möchten einen Switch überwachen. Der Switch arbeitet im Etagenverteiler und ist in einem kleinen Technikraum im vierten Stock eines Gebäudes installiert. Die Ports sind zu 50 % belegt. Der Switch verfügt über einen Up-Link zum Gebäudeverteiler. Für die Überwachung des Switches setzen Sie eine SNMP-basierte Monitoring-Lösung ein.

da) Nennen Sie einen möglichen Parameter, der beim Überschreiten eines Schwellwerts als SNMP-Trap versendet werden sollte.

____

db) Erklären Sie den Unterschied zwischen einer SNMP-Trap und einem SNMP-Get-Request/Get-Response.

____

____

____

____

e) Sie sollen ein WLAN-fähiges Gerät konfigurieren. Bei der Konfiguration können Sie zwischen den Modi „Infrastruktur“ und „ad hoc“ auswählen.
Der Modus „Infrastruktur“ wird verwendet, wenn ein Access Point (AP) ein Netzwerk vorgibt (also die Infrastruktur).
Erklären Sie den Modus „ad hoc“.

____

____

Aufgabe 3: Sie wählen Sicherheitskomponenten fachgerecht aus und unterscheiden Zugangstechniken für den Zugriff auf das Internet. Zusätzlich helfen Sie, Speichertechniken und -arten auszuwählen und Sicherheitsaspekte zu beachten.

SB 5.4.3

1 a) Das BSI schlägt für den Einsatz von Firewalls ein Zonenkonzept vor. Dabei sollte „P-A-P“ umgesetzt werden. Packet Filter Firewalls (P) sollen im Wechsel mit einem Application Layer Gateway (ALG) verwendet werden.

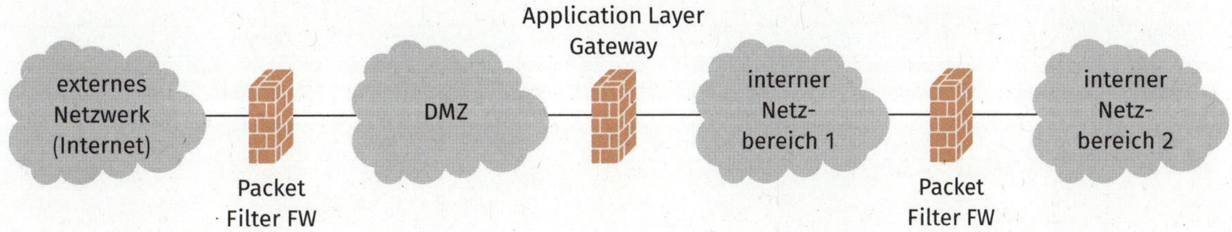

P-A-P-Konzept

Statt einer ALG kann auch eine Next Generation Firewall zum Einsatz kommen.
Nennen Sie drei Merkmale einer Next Generation Firewall.

b) Das Unternehmen installiert eine demilitarisierte Zone (DMZ). Einige Server sollen aus dem internen Netzwerk in die DMZ verschoben werden.

ba) Geben Sie Server eines Unternehmensnetzwerks an, die in die DMZ verschoben werden müssen.

bb) Begründen Sie die Entscheidung.

c) Beim Einsatz einer Firewall kommen zwei Prinzipien zum Einsatz.

ca) Unterscheiden Sie das Allowlist- und das Blocklist-Prinzip.

Allowlist	**Blocklist**

cb) Geben Sie für jedes der beiden Prinzipien die „Default Policy" an. Verwenden Sie folgende Syntax:
Ziel-IP | Quell-IP | Ziel-Port | Quell-Port | Protokoll | Aktion

Allowlist:

Blocklist:

2 Die Anbindung eines Kundennetzwerks an das Internet wurde bisher über eine Standleitung (Standardfestverbindung) realisiert und soll nun auf DSL oder LTE umgestellt werden.

a) Erklären Sie die Funktionsweise einer Standardfestverbindung. Wählen Sie von den beiden Technologien DSL und LTE die für eine Firmenanbindung geeignete. Begründen Sie Ihre Wahl.

Standardfestverbindung:

Auswahl mit Begründung:

b) Ein weiterer Kundenstandort wurde ebenfalls über eine Standleitung an die zentrale IT angebunden. Diese soll nun auch erneuert werden. Nennen Sie Möglichkeiten, um Standorte sicher miteinander zu verbinden und wählen Sie eine geeignete Technik (z.B. DSL, LTE, VPN, MPLS) aus.

c) Neben der neuen Anbindung sollen E-Mail- und Datenbankserver erneuert werden. In diesem Zusammenhang wird die Möglichkeit einer Cloud-Umsetzung angesprochen. Sie sollen diese Auswahl vorbereiten. Erklären Sie den Begriff „On-Premise" im Zusammenhang mit Cloud-Computing.

d) Ordnen Sie den genannten Umsetzungen die Schlagwörter SaaS, PaaS und IaaS zu.

Der Provider stellt eine Virtualisierungsplattform bereit, auf der Sie eigene virtuelle Maschinen mit selbst installiertem Betriebssystem betreiben können.	
Der Provider stellt virtuelle Maschinen inklusive vorinstalliertem Betriebssystem und Anwendungssoftware bereit.	
Der Provider stellt virtuelle Maschinen inklusive vorinstalliertem Betriebssystem ohne zusätzliche Anwendungssoftware bereit.	

e) Für den Betrieb im Cloud-System des Providers werden Ihnen mehrere Servicemodelle angeboten. Es stehen die Modelle „Private Cloud", „Hybrid Cloud" und „Public Cloud" zu Auswahl. Wählen Sie für ein Unternehmen, das mit sensiblen Kundendaten arbeitet und diese DSGVO-konform in der Cloud bearbeiten möchte, ein geeignetes Servicemodell aus. Begründen Sie Ihre Auswahl.

3 a) Ein Kunde möchte die Integrität seiner gespeicherten Daten sicherstellen. Er möchten dazu ein Hash-Verfahren verwenden.

aa) Erläutern Sie zwei Eigenschaften, die für ein Hash-Verfahren gelten.

ab) Unterscheiden Sie einfache Hash-Verfahren (z.B. CRC) und Hash-based Message Authentication Code (HMAC). Beschreiben Sie dazu die grundlegende Verfahrensweise.

einfache Hash-Verfahren	Hash-based Message Authentication Code (HMAC)

ac) Beschreiben Sie, wie ein Prüfsummenverfahren zur Gewährleistung der Integrität beim Senden einer Datei verwendet werden kann.

b) Der Kunde setzt für einen Webserver ein Zertifikat einer internen Zertifizierungsstelle ein. Erläutern Sie, warum es zu Zertifikatsfehlern kommt, wenn Besucher die Seite abrufen.

4 a) Sie wollen einen neuen Server für eine Dokumentenablage konfigurieren. Dabei sollen die eingesetzten Speichermedien (SSD) einen RAID-5-Verbund bilden.
Ihnen stehen zwei mögliche Alternativen zur Verfügung. Das eingesetzte Betriebssystem bietet ein Software-RAID und kann die angeschlossenen Speichermedien entsprechend verwalten. Alternativ kann ein separater RAID-Controller (Hardware-RAID) eingesetzt werden, der die Verwaltung des RAID-Verbunds übernimmt.

aa) Geben Sie jeweils zwei Vorteile der beiden Alternativen an.

Software-RAID	separater RAID-Controller

ab) Sie entscheiden sich für die Anschaffung eines separaten RAID-Controllers. Ihnen liegt das nachfolgende Datenblatt des RAID-Controllers vor.

Auszug aus dem Datenblatt
Funktionen: • RAID levels: 0, 1, 5 und 6 • RAID spans: 10, 50 und 60 • schnelle Initialisierung des RAID-Verbunds • Load Balancing • bis zu 32 logische Speichermedien • S.M.A.R.T.-Support • Hot-Spare-Unterstützung • automatischer Neuaufbau des RAID-Verbunds • Schnittstellen: SAS/SATA

Erklären Sie die Begriffe.

Begriff	Erklärung
RAID level	
RAID span	
S.M.A.R.T.	
Hot-Spare	

b) Sie legen einen RAID-Verbund mit Hot-Spare-Speichermedium an.

ba) Beschreiben Sie den Vorteil, den ein Hot-Spare im RAID-Verbund bietet.

bb) Nennen Sie das Schutzziel, dass durch den Einsatz eines Hot-Spare verfolgt wird.

c) Ein Unternehmen verkauft die Nutzung einer auf eigenen Servern betriebenen Anwendung als Webservice. Kunden dieses Unternehmens können auf diesen Service zugreifen und die Anwendung online verwenden.
Der Internetanschluss des Unternehmens ist ein Single Point of Failure (SPoF). Wenn der Internetanschluss nicht zu Verfügung steht, kann der angebotene Dienst nicht verwendet werden. Es kommt zu Beschwerden und Kostenrückerstattungen.

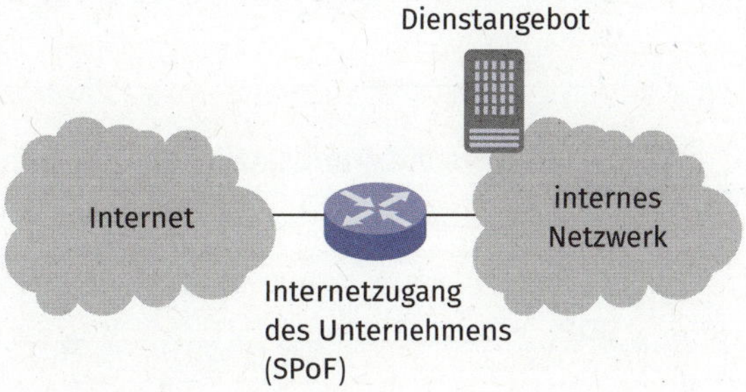

Netzwerkskizze mit SPoF

ca) Schlagen Sie dem Kunden zwei Lösungsmöglichkeiten vor, um den SPoF zu eliminieren.

cb) Nennen Sie das Schutzziel, dass durch den Einsatz der Lösungen verfolgt wird.

d) Sie planen das Backup-Konzept eines Kunden neu.
Folgende Annahmen bzgl. der entstehenden Datenmengen wurden im Vorfeld getroffen:

Tag	Datenmenge
Montag	400 MiB
Dienstag	400 MiB
Mittwoch	3 GiB (Abgleich mit externer DB)
Donnerstag	600 MiB
Freitag	300 MiB
Samstag	1,5 GiB (Logdateien-Aggregation)
Sonntag	Vollbackup

Berechnen Sie die gesamte zu speichernde Datenmenge der Wochentage Montag bis Samstag für die Backup-Varianten „Inkrementelles Backup“ und „Differenzielles Backup“. Geben Sie die Datenmengen in GiB an.

Inkrementelles Backup	Differentielles Backup

5 Bei einigen Anwendungen besteht die Möglichkeit, diese mit den Protokollen TCP oder UDP zu betreiben. Ein Auszubildender aus dem ersten Ausbildungsjahr hat einige Fragen zu diesen Protokollen an Sie.

a) Nennen Sie die OSI-Schicht, auf der TCP und UDP arbeiten.

____

b) Erklären Sie die grundsätzlichen Unterschiede zwischen TCP und UDP.

TCP: ______________________________

UDP: ______________________________

c) Nennen Sie Einsatzgebiete für TCP und UDP.

____

____

d) Die zu übertragenden Daten unterliegen dem Datenschutz. Zur Sicherstellung der Privatsphäre werden Anonymisierung und Pseudonymisierung in Betracht gezogen. Entscheiden Sie, ob es sich bei den folgenden Maßnahmen um Anonymisierung oder Pseudonymisierung handelt. Begründen Sie Ihre Entscheidung.

1. Sie planen ein Sportereignis, bei dem die Starter im Vorfeld öffentlich ihre Startnummern nachsehen können. Die Ergebnisse werden nach dem Schema „Startnummer → Ergebnis“ veröffentlicht.

   ____

2. Jeder Datensatz mit persönlichen Kundendaten erhält eine Kundennummer. Alle Einkäufe werden nur mit der entsprechenden Kundennummer versehen. Die persönlichen Kundendaten werden nach einem halben Jahr gelöscht.

   ____

3. Sie melden sich bei einem Dienst mit einem beliebigen Nickname an. Auch die zu hinterlegende E-Mail-Adresse ist beliebig. Innerhalb des Dienstes kommunizieren Sie mit anderen über den Nickname.

   ____

4. Sie melden sich bei einem Dienst mit einem beliebigen Nickname an. Sie werden verpflichtet, ihren

realen Vor- und Nachnamen ebenfalls anzugeben. Innerhalb des Dienstes kommunizieren Sie mit anderen über den Nickname.

Aufgabe 4: **Sie wählen cyber-physische-Systeme aus. Dabei liegt der Fokus u.a. in den zu verwendenden Netzwerktechniken und -topologien.**

SB 5.5.3

1 a) Benennen Sie die Ebenen der Automatisierungspyramide.

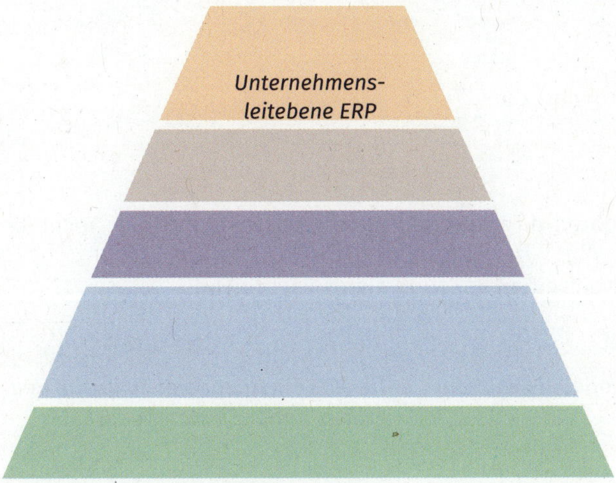

Ebenen der Automatisierungspyramide

b) Es sollen mögliche Störungsursachen und Gegenmaßnahmen beim Betrieb von IIoT-Systemen betrachtet werden. Nennen Sie jeweils eine geeignete Gegenmaßnahme.

System	Störungsursache	Gegenmaßnahme
Abfüllanlage	Verstopfung der Werkstoffe	*Durchflussmessung mit Alarmierung*
Steuerung	Human Machine Interface (HMI) reagiert nicht	
Antrieb	Motordefekt	
Produktion	Fehlende Rohstoffe	

2 a) Es sollen Wetterdaten von vielen räumlich weit entfernten Wetterstationen erfasst werden (vgl. Urban Weather Project: https://www.urban-weather-project.de).
Folgende Übertragungstechniken stehen hierzu zur Verfügung. Erklären Sie für jede Technik, ob diese für den beschriebenen Einsatz geeignet ist.

Übertragungstechnik	Erklärung
WLAN	*WLAN ist aufgrund seiner kurzen Reichweite und seines relativ hohen Installationsaufwands weniger geeignet.*
GSM/GPRS	

Übertragungstechnik	Erklärung
Zigbee	
LoRaWAN	
Bluetooth	

Wählen Sie anschließend eine geeignete Technik aus.

____

b) Zum drahtlosen Auslesen von Betriebsdaten direkt an der Anlage soll eine der drei Techniken WLAN, Bluetooth und RFID gewählt werden.
Geben Sie für die drei Funktechniken jeweils einen Vor- und einen Nachteil an.

Funktechnik	Vorteil	Nachteil
WLAN	*weit verbreitet, damit große Auswahl an Geräten*	*für das Einsatzgebiet zu große Reichweite, relativ hoher Energiebedarf*
Bluetooth		
RFID		

c) Auf einem Firmencampus soll eine Funktechnik zur Datenerfassung von vielen Sensoren (>500) eingesetzt werden. Die Datenübermittlung ist sechsmal pro Minute geplant. Eine Übertragung dauert mindestens 100 ms.
Erklären Sie, warum LoRaWAN hierfür nicht geeignet ist. Nehmen Sie dabei Bezug auf die Sendehäufigkeit und mögliche Störungen.

____

____

____

____

____

____

d) Benennen Sie die fünf eingerahmten Netzwerktopologien.

1: ______________________________

____

2: ______________________________

____

3: ______________________________

____

4: ______________________________

____

5: ______________________________

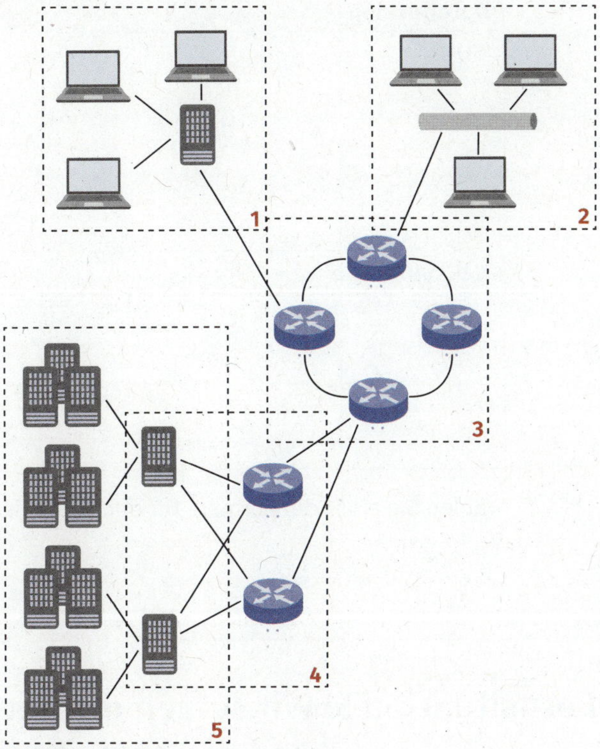

3 a) Es sollen Daten auf einem RAID-5-System (mit 8 HDDs) gespeichert werden. Die MTBF der einzelnen Speichermedien wird mit 1,5 Mio. Stunden angegeben.
Berechnen Sie die theoretische Zeit (Jahre und Tage), die ein solches System ohne Fehler betrieben werden kann.

b) Für den Datenaustausch zwischen Maschinen stehen mehrere Datenformate zur Auswahl. Erklären Sie die Besonderheiten der Formate.

Dateiformat	Besonderheit
ODT	*Textdokumentformat;* *Texte können formatiert werden;* *eigentlicher Text wird als ZIP-Archiv gespeichert;* *nur aufwendig für Maschinen lesbar;* *OpenDoc-Standard benötigt speziellen Editor (z. B. LibreOffice) zum Bearbeiten*
DOCX	
XML	

Dateiformat	Besonderheit
JSON	
YML/YAML	

Wählen Sie eines der Formate für den beschriebenen Anwendungszweck aus. Begründen Sie Ihre Wahl.

____

____

Lernsituation 5: Wir setzen die gewählte Lösung und die begleitenden Aspekte um

S Die Auszubildenden der JIKU IT-Solutions sollen sich mit der Umsetzung der Konzepte beschäftigen.

Holger Lübberstedt: Die Implementierung der Lösungen ist sehr praxisnah. Zur Prüfungsvorbereitung sollten Sie sich aber trotzdem mit den einzelnen Arbeitsschritten vertraut machen.

Nico Reimers: Für mein Projekt habe ich einige Skripte geschrieben. Die kann ich Euch gerne vorstellen.

Stefan Köhler: Im Bereich IP-Netze können wir uns die Konfiguration von Routern noch einmal ansehen.

Jürgen Pollina: Für Webserver ist Verschlüsselung wichtig. Da können wir TLS wiederholen.

Levi Kramer: Ich werde den Bereich USV wiederholen. Das ist auch für die anderen wichtig. Für die Konfiguration könnten wir einen neuen MQTT-Broker aufsetzen. Die Konfiguration ist sehr ähnlich zu anderen Servern.

Holger Lübberstedt: Nutzen Sie für die Bearbeitung auch unser Testlabor. In der Praxis kann man vieles besser begreifen als nur auf Papier.

5.5 Implementieren der ausgewählten Umsetzungsvarianten

S Die Auszubildenden der JIKU IT-Solutions setzen sich mit der Umsetzung in Form von Programmierung und Konfiguration exemplarisch auseinander.

Nico Reimers: Ich möchte meine Erfahrungen mit Powershell-Commandlets vertiefen. In diesem Bereich gibt es oft sehr viele Parameter, die richtig kombiniert werden müssen.

Stefan Köhler: Datenbanken benötigen wir auch sehr oft. Da werde ich mir die Normalisierung noch einmal ansehen.

Jürgen Pollina: Das ist sehr gut. Datenbanken umzusetzen ist eigentlich recht einfach, aber man benötigt etwas Übung. Ich werde für uns die Verschlüsselung noch einmal aufbereiten.

Levi Kramer: Dann kümmere ich mich um die Messungen an der USV und die Konfiguration von Servern.

Aufgabe 1: Sie ermitteln die Syntax von Befehlen und unterstützen bei der Erstellung von Programmen.

SB 5.2.4

1 a) Sie sollen mit einem Powershell-Commandlet den Namen eines Computers in der Domäne ändern. Dazu kann das Commandlet „Rename-Computer" verwendet werden. Das Zielsystem hat die IP-Adresse 192.168.100.99. Der neue Name soll „JIKU-SRV-001" heißen. Der Domain-Benutzer mit den nötigen Rechten hat den Benutzernamen „JIKU\jiku-wartung-srv".

```
Syntax: Rename-Computer [-ComputerName <String>] [-DomainCredential
<PSCredential>] [-LocalCredential <PSCredential>] [-NewName] <String>
[-Force] [-Restart] [-WhatIf] [-Confirm]

-ComputerName
Gibt an, welches Ziel umbenannt werden soll.
IP-Adresse oder Namen des Systems.

-DomainCredential
Gibt an, mit welchem Domain-Anmeldedaten der Vorgang der Umbenennung durch-
geführt wird. Beim Ausführen wird nach einem Kennwort für den Domain-Benutzer
gefragt.

-LocalCredential
Gibt an, mit welchem lokalen Anmeldedaten der Vorgang der Umbenennung durch-
geführt wird. Beim Ausführen wird nach einem Kennwort für den Domain-Benutzer
gefragt.

-NewName
Gibt den neuen Namen für den Computer an.

-Force
Der Befehl wird ohne Bestätigung ausgeführt.

-Restart
Das Zielsystem wird neugestartet, damit die Umbenennung übernommen wird.

-WhatIf
Die Ausführung wird nur simuliert. Die Ausgabe des Befehls wird angezeigt.

-Confirm
Vor der Ausführung des Befehls wird eine Bestätigung eingefordert.
```

Bilden Sie den vollständigen Befehl.

b) Ihnen liegen die Messwerte verschiedener Geräte aus dem Serverraum eines Kunden in einem Array vor. Sie sollen gegebenen Programmcode so erweitern, dass der größte Messwert, also die höchste Temperatur, ermittelt wird. Sollte dieser Messwert größer als 70 °C sein, wird eine E-Mail versendet.

Array mit Messwerten								
Index	0	1	2	3	4	5	6	7
Messwert Temperatur in °C	54.3	39.7	42.2	58.2	72.9	49.1	54.8	62.6

Ergänzen Sie den vorgegebenen Programmcode. Ihnen steht eine Syntax-Hilfe zur Verfügung.

```
static void Main(string[] args)
    {
        // Deklaration des Arrays
        double[] messwerte = {54.3, 39.7, 42.2, 58.2, 72.9, 49.1, 54.8, 62.6};

        // Variable zur Speicherung des größten Werts
        double maxWert = 0;

        // Überprüfung des Array auf den größten Wert











        // Nachricht versenden











    }
```

Syntax-Hilfe

```
//Kommentar

//for-Schleife
//for(Initialisierung; Bedingung; Wertveränderung) { Code }
for (int x=0; x<100; x++)
{
  Console.WriteLine(x);
}

//do-while-Schleife
//do { Code } while(Bedingung)
int x=0;
do {
  Console.WriteLine(x);
  x++;
}while(x<100);

//while-Schleife
//while(Bedingung){ Code }
int x=0;
while(x<100){
  Console.WriteLine(x);
  x++;
}
```

```
//if-Verzweigung
//if(Bedingung){ Code }
int x=10;
if(x<100)
{
  Console.WriteLine(x);
}

//Aufruf der Methode zum Versenden von Warn-Emails
//Email.Send(String);
Email.Send("Dieser Text wird versendet.");
```

c) Sie sollen eine Authentifizierung implementieren. Ihnen liegt folgendes Szenario vor:
Ein Client möchte sich bei einem Server anmelden. Dazu sendet der Client eine Verbindungsanfrage, die auch einen Benutzernamen enthält. Der Server antwortet mit einer Zufallszahl RAND. Client und Server bilden aus der Zufallszahl und einem vorher geteilten Passwort jeweils einen Hash-Wert. Der Client sendet den von ihm berechneten Hash-Wert an den Server. Dieser vergleicht den vom Client empfangenen Hash-Wert mit dem Hash-Wert, den er selbst generiert hat. Wenn beide Hash-Werte gleich sind, sendet der Server eine Erfolgsmeldung an den Client.

ca) Erstellen Sie ein UML-Sequenzdiagramm für das Szenario und die ausgetauschten Nachrichten.

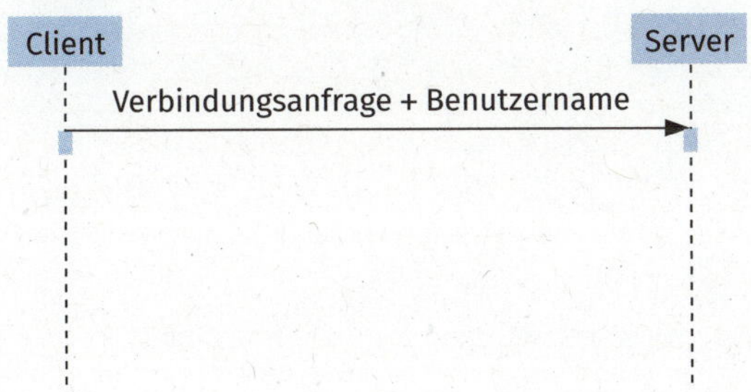

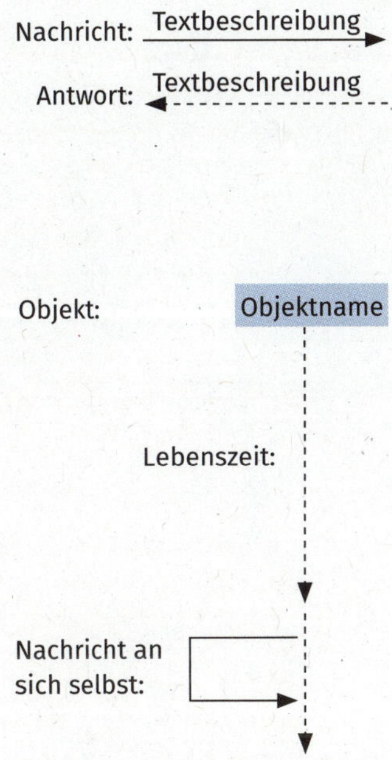

Syntax-Hilfe UML-Sequenzdiagramm

cb) Entwerfen Sie einen Pseudocode für die gestellte Aufgabe.

```
Funktion ClientVerbindungsaufbau():
  # Sende Verbindungsanfrage an Server
  # festgelegte IP des Servers
  IP = IPAdresseDesServers
  # festgelegter Port, über den die Verbindung aufgebaut werden soll
  Port = PortDerAnwendung
  verbindung = VerbindungHerstellen(IP, Port)
```

d) Sie sind dabei, eine Software für die Überprüfung von Speicherplatz zu programmieren. Die Methode „SpeicherFrei()“ bekommt den freien Speicher eines Speichermediums (in GiB) und die abzuspeichernde Datenmenge (in MiB) übergeben. Die Methode soll zurückmelden, ob auf dem Speichermedium genügend freier Speicher zur Verfügung steht. Ergänzen Sie den Quellcode für die Methode „SpeicherFrei()“.

Syntax-Hilfe zur Methodendeklaration:	
Sichtbarkeit	private|public
Rückgabewert	void|bool|int|string|double
Methodenname	Parametrisierung
Beispiel: `public void SetWert(int Wert) { myWert = Wert; }`	

```
public class Speichertest
{
    // Methode SpeicherFrei
    public bool SpeicherFrei(double dWert1, double dWert2)
    {









    }

    public static void Main(string[] args)
    {
        double dFreierSpeicherStorage;
        double dSpeicherMenge;

        // [...]

        // Überprüfung des Rückgabewerts der Methode SpeicherFrei()
        if (SpeicherFrei(dFreierSpeicherStorage, dSpeicherMenge))
        {
            Console.WriteLine("Genug Speicher frei.");
        }
        else
        {
            Console.WriteLine("Nicht genug Speicher frei.");
        }
    }
}
```

2 a) Für ein cyber-physisches System sollen Sensordaten gespeichert werden. Diese unterscheiden sich inhaltlich je nach Sensortyp, sodass keine einheitliche Tabelle erstellt werden kann. Beispielsweise wird bei einem Temperatursensor nur ein Wert (°C) gespeichert. Bei einem Luftdruck- und Luftfeuchtigkeitssensor hingegen sind zwei Werte zu speichern.

Folgende Datenbanken stehen Ihnen zur Auswahl.
- relationale Datenbank
- hierarchische Datenbank
- Zeitreihendatenbank (NoSQL)

Wählen Sie eine geeignete Datenbank aus. Begründen Sie kurz Ihre Wahl.

b) Sie werden gebeten, das folgende ER-Modell für eine Kundendatenbank in einer entsprechenden Tabellenstruktur abzubilden. Verwenden Sie hierzu die Symbolik wie im Beispiel angegeben.

TabName
• PrimKey • ForgeinKey# • Attribut1 • Attribut2

Beispiel für Tabelle

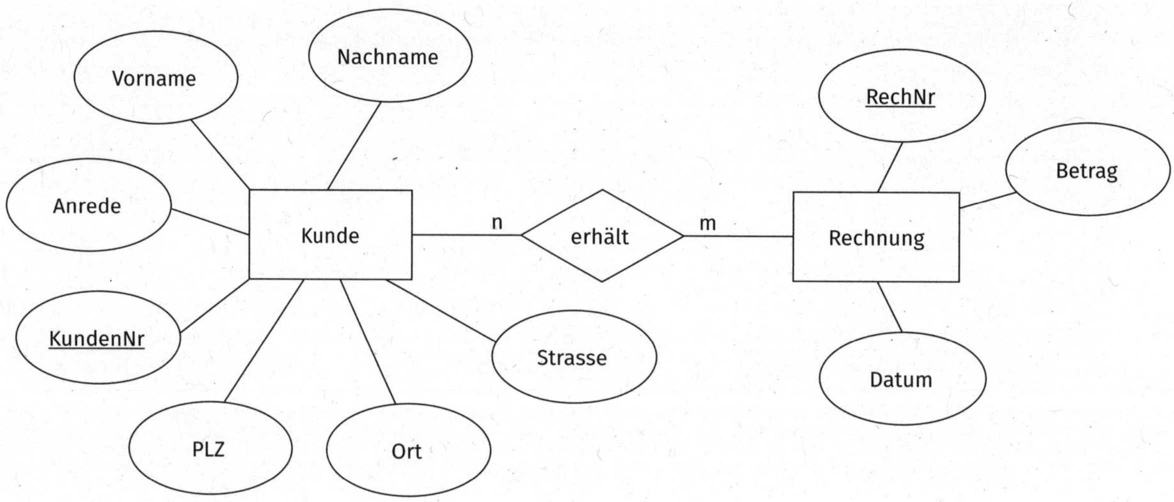

ER-Modell für Kundendatenbank

c) Sie sollen für ein Rechenzentrum eine Datenbank für alle benutzten bzw. außer Betrieb genommenen Geräte erstellen. Als Geräte sollen Server, Switche und Router aufgenommen werden. Die Geräte befinden sich in den vier Zuständen „AufLager“, „InBetrieb“, „Defekt“ und „Ausgemustert“. Weiterhin sollen die Räume erfasst werden, in denen sich die Geräte befinden.
Erstellen Sie ein ER-Modell für die geplante Datenbank.

d) Für die beschriebene Kundendatenbank sollen nun die Datentypen festgelegt werden.
Folgende Datentypen stehen zur Verfügung:

Datentyp	Erklärung
BOOLEAN	Wahrheitswert (true oder false)
CHAR(n)	Zeichenkette mit Länge n
VARCHAR(n)	Zeichenkette mit variabler Länge (maximal n Zeichen)
DATE	Kalenderdatum (YYYY-MM-DD)
TIME	Uhrzeit (HH:MM:SS)
YEAR	Jahreszahl (YYYY)
BLOB	Speicher für Binärdaten
CLOB	Speicher für Charakterdaten
INTEGER	Ganzzahliger Wert
FLOAT	Fließkomma-Wert

Beispieldaten für Kundendatenbank		
Information	**Beispielwert**	**Datentyp**
KundenNr	*1234*	*INTEGER*
Anrede		
Vorname		
Nachname		
PLZ		
Ort		
Straße		
Aktiv		
KundeSeit		
RechNr		
Betrag		
RechDatum		

e) Die Kundendatenbank soll nun mittels SQL-Datenbefehlen angelegt werden. Nutzen Sie hierzu das folgende SQL-Statement

```
CREATE TABLE <TABLENAME> (
  <FIELD-1> <FIELDTYP>,
  <FIELD-2> <FIELDTYP>,
  <FIELD-3> <FIELDTYP>,
...
  <FIELD-N> <FIELDTYP>
);
```

f) Die Kundendatenbank wird nach einiger Zeit abgefragt. Geben Sie ein SQL-Statement an, mit dem der Gesamtumsatz eines Kunden mit der KundenNr="12345" innerhalb des aktuellen Jahres ausgegeben wird.
Sie können folgende Befehle verwenden.

SQL-Statements	
Statement	**Erklärung**
Allgemeine Statements	
DELETE FROM <TABLENAME>	Löscht alle Datensätze der Tabelle <TABLENAME>
UPDATE <TABLENAME> SET	Aktualisiert einen Datensatz
SELECT <COL_NAME>, ... FROM <TABLENAME> WHERE;	Auswahl der Spalten <COL_NAME> von einer Tabelle <TABLENAME>
Aggregat-Statements	
AVG(<COL_NAME>)	Berechnet den Mittelwert aller Werte von Spalte <COL_NAME>
COUNT(<COL_NAME>)	Berechnet die Anzahl aller Datensätze von Spalte <COL_NAME>
SUM(<COL_NAME>)	Berechnet die Summe aller Werte von Spalte <COL_NAME>
MIN(<COL_NAME>) bzw. MAX(<COL_NAME>)	Berechnet das Minimum bzw. Maximum aller Werte von Spalte <COL_NAME>

SQL-Statements	
Statement	**Erklärung**
Datum-/Zeit-Statements	
DATE(<VALUE>)	Wandelt <VALUE> in ein Datum um von Spalte <COL_NAME>
TODAY	Gibt das aktuelle Datum aus
DAY(<DATE>)	Berechnet den Tag des Monats von <DATE>
MONTH(<DATE>)	Berechnet den Monat von <DATE>
YEAR(<DATE>)	Berechnet das Jahr von <DATE>
Operatoren	
=	Prüft auf Gleichheit
>, >=, <, <=, <>	Prüft auf Verhältnis bzw. Ungleichheit
+, -, *, /	Addition, Subtraktion, Multiplikation, Division

3 a) Im IT-Grundschutz des BSI wird zwischen den Begriffen „Zugang“, „Zugriff“ und „Zutritt“ unterschieden. Erläutern Sie die drei Begriffe in diesem Kontext und nennen Sie jeweils ein Beispiel dafür.

b) Das Prinzip der geringsten Rechte (Principle of least Privilege, POLP) besagt, dass die Zugriffsrechte für einen Benutzer so auf ein Minimum reduziert werden, dass er damit noch seinen Anforderungen entsprechend arbeiten kann.
Beschreiben Sie, wie mithilfe von Role Based Access Control (RBAC) in großen Unternehmen das Prinzip umgesetzt werden kann.

Aufgabe 2: Sie erstellen Routing-Tabellen und überprüfen die IP-Konfiguration von Router-Schnittstellen.

SB 5.3.4

1 Der folgende Netzwerkplan wurde Ihnen zur Verfügung gestellt, um die Routing-Tabellen für statisches Routing zu implementieren.

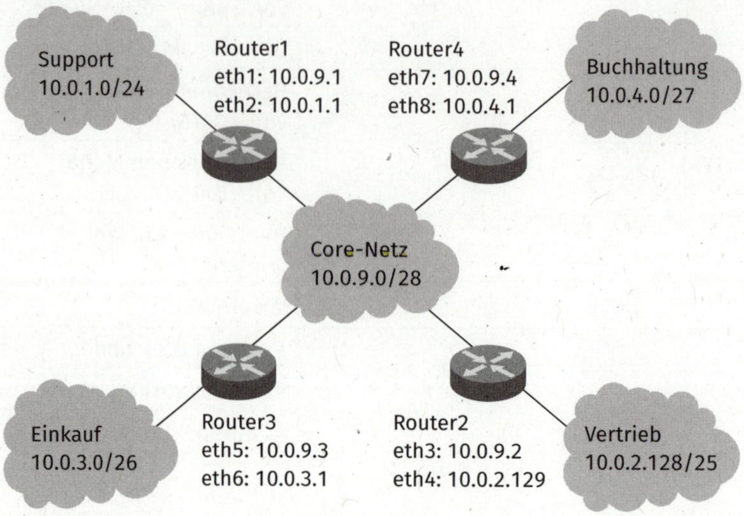

a) Ergänzen Sie die Routing-Tabelle von Router 3, sodass alle Netze erreichbar sind. Berücksichtigen Sie auch die Default-Route.

Zielnetz	Interface	Next Hop
10.0.3.0/26	*eth6*	*direkt*

b) Geben Sie für die Netze „Einkauf", „Buchhaltung" und „Vertrieb" die freie Anzahl an Host-Adressen an.

Netz „Einkauf": ______________________________

Netz „Buchhaltung": ______________________________

Netz „Vertrieb": ______________________________

Aufgabe 3: Sie unterstützen bei der Implementierung eines verschlüsselten Zugriffs auf einen Webserver.

SB 5.4.4

1 Ein interner Webserver soll mit HTTPS arbeiten. Dabei kommt TLS für die Verschlüsselung zum Einsatz. Der Client möchte mit dem Webserver mittels HTTPS kommunizieren.

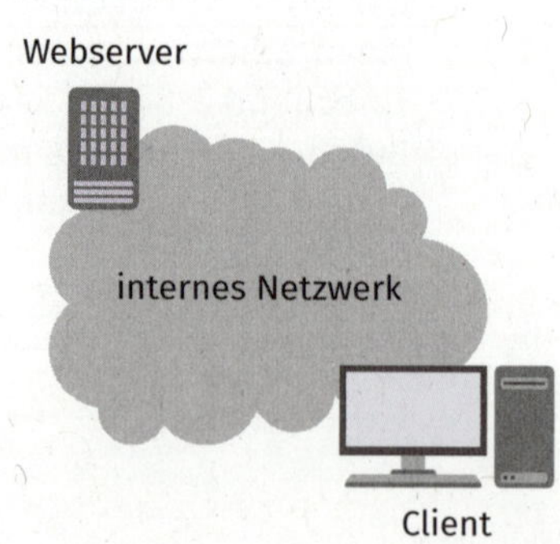

Ordnen Sie die Schritte in die richtige Reihenfolge.

Nummer	Beschreibung
	Der Webserver sendet sein Zertifikat an den Client.
	Der Webserver entschlüsselt den Sitzungsschlüssel mit seinem privaten Schlüssel.
	Der Client generiert einen Sitzungsschlüssel.
	Der Client sendet eine Verbindungsanfrage an den Webserver.
	Der Sitzungsschlüssel kann zur Verschlüsselung des Datenverkehrs zwischen Client und Webservers verwendet werden.
	Der Client verschlüsselt den Sitzungsschlüssel mit dem öffentlichen Schlüssel des Webservers.
	Der Client validiert das Zertifikat des Webservers.
	Der Client sendet den verschlüsselten Sitzungsschlüssel an den Webserver.

Aufgabe 4: **Sie implementieren und überprüfen eine unterbrechungsfreie Stromversorgung (USV) und helfen bei der Konfiguration eines MQTT-Brokers.**

SB 5.5.4

1 a) In den Aufzeichnungen der Messwerte der USV finden Sie folgende Diagramme. Die USV wurde für die Aufzeichnung der Messwerte testweise mit einem relativ kleinen Verbraucher verbunden. Weisen Sie den Diagrammen die gezeigte physikalische Größe zu.
Physikalische Größen: Leistung, Strom, Spannung, Frequenz, Widerstand

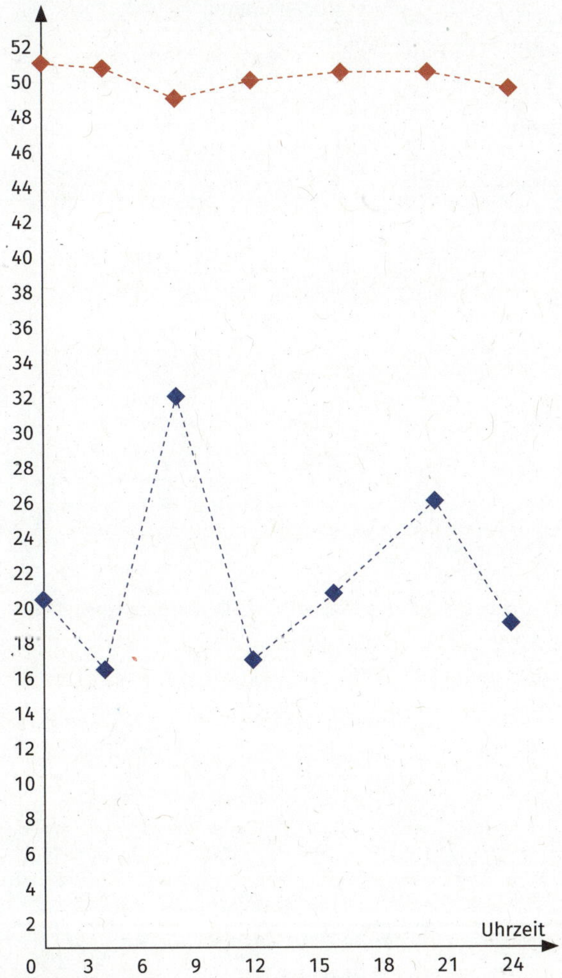

Beide Größen: ______________________

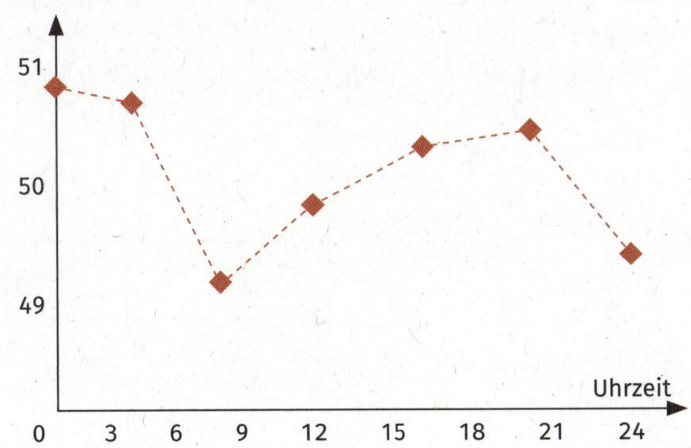

Größe A: ______________________

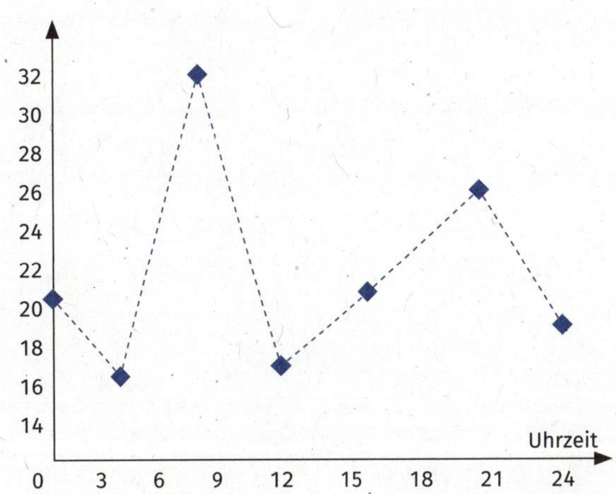

Größe B: ______________________

Begründen Sie Ihre Zuweisung anhand der Zahlenwerte.

b) Die beiden Größen in einem Diagramm darzustellen, stellt sich als ungünstig heraus. Begründen Sie diese Aussage.

2 Ein MQTT-Broker soll von Ihnen mit der Software „Mosquitto" konfiguriert werden.
Ergänzen Sie die bereits vorgegebenen Parameter so, dass der Client mit dem Broker Nachrichten austauschen kann.

```
listener ________ ____________________

bind_interface ______________________________

pid_file /run/mosquitto/mosquitto.pid

persistence ______________________________
persistence_location /var/lib/mosquitto/

log_dest file ______________________________

allow_anonymous ______________________________

password_file ______________________________
```

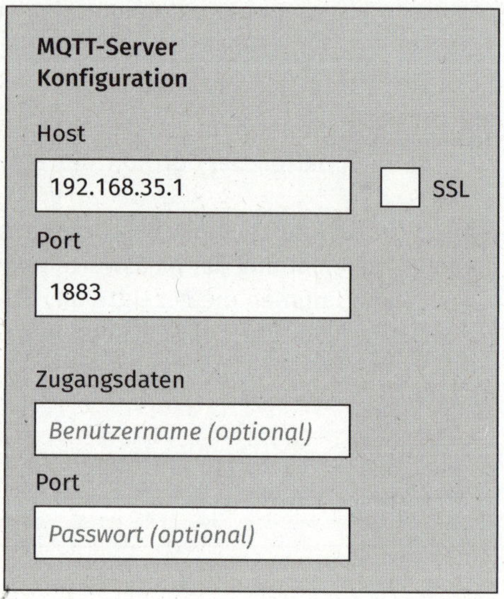

Lernsituation 6: Wir überprüfen das Ergebnis hinsichtlich der Vorgaben

S **Die eingerichteten Systeme müssen auf Erfüllung der Anforderungen überprüft werden. In jedem Bereich sind dazu unterschiedliche Test- und Überprüfungsmethoden notwendig. Die Auszubildenden der JIKU IT-Solutions sollen sich mit diesen Verfahren beschäftigen.**

Holger Lübberstedt: Nach der Umsetzung müssen die Systeme getestet werden. Ich schlage vor, Sie fassen für die unterschiedlichen Bereiche die möglichen Testvorgehensweisen zusammen.

Nico Reimers: Bei der Erstellung von Skripten habe ich erfahren, dass das Testen sehr wichtig ist. Darum kümmere ich mich.

Stefan Köhler: Im Netzwerkbereich habe ich die Verbindungen und Protokolle überprüft. Hier kann man auf den Einsatz von Netzwerkanalysetools nicht verzichten. Die Ausgaben sind dabei oft sehr knapp gehalten.

Jürgen Pollina: Das habe ich in meinem Projekt auch erfahren. Super, dass Du das noch einmal aufbereitest.

Levi Kramer: Wenn es zu häufigen Problemen bei den Benutzern kommt, sieht man das meist durch die erhöhten Kundenanfragen im Support.

5.6 Testen der implementierten IT-Systeme

S **Die Auszubildenden der JIKU IT-Solutions beschäftigen sich mit Verfahren und Software zur Testung von eingeführten IT-Systemen.**

Nico Reimers: Fehlerhafte Skripte können großen Schaden anrichten, wenn diese zur Konfiguration eingesetzt werden. Den Bereich werde ich für uns zusammenstellen.

Stefan Köhler: In meinem Projekt habe ich häufig die Software Wireshark für Protokollmitschnitte eingesetzt. Wireshark ist sehr mächtig, aber man muss wissen, wie die Informationen zu interpretieren sind. Das werde ich für uns zusammenstellen.

Jürgen Pollina: In meinem Projekt war es wichtig, dass die Funktionalität des Load Balancers korrekt umsetzt wurde. Das werde ich für uns nochmal darstellen.

Levi Kramer: Die Kundenbetreuung kann auch dazu beitragen, systematische Fehler zu identifizieren. Bei einer Häufung von Fehlern zu einem bestimmten Thema sollte der Bereich genauer untersucht werden.

Aufgabe 1: **Sie analysieren die IP-Konfiguration eines Systems und testen, modifizieren und dokumentieren den Programmcode.**

SB 5.2.5

1 a) Sie wollen bei einem Client die IP-Adresse ändern. Sie lassen sich diese unter der Powershell mit dem Befehl „Get-NetIPInterface“ anzeigen.

```
Name        InterfaceDescription                 ifIndex Status  MacAddress          LinkSpeed
----        --------------------                 ------- ------  ----------          ---------
Ethernet    Intel(R) PRO/1000 MT Desktop Adapter       3     Up  08-00-27-C1-4A-4E      1 Gbps
```

Mit dem Befehl „Get-NetIPAddress -InterfaceIndex 3" lassen Sie sich die IP-Adresskonfiguration anzeigen.

```
IPAddress         : 192.168.100.65
InterfaceIndex    : 3
InterfaceAlias    : Ethernet
AddressFamily     : IPv4
Type              : Unicast
PrefixLength      : 24
PrefixOrigin      : Manual
SuffixOrigin      : Manual
AddressState      : Preferred
ValidLifetime     : Infinite ([TimeSpan]::MaxValue)
PreferredLifetime : Infinite ([TimeSpan]::MaxValue)
SkipAsSource      : False
PolicyStore       : ActiveStore
```

Nun lassen Sie sich die Hilfe zum Commandlet (Cmdlet) „New-NetIPAddress" anzeigen.

```
New-NetIPAddress
   [-IPAddress] <String>
   -InterfaceAlias <String>
   [-DefaultGateway <String>]
   [-AddressFamily {IPv4 | IPv6}]
   [-Type {Unicast | Anycast}]
   [-PrefixLength <Byte>]
   [-ValidLifetime <TimeSpan>]
   [-PreferredLifetime <TimeSpan>]
   [-SkipAsSource <Boolean>]
   [-PolicyStore <String>]
   [-CimSession <CimSession[]>]
   [-ThrottleLimit <Int32>]
   [-AsJob]
   [-WhatIf]
   [-Confirm]
   [<CommonParameters>]
```

Formulieren Sie den Befehl, um der Schnittstelle die IP-Adresse 192.168.178.111/24 und das Gateway 192.168.178.1 zuzuordnen.

___

___

___

b) Ihnen liegt das nachfolgende Programmfragment vor:

```
double pl=0.05, ji=100.0, dl=200.0, dr=2.0;
boolean [] con = {true,true,true,true,true,true,true,true};

for (int i=0;i<8;i++)
{
    if(pl>0.1 && (ji>50 || dl>250) || dr!=2.0)
        con [i]=false;
    //Debug-Punkt

    pl=pl+0.015;
    ji=ji-20;
    dl=dl+10;
}
```

ba) Führen Sie für den Debug-Punkt des Programms einen Schreibtischtest durch. Geben Sie den Wert von con[i] (true oder false) an.

i	con[i]
0	
1	
2	
3	
4	
5	
6	
7	

bb) Durch den Schreibtischtest merken Sie, dass sich das Programm anders verhält, als Sie es erwarten. Im Array „con" werden bestimmte Verbindungen geführt. Die Verbindung wird auf „false" gesetzt, wenn sie einer der Quality of Service-Anforderungen (QoS) nicht genügt.
Anforderungen:
- Die Datenrate „dr" muss 2.0 (Mbit/s) sein.
- Der Jitter „ji" darf nicht höher als 50 (ms) betragen ODER die Verzögerung „dl" nicht höher als 250 (ms) sein.
- Die Paketverlustrate „pl" darf nicht höher als 10 % (0,1) sein.

Ermitteln und korrigieren Sie den Fehler.

____

____

____

c) Sie haben Inventardaten in der CSV-Datei „inventur.csv" vorliegen.

Auszug CSV-Datei „inventur.csv":

```
ID,Monitor,Standort
PC-304-01,Mon-304-13,A101
PC-170-77,Mon-74-13,A103
SRV-002-01,Mon-100-13,K011
```

Zum Auslesen der Datei wird das nachfolgende Python-Skript verwendet.

```
import csv

with open("inventur.csv") as csvdatei:
    reader = csv.reader(csvdatei)

 zeilennummer = 0
 for row in reader:

     if zeilennummer == 0:
           print(f'Header: {"' ".join(row)}')
     else:
           print(f'ID: {row[0]} Monitor: {row[1]} Standort:{row[2]}.')
     zeilennummer += 1

 print(f'Datensätze: {zeilennummer-1}')
```

Beschreiben Sie die Zeilen des Skripts.

Zeilen	Beschreibung
1	Bibliothek „csv“ wird importiert
3-4	
6	
7	
9-10	
11-12	
13	
15	

2 Sie werden gebeten, die Freigabe „allgemein\dokumente“ auf dem Netzserver „srv_daten01“ auf Laufwerk „Q:“ als Netzlaufwerk einzubinden. Das Laufwerk soll nach einem Neustart erneut eingebunden werden. Die folgende Dokumentation des Befehls „net use“ steht Ihnen zur Verfügung:

```
net use [devicename | *] [\\computername\sharename[\volume] [password | *]]
```

Parameter	Beschreibung
devicename | *	Ziellaufwerksbuchstabe ODER nächster freier Laufwerksbuchstabe
\\computername	Entfernter Rechner mit Freigabe
\sharename	Freigabename
\volume	NetWare-Volume
password	Für Freigabe notwendiges Passwort
/PERSISTENT YES/NO	Speichert Verbindungen; standardmäßig wird die letzte Einstellung verwendet

Formulieren Sie die beiden Befehle.

____

____

Aufgabe 2: **Sie werten die Daten aus IP-Headern aus und überprüfen IP-Adressen. Zusätzlich analysieren Sie Fehler im Netzwerk und befassen sich mit u. a. mit Quality of Service.**

SB 5.3.5

1 a) Zu Analysezwecken steht Ihnen ein Mitschnitt eines IPv4-Headers zu Verfügung.

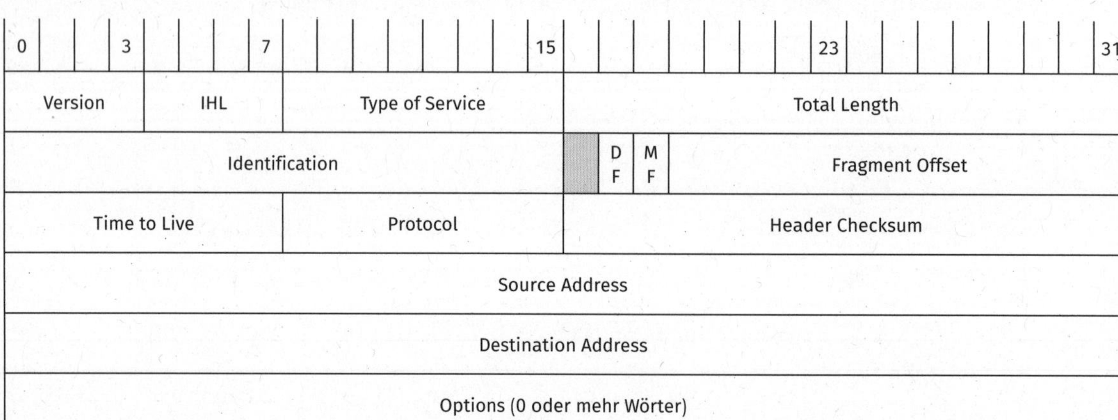

IPv4-Header

Mitschnitt:
45 00 00 54 25 3f 40 00 40 01 52 42 ac 15 ea b2 d9 0d 49 52

aa) Ermitteln Sie die Quell-IPv4-Adresse (Angabe in der Dezimalen-Punkt-Schreibweise).

____

ab) Ermitteln Sie die Ziel-IPv4-Adresse (Angabe in der Dezimalen-Punkt-Schreibweise).

____

ac) Ermitteln Sie die TTL.

____

ad) Geben Sie an, welches Protokoll in das IPv4-Paket geschachtelt ist.

Ausgewählte Protokollnummer im IPv4-Header	
Protokollnummer (dez.)	**Protokoll**
1	ICMP
4	IP (gekapseltes IP)
6	TCP
17	UDP
89	OSPF

____

b) Gegeben ist der nachfolgende Auszug aus einem Netzwerkplan. Analysieren Sie den Plan und finden Sie vier Fehler. Beschreiben Sie die gefundenen Fehler und geben Sie an, wie der jeweilige Fehler zu beheben ist.

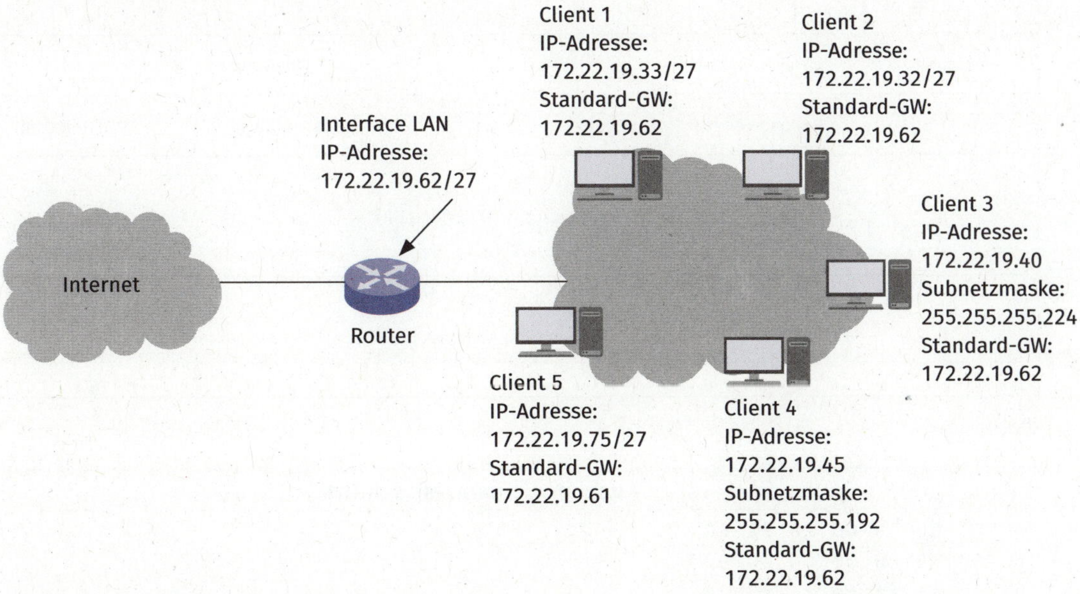

Netzwerkplan mit Fehlern

____

____

____

____

____

____

____

c) Mit dem Befehl „ipconfig /all“ lassen Sie sich die IP-Einstellungen anzeigen.

```
Ethernet adapter Ethernet:

Connection-specific DNS Suffix  . :
Link-local IPv6 Address . . . . . : fe80::a148:4faa:afd5:829f%3
IPv4 Address. . . . . . . . . . . : 192.168.100.65
Subnet Mask . . . . . . . . . . . : 255.255.255.0
Default Gateway . . . . . . . . . : 192.168.100.1
```

ca) Analysieren Sie die IPv4-Adresse. Um welche Adressart handelt es sich und was sind deren Besonderheiten?

____

____

cb) Analysieren Sie die IPv6-Adresse. Um welche Adressart handelt es sich und was sind deren Besonderheiten?

____

____

d) Sie analysieren einen Mitschnitt. Es wird IPv6 verwendet.

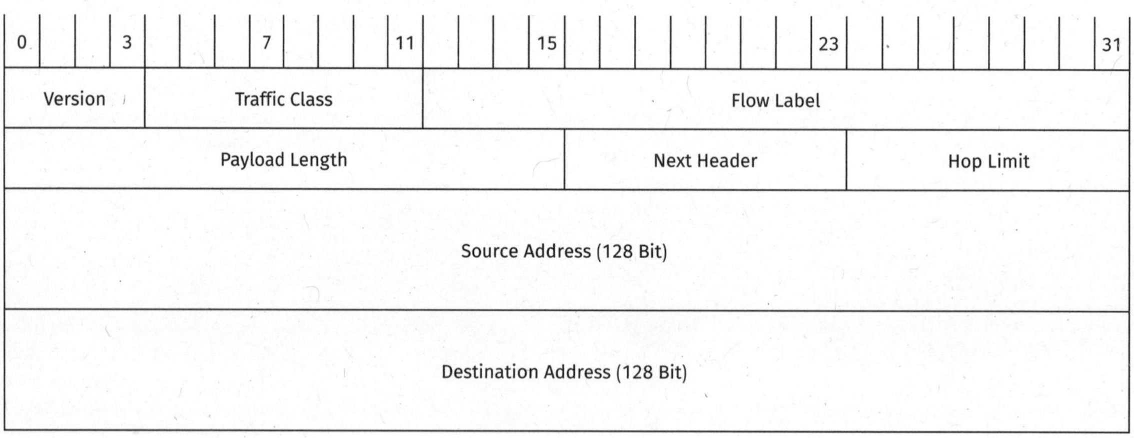

IPv6-Header

Auszug aus dem Mitschnitt:
60 00 00 00 00 28 3a 80
fe 80 00 00 00 00 00 00
92 fb a6 ff fe 16 f3 7a
ff 02 00 00 00 00 00 00
00 00 00 00 00 00 00 01

da) Ermitteln Sie die Quell-IPv6-Adresse. Notieren Sie die Adresse maximal verkürzt.

____

db) Ermitteln Sie die Ziel-IPv6-Adresse. Notieren Sie die Adresse maximal verkürzt.

____

dc) Ermitteln Sie das Hop Limit.

____

dd) Analysieren Sie die Quell-IPv6-Adresse und geben Sie an, um welchen Adresstyp es sich handelt.

____

de) Analysieren Sie die Ziel-IPv6-Adresse und geben an, Sie um welchen Adresstyp es sich handelt.

____

2 a) Sie untersuchen eine Fehlermeldung im Netzwerk. Der Client C1 kann den Server S1 nicht erreichen. Sie lassen sich die Routing-Tabellen der drei Router anzeigen.

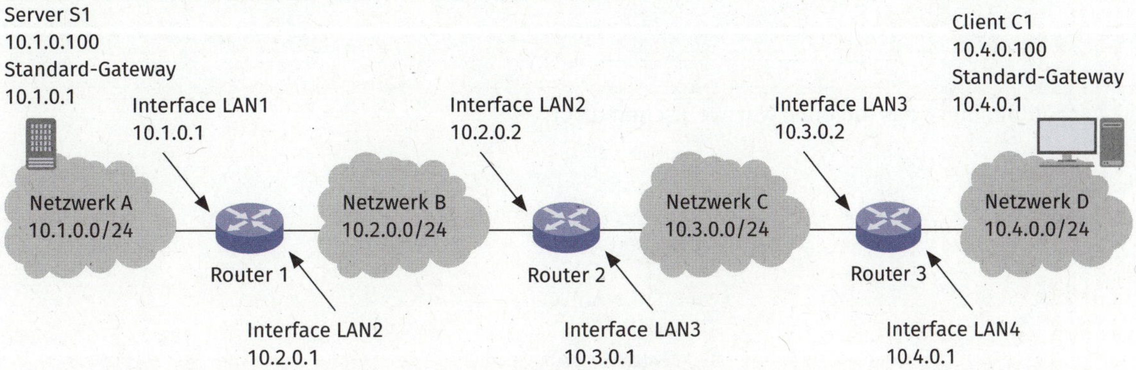

Routing-Tabellen:

```
# Routing-Tabelle Router 1
#      DST-ADDRESS    GATEWAY    DISTANCE
0 AC   10.1.0.0/24    LAN1       0
1 AC   10.2.0.0/24    LAN2       0
2 S    0.0.0.0/24     10.2.0.2   1

# Routing-Tabelle Router 2
#      DST-ADDRESS    GATEWAY    DISTANCE
0 AC   10.2.0.0/24    LAN2       0
1 AC   10.3.0.0/24    LAN3       0
2 S    10.1.0.0/24    10.2.0.1   1

# Routing-Tabelle Router 3
#      DST-ADDRESS    GATEWAY    DISTANCE
0 AC   10.3.0.0/24    LAN3       0
1 AC   10.4.0.0/24    LAN4       0
2 S    0.0.0.0/24     10.3.0.1   1
```

aa) Beschreiben Sie den Fehler und die Fehlerbehebung.

____

____

____

____

ab) Nennen Sie ein Kommandozeilenprogramm, mit dem Sie die Position des Fehlers feststellen können.

____

b) Die Maximum Transmission Unit (MTU) kann im Netzwerk unterschiedlich sein. Sie wollen den Befehl „ping" verwenden, um die Größe „MTU" im Netzwerk festzustellen.
Sinnvoll sind dabei die beiden Parameter „-l" und „-f".

```
-l size     Send buffer size.
-f          Set Don't Fragment flag in packet.
```

Ausschnitt der Hilfestellung für den Ping-Befehl

Beschreiben Sie, wie Sie mittels des Befehls „ping" die MTU des Netzwerks ermitteln können.

____

____

____

____

c) Ihnen liegt das folgende Netzwerkschema vor:

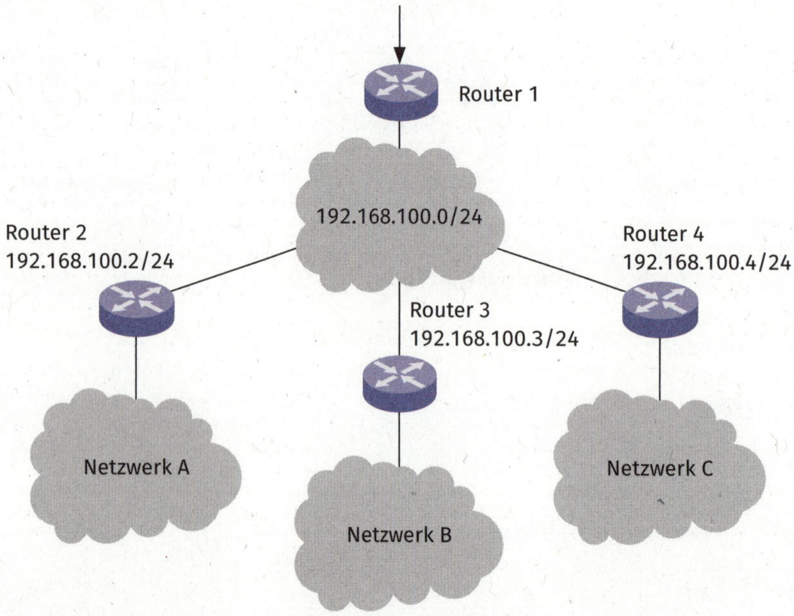

Aufteilung der Routen

Die Routing-Tabelle für Router 1 liegt Ihnen vor.

Gekürzte Routing-Tabelle Router 1	
Ziel	**Gateway**
0.0.0.0/0	192.168.0.2
172.16.0.0/16	192.168.0.3
172.16.0.0/20	192.168.0.4
172.16.0.0/24	192.168.0.2
172.16.0.0/28	192.168.0.3
172.16.0.0/29	192.168.0.4

Geben Sie an, an welches Zielnetzwerk das Paket geliefert wird.

IP-Adresse des Ziels	Zielnetzwerk
172.16.0.5	*C*
172.16.0.12	
172.17.0.18	
172.16.0.99	
172.16.2.99	

d) Ihnen liegt die Ausgabe des Befehls „traceroute“ vor.

```
1  traceroute to 217.13.65.5 (217.13.65.5), 30 hops max, 60 byte packets
2  1 ae2.ac2.nue2.m-online.net (62.245.142.172) 20.654 ms 20.591 ms 20.670 ms
3  2 ae2.rt-decix-3.m-online.net (212.18.6.241) 38.271 ms 24.766 ms 24.976 ms
4  3 ipv4.de-cix.fra.de.as9136.wobcom.de (80.81.196.149) 25.215 ms 25.123 ms 30.889 ms
5  4 et-0-0-2-0.irci0006.as9136.net (62.176.251.10) 36.995 ms 37.144 ms 37.051 ms
6  5 suhlu-v44.gaertner.de (217.13.65.5) 38.152 ms 29.819 ms 29.939 ms
```

da) Beschreiben Sie die Arbeitsweise des Befehls „traceroute“.

____

____

____

db) Erklären Sie die dritte Zeile der Ausgabe.

____

____

____

e) Gegeben ist der Auszug einer IPv6-Routing-Tabelle eines Routers.

Ziel (IPv6 Prefix)	Gateway
::/0	2001:db8::4711:815
2001:db8:1234:48::/61	2001:db8::4711:815
2001:db8:1234:40::/61	2001:db8::1234
2001:db8:4321::/58	2001:db8::1234

ea) Beschreiben Sie den ersten Eintrag in der Routing-Tabelle.

____

eb) Ein Paket mit der Zieladresse 2001:db8:1234:45:44b:3be:0:23 kommt beim Router an. Bestimmen Sie, welcher Eintrag für die Weiterleitung verwendet wird.

____

____

3 Echtzeitdatenverkehr hat besondere Anforderungen an die Netzinfrastruktur. Kommt es zu Engpässen, sind diese Datenpakete priorisiert zu übertragen. Weiterhin kann es bei klassischen Telekommunikationsdiensten (z. B. Fax), die im ISDN-Netz mit festen Datenraten transportiert werden, zu Problemen führen, wenn diese über paketorientierte Netzen transportiert werden. Diese Dienste sind zwar auf dem Rückzug, laut Bitkom nutzen im Jahr 2023 aber noch 82 % der Unternehmen Fax und davon immerhin 33 % häufig bis sehr häufig (siehe auch www.bitkom.org/Presse/Presseinformation/Digital-Office-Faxen-Unternehmen).

a) Durch die paketorientierten Datenübertragungen von Fax kommt es zu Abbrüchen und Fehlern. Mit dem ITU-Standard T.38 kann dieses Problem gelöst werden. Recherchieren Sie im Internet, wie dieser Standard funktioniert und welche Rolle dabei der ITU-Standard T.30 einnimmt.

____

____

____

____

Markieren Sie in der folgenden Abbildung die Verbindungen, die T.30 bzw. T.38 einsetzen.

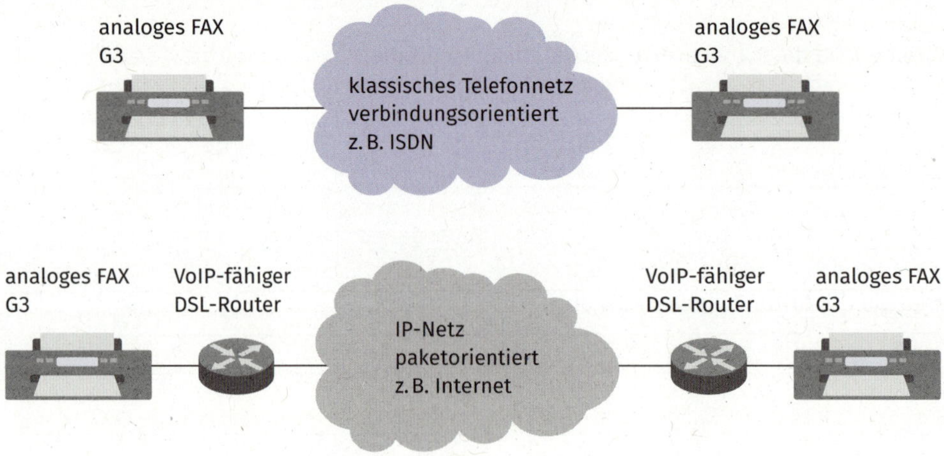

Netzwerkplan mit Fax over IP und klassischem Fax

b) Sie sollen sich mit den Auswirkungen von Paketverlust und Verzögerungen beim Weitertransport von Paketen befassen. Unter realen Bedingungen treten diese Probleme meist sporadisch und unkontrolliert auf. Mit dem Programm „tc" (traffic control) kann man diese Effekte künstlich herbeiführen. Als Szenario dienen ein Linux-basierter Rechner, der als Router fungiert, und zwei beliebige Clients.

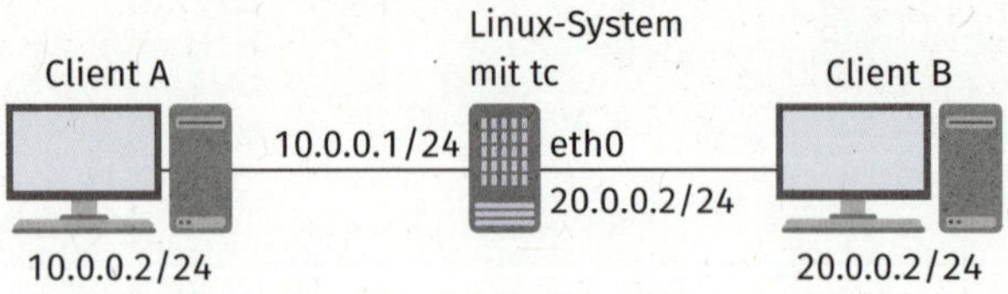

Testszenario für den Einsatz von „tc"

Auf dem Linux-System muss das Routing aktiviert werden (Befehl „sudo sysctl -w net.ipv4.ip_forward=1"), damit „tc" in die Übertragung eingreifen kann.
Die Clients kommunizieren idealerweise über eine Echtzeitverbindung (z. B. VoIP).
Mit dem folgenden Befehl wird dieser Echtzeitdatenverkehr zwischen den beiden Clients um 600ms (+/- 100 ms Schwankung) verzögert und es werden 50 % der Pakete verworfen.

```
sudo tc qdisc add dev eth0 root netem delay 600ms 100ms loss 50%
```

Die Tabelle enthält eine detaillierte Erklärung der weiteren Parameter.

Parameter von tc	
Parameter	**Bedeutung**
qdisc	Warteschlangenobjekt für Weitertransport von Paketen; Kurzform für „queueing discipline"
add	Hinzufügen einer neuen Regel
dev eth0	Schnittstelle, an der die Regel ausgeführt wird
root	Einsprungspunkt für eine Schnittstelle (output)
netem	Ermöglicht es unter anderem, den Transfer zu verzögern und Pakete zu verwerfen; Kurzform für „network emulator"
delay 600ms 100ms	Verzögerung um 600 ms mit +/– 100 ms Schwankung bei der Verzögerung
loss 50 %	50 % der Pakete werden verworfen

Untersuchen Sie die Effekte, die sich durch Verzögerung bzw. Paketverlust ergeben. Hierzu können Sie die entsprechenden Parameter einzeln nutzen. Notieren Sie sich die entsprechenden Erkenntnisse.

Alternative ohne Echtzeitverbindung:
Greifen Sie über Client A auf Daten von Client B zu (z. B. auf Daten einer Dateifreigabe).
Schneiden Sie die übertragenen Pakete mit dem Netzwerkanalyseprogramm „Wireshark" mit.
Analysieren Sie den Mitschnitt und erstellen Sie ein MSC (Message Sequence Chart) (Wireshark: „Statistics → Flow Graph → TCP Flow").
Manipulieren Sie mit „tc" den Verkehr so, dass Pakete auf dem Router verloren gehen.
Schneiden Sie den Datenaustausch wieder mit und analysieren Sie den Mitschnitt auf wiederholte Pakete.

NOTIZEN

Aufgabe 3: **Sie sollen den Einsatz von Zertifikaten testen und Fehler in Backups überprüfen. Außerdem sollen Sie einen Kunden bei der Erfüllung des Schutzziels „Verfügbarkeit" unterstützen.**

1 Für den Aufbau einer HTTPS-Verbindung von einem Webbrowser zu einem Webserver wird ein Zertifikat verwendet. SB 5.4.5

a) Beschreiben Sie die Funktion, die das Zertifikat in dem Verbindungsaufbau übernimmt.

____

____

____

b) Beschreiben Sie die Schritte, die der Webbrowser durchläuft, um die Korrektheit des Serverzertifikats zu überprüfen.

____

____

____

c) Teil des Webserverzertifikats ist der öffentliche Schlüssel des Webservers. Beschreiben Sie die Funktion, die der öffentliche Schlüssel im Verbindungsaufbau zwischen dem Webbrowser und Webserver hat.

d) Beim Verbindungsaufbau einer HTTPS-Verbindung von einem Webbrowser zu einem Webserver bricht der Browser den Verbindungsaufbau mit der Fehlermeldung ab: „Die Verbindung ist nicht sicher. Das Zertifikat ist abgelaufen".
Beschreiben Sie, auf welcher Basis der Browser diese Fehlermeldung erzeugt und warum ein Zertifikat ein Ablaufdatum hat.

2 a) Ein Kunde möchte mit Ihnen die Restore-Tests eines Backups durchgehen. Er sendet Ihnen den aktuell konfigurierten Backup-Plan. Die Backups werden immer nachts um 01:30 Uhr erstellt.

Tag	Sonntag	Montag	Dienstag	Mittwoch	Donnerstag	Freitag	Samstag
Backup-Typ	Voll-backup	inkr. Backup	diff. Backup	inkr. Backup	diff. Backup	diff. Backup	inkr. Backup
Medium	V1	M1	M2	M3	M4	M5	M6

aa) Am Freitag um 15 Uhr kommt es zu einem überraschenden Ausfall eines Speichersystems. Sie werden gebeten, alle Daten wiederherzustellen. Bestimmen Sie die benötigten Backup-Medien.

ab) Eine Datei mit Tabellen wurde in der vergangenen Woche erstellt. Am Dienstag und am Freitag wurde die Datei verändert. Am Samstag um 09:45 Uhr wurde die Datei unbeabsichtigt gelöscht. Geben Sie die Backup-Medien an, die für die Wiederherstellung benötigt werden.

ac) Erklären Sie dem Kunden die Funktionsweise des Archiv-Bits unter Windows.

b) Ein anderer Kunde hat einen großen Datenbestand und möchte von Ihnen wissen, wie viele LTO-Bänder er zum Sichern benötigt und wie lange die Sicherung dauert. Der Datenbestand beträgt 5,656 TiB. Er setzt eine Tape-Storage mit Wechselfunktion ein. Der Tape-Wechsler hat eine Kapazität von vier Bändern. Jedes Band (LTO-5) hat eine Kapazität von 1 500 GiB. Der Kunde möchte die Daten unkomprimiert sichern.

ba) Ermitteln Sie, ob die Kapazität für den Datenbestand ausreichend ist.

bb) Die Schreibrate der Bänder beträgt 120 MB/s. Ermitteln Sie die Dauer der Sicherung.

____

____

____

3 a) Für einen Kunden haben Sie die Erreichbarkeit eines Webauftritts erhöht, indem Sie einen Load Balancer verwenden, der die Anfragen an den Webauftritt auf drei Webserverinstanzen verteilt.

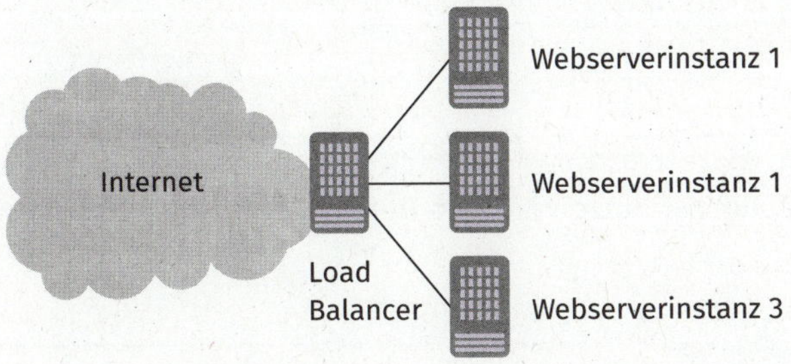

aa) Beschreiben Sie ein Szenario, um die Erreichbarkeit des Webauftritts zu testen. Beachten Sie, dass die Funktionsweise des Load Balancers getestet werden soll.

____

____

____

____

____

ab) Benennen Sie das Schutzziel, dass durch den Einsatz des Load Balancers verfolgt wird.

____

ac) Nennen Sie zwei weitere Möglichkeiten, dieses Schutzziel zu erreichen.

____

____

Aufgabe 4: **Sie sollen Support-Anfragen aus der Kundenbetreuung analysieren, um die Arbeitsabläufe zu verbessern. Zusätzlich sollen Sie die Ausgabe eines Befehls interpretieren.**

SB 5.5.4

1 Sie sollen Support-Anfragen aus der Kundenbetreuung untersuchen und geeignete Maßnahmen vorschlagen. Ihnen liegt die folgende Tabelle vor.

Anfragentyp	Anzahl pro Woche	davon direkt gelöst
Office allgemein	200	150
Fehlende Zugriffsberechtigung	120	100
Hardware-Problem	30	27
Netzwerkproblem	80	40
Sonstige	100	30

Erläutern Sie die vorliegenden Daten in Bezug auf die aktuelle Anfragenbearbeitung. Unterbreiten Sie Maßnahmen, mit denen sich die Anzahl der zu bearbeitenden Anfragen reduzieren lassen.

2 a) Sie sollen das Netzwerk diagnostizieren. Zunächst nutzen Sie den Befehl „tracepath". Erläutern Sie die Funktionsweise des Befehls.

b) Ihnen wird die Ausgabe des Befehls „tracepath" vorgelegt. Sie sollen beurteilen, ob die Anbindung hinreichend gut ist. Begründen Sie Ihre Einschätzung.

Ausgabe des Befehls „tracepath www.stadt-wolkenlos.de":

```
1?: [LOCALHOST]                        pmtu 1500
1:  fritz.box                                    0.611ms
1:  fritz-nas.fritz.box                          0.554ms
2:  100.154.1.21                                 3.747ms
3:  100.152.1.148                                3.592ms
4:  183.27.46.161                                4.601ms
5:  ipv4.de-cix.fra.de.as4711.wobcom.de          4.723ms asymm  4
6:  et-0-0-0-2.irci0005.as4711.net              11.678ms asymm  5
7:  suhlu.stadt-wolkenlos.de                    11.974ms asymm  6
8:  www.stadt-wolkenlos.de                      11.876ms reached
    Resume: pmtu 1500 hops 8 back 6
```

c) In den Zeiträumen von 7:30 bis 8:10 Uhr und 14:30 bis 15:10 Uhr stellen Sie eine sehr hohe Netzwerkauslastung im Bereich der Server fest. Geben Sie einen möglichen Grund hierfür an.

Bildquellenverzeichnis

Gratzke, Jürgen, Adendorf: Hild, Claudia 8.1, 141.1, 141.2, 165.1.

Hild, Claudia, Angelburg: 3.1, 3.2, 18.1, 38.1, 47.1, 62.1, 80.1, 100.1, 103.1, 111.1, 123.1, 139.1, 140.1, 141.3, 156.1.

stock.adobe.com, Dublin: Visual Generation Titel.

Weng, Dominik, Bruchköbel: 18.2, 25.1, 25.2, 32.1, 67.1, 85.1, 128.1, 128.2, 146.1, 192.1, 198.1, 198.2, 201.1, 217.1, 217.2.